日本企業への成果主義導入

―企業内「共同体」の変容―

守屋貴司 著

東京 森山書店 発行

はしがき

　21世紀にはいると，日本企業への成果主義の導入がうまくいっていないとの論評が多くなされるようになってきた。バブル経済が崩壊した1990年代，日本大企業の多くの経営者は，成果を挙げた従業員には手厚く，成果のない従業員には薄くすることで，賃金にメリハリをつければ，社員は一層働き，企業の社会的統合が強まると考えていた。しかし，成果主義を導入して，10年経過してみれば，成果主義が成果を生まず，かえって，日本企業が新入社員教育や懇親会など様々な人間関係諸活動を通して培ってきた企業内「共同体」を変容や解体させ，社内のチームワークが崩壊し，多くの企業で機密情報や顧客情報の漏洩がおこる原因となっているとの批判が渦巻いている。また，日本大企業の営業や技術開発，生産の現場からは，成果主義に対する不満が噴出している。その結果，多くの日本大企業では，富士通をはじめとして，成果主義人事制度の見直しや検討をおこなっている。

　日本企業では，暗黙の行動ルール，語られずとも共有化されているはずの濃密で排他的なコミュニケーションを主体として企業風土が形成され，企業内「共同体」とでも呼ぶべき擬似共同体組織が形成され，労働者統制に大きな役割を果たしてきた。そのような企業内「共同体」の存続・維持が，成果主義導入によって大きく揺らいでいる。その点も，日本企業の成果主義導入がうまくゆかない原因の大きな一つでもあると指摘されている。

　しかし，それは，同時に，成果主義導入によって，労働者統制に大きな役割を果たしてきた企業内「共同体」が解体し，それによって「個の自立」化が拡大し，その結果それまでの日本企業社会から新しい日本の市民社会到来の可能性が拡大したとも考えることができよう。

　このような成果主義導入を巡る日本企業の擬似共同体組織（企業内「共同

体」）の解体については，論評的には様々な報告書，著作，雑誌において書かれたものが散見されてきたが，これまで，理論的・実証的に解明がおこなわれてこなかった。そこで，本書では，成果主義導入によって，企業内「共同体」がどのように変容・崩壊しているのか，またどのような条件によって，企業側の意図によって企業内「共同体」の存続・維持がはかられつつあるのかについて理論的・実証的に解明を試みている。

　また，本書では，単に，成果主義導入による企業内「共同体」の変容を理論的・実証的に解明することにとどまらず，その解明を通して，日本企業社会の変容を明らかにすることを目的にしている。学界においても，さも，政府・財界の主張する「構造改革」路線の下，成果主義が導入され，企業・経営システムが改革され，事業の再構築（リストラ）が進展し，日本社会が企業社会から新自由主義的な社会に一気に全体変容を遂げるかのような論調がある。それに対して，本書では，成果主義導入による企業内「共同体」の変容の解明を通して，日本社会が全体的統一性を有した「企業社会」から多様な変化を見せた「モザイク社会」に変容しつつあることを主張している。すなわち，日本社会が「新自由主義」へと向かう流れが世に言われるほど「一直線」にすすんでおらず，大企業ごとにかなり個別に大きな差異（モザイク化）を抱えていることを明らかにしている。

　本書では，上記のような日本企業社会の変容という大きな問題関心を有しながら，成果主義導入による企業内「共同体」の変容に関する理論的・実証的解明に焦点をあてている。そして，成果主義導入による企業内「共同体」の変容に焦点を絞ったのは，日本企業の企業内「共同体」（擬似共同体組織）が日本企業社会を支える中核であると考えたからである。（日本企業の企業内「共同体」［擬似共同体組織］」が日本企業社会を支える中核であるとする理由やその定義に関しては，本書の序章，第１章において論述しており，詳しくはお読み頂きたい。）

　次に，本書の特徴について述べたい。

　本書の特徴としては，第一に，これまでの経営学を主体としながらも，経済学，社会学の成果を積極的に摂取し，学際的研究方法によって理論的・実証的

に分析・解明をおこなっている点にある。これは、分析対象である日本企業の企業内「共同体（擬似共同体組織）」について見ると、共同体研究に関しては経済学、社会学、経営学の各研究分野において独自の蓄積があり、経営学を主体としながらも、社会学、経済学の成果を摂取した学際的研究手法が適している点と、今日の複雑化した企業経営現象問題を解明する上で、学際的研究手法がより有効である点がある。また、経営学そのものも、クーンツによってセオリー・オブ・ジャングルと言われたように、経済学、社会学、心理学などの諸成果を積極的に摂取することで発展・展開をとげており、その意味では私の学際的取り組みは、「新しい経営学」を模索する取り組みの一つと言えよう。

　本書の特徴の第二は、本書の第4章において論述している企業調査において、個別企業の従業員レベルの「意識」や「心理」について詳細なヒアリング調査やアンケート調査を実施し、日本企業社会における成果主義導入を巡る従業員の意識の錯綜や葛藤などを丹念に解明することに努めた点がある。日本企業社会の変容というマクロの問題を、多様な個別企業レベルや一人一人の従業員レベルの心理や意識から積み上げて解明することで、より実態に近い把握の方法を本書では模索している。

　本書の特徴の第三は、仮説・検証形式をとっている点がある。これまでの諸研究の整理の上に、成果主義導入による企業内「共同体」の変容について三つの仮説を提示し、それを各一章ごとに分析・解明をしている点がある。これまで私は、歴史主義的な研究方法から分析をおこなってきた。本書でも、歴史主義的な研究方法を基本としながら、仮説・検証方式の方法を部分的に用いることで、本書の研究課題の解明点を際だたせることを試みている。

　また、本書の構成は、上記の三つの特徴に規定されながら下記のようになっている。

　第Ⅰ部第1章では、日本社会の「共同体」問題について、関連するこれまでの研究の整理をおこなうとともに、日本社会における企業内「共同体」とは何かについて理論的に考察・検討を深めている。

　第2章では、今日、日本の企業内「共同体」が成果主義人事制度の出現によ

って大きな変容・崩壊期にあることについて論究している。そして，そのような成果主義人事制度をめぐる議論を整理し，かつ日本企業への成果主義賃金導入の背景と実態とその類型化をおこない，成果主義賃金導入の問題について考察を深めることとしている。また，第2章では成果主義の基礎となっているアメリカの人的資源管理の理論について分析を深めるとともに，人的資源管理が日本に成果主義として導入されるにあたってどのように改変されたのかについて論究することで，日本の成果主義の性格・特徴をより明確にすることに努めている。

また，本研究の第Ⅱ部の第3章では，第Ⅰ部での論議をもとに成果主義人事制度導入によって，企業内「共同体」がなぜ変容・崩壊するかの理由や背景について探るとともに，成果主義導入による企業内「共同体」変容について仮説を提示している。仮説としては，成果主義賃金導入による①企業内「共同体」の崩壊のパターン，②企業内「共同体」の半崩壊のパターン，③企業内「共同体」の全崩壊のパターンの三つの仮説が提示されている。また，その上で，成果主義導入による従業員階層化にともなう企業内「共同体」の変容仮説も提起している。

そして，本書の第4章，第5章，第6章において，成果主義人事導入による企業内「共同体」の変容に関してたてた仮説に関して，企業調査及びその分析を通して検証している。具体的には，第4章において，日本の中堅製造企業を事例として，成果主義導入による企業内「共同体」の半崩壊と従業員階層化にともなう企業内「共同体」の変容について詳細に解明をおこなっている。また，第5章では，日本の総合商社を事例として成果主義導入による企業内「共同体」の全崩壊について調査・分析をおこなっている。そして，第6章では，成果主義導入にもかかわらず，企業内「共同体」が存続・維持している事例について紹介・分析がおこなっている。

また，補章として，①1990年代以降の日本の支配階層の変容（補章1）と②日本において企業内「共同体」が崩壊し，アノミー化したバラバラとなった個人が有機的に連帯する未来像として，「商社の女性の会」をあげ，その可能性と

限界について論じている(補章2)。

　そして,最後に,結章として,日本企業社会における成果主義導入と企業内「共同体」に関して,確認しえた点について整理をおこなっている。そこでは,このような成果主義導入による企業内「共同体」の変容の諸類型を分析するとともに,本書全体の含意として日本企業社会の変容について論じている。そして,成果主義導入による企業内「共同体」の変容を取り巻く問題を整理し,成果主義のインパクトによって,日本の企業内「共同体」は変容,もしくは場合によっては崩壊がもたらされるが,他面において労働組合や従業員個人がもつ新しい可能性についても考察・論述をおこなっている。

2005年3月

守　屋　貴　司

目　　次

はしがき

序章── 研究課題と調査対象分析視角 ──……………………………1

 1　研　究　課　題 ………………………………………………………1
 2　調査対象と方法 ………………………………………………………4
 3　本研究における分析視角 ……………………………………………8

第Ⅰ部　企業内「共同体」と成果主義導入を巡る諸問題

第1章　日本企業社会における企業内「共同体」と
　　　　それを巡る諸見解 ……………………………………………19

 1　「共同体」の概念をめぐる諸見解 …………………………………19
 2　「共同体」研究アプローチの諸類型とその諸問題 ………………20
 3　日本企業社会の「共同体」の性格規定 …………………………26
 4　1970年代以降の経済的諸環境の変化と企業内「共同体」の変容 ……31

第2章　成果主義導入とその諸問題 ……………………………………37

 1　成果主義に関する諸見解 ……………………………………………37
 2　成果主義導入と企業合理化 …………………………………………41
 3　日本における成果主義賃金導入の諸類型 …………………………43
 4　アメリカの人的資源管理の理論とその背景 ………………………54
 5　アメリカの人的資源管理（HRM）と日本の成果主義の相違点 ………57

第Ⅱ部　成果主義導入と企業内「共同体」の変容及び諸類型

第3章　成果主義導入の諸類型と企業内「共同体」の変容 …… 65

1　成果主義導入による企業内「共同体」の変容とその背景 …………… 65
2　成果主義導入による企業内「共同体」の変容仮説 ………………… 74

第4章　成果主義人事導入による企業内「共同体」の半崩壊とその特徴 …… 79

1　調査対象企業概要 ………………………………………………… 79
2　成果主義人事導入への意識と企業内「共同体」 ………………… 86

第5章　成果主義導入と企業内「共同体」の全崩壊とその特徴 …… 101

1　総合商社の成果主義賃金導入と人員削減「合理化」 ……………… 102
2　総合商社の成果主義導入と男性従業員を中心とした企業内「共同体」の全崩壊 ……………………………………… 112
3　小　　結 ………………………………………………………… 114

第6章　企業内「共同体」の存続・維持とその特徴 …… 119

1　企業内「共同体」の存続・維持を図る成果主義導入 ……………… 119
2　企業内「共同体」の存続・維持を図る仮説検証 ………………… 119
3　小　　結 ………………………………………………………… 129

補章1──日本の支配層の「閉じられた共同体」研究── …… 133

1　日本の支配層の「閉じられた共同体」への分析視角 ……………… 133
2　総合商社の事例研究 ……………………………………………… 135
3　「日本的官僚制」メカニズム …………………………………… 137

4　小結 ─日本の支配層の「閉じられた共同体」の解体─ ……………141

補章2 ──女性従業員のヴォランタリアソシエーション── ……………143

　　1　女性従業員のヴォランタリアソシエーションの役割・機能 ………143
　　2　「商社に働く女性の会」の歴史的軌跡 ……………………………145
　　3　「商社に働く女性の会」と労働組合 ………………………………154
　　4　女性差別構造と国家依存・行政保護型産業 ………………………155
　　5　小　　結 ……………………………………………………………157

結章　──成果主義導入と企業内「共同体」の変容の含意と
　　　　残された課題── ………………………………………………161

資料　成果主義人事制度に対する意識調査 ……………………………175
参考文献 ………………………………………………………………211
索　　引 ………………………………………………………………217
あとがき ………………………………………………………………227

序　章 ── 研究課題と分析視角 ──

1　研　究　課　題

　日本社会における「共同体」に関する論議は，わが国のみならず，欧米においても，社会学，経済学，経営学などの様々な研究方法から研究・分析がなされてきた。

　「共同体」を本書において，論じる意義をまず簡潔に述べると，第一に，日本社会を解明する上で，日本企業の企業内「共同体」を解明することが不可欠である点がある。欧米においては市民社会が発達し，地域社会における共同体が大きな社会の役割を担ってきている。しかし，日本の場合，戦後，地域社会，血族，家庭の機能が低下し，企業が福利厚生，「終身雇用制度」，「年功賃金制度」を充実させ，従業員とその家族が企業組織と一体化となり，企業内「共同体」を形成することを通して，企業組織に地域社会よりも高いアイデンティティを抱く企業社会が生成・発展させてきたと言える。それゆえ，企業内「共同体」は，企業社会の核となる部分である。それゆえ，企業内「共同体」を解明することは，戦後日本の企業社会を解明する上で非常に重要な作業であると考えられる。

　第二に，日本の民間企業の企業内「共同体」の維持・再生産の理由を，理論的に解明をおこない，その根拠を明確にする必要性がある点がある。戦後，形成された企業社会の核である日本の企業内「共同体」が，ドルショック，石油

危機，バブル経済などの1970年代・1980年代を通して，再生産・維持されてきたかは，戦後の日本企業社会の解明の上で重要な問題である。特に，1970年代以降，職能資格制度が日本の多くの企業に導入されるわけで，能力主義管理の強化と企業内「共同体」という相矛盾するものが共存し，維持・再生産できたかを探ることが必要であろう。

第三に，日本企業の企業内「共同体」が成果主義賃金制度によって大きく揺らいでおり，その理論的分析が必要である。1990年代以降のバブル経済崩壊以降の平成大不況の下で，成果主義人事制度（特に成果主義賃金制度）が導入され，納得いかない評価，大きな賃金格差等々の従業員間の不信が深まり，企業の大規模「人削減」リストラと連動して企業内「共同体」が解体される現象があらわれてきている。

また，本研究の分析視角としては，前述しているように今日の現代日本社会を「日本企業社会」という位置づけからとらえている。それは，現代日本社会が，他の先進資本主義国と異なる「日本企業社会」としての特徴を有しているからである。

企業社会の定義として木田融男教授は，下記のように指摘されている。

「一つの定義としては，労働者あるいは従業員が，彼らの労働生活だけではなく他の諸生活もが企業に深く包摂されるというものであり，したがって彼らは自分の働く企業と同一化し，『経営者の心』を共有するようになる。……中略……もう一つの定義としては，多数の日本人が『生活諸過程』において企業を中心軸とした価値志向をもっており，それがゆえに日本における社会が企業社会となっているというものである[1]。」

すなわち，現代日本社会において，日本大企業の労働者あるいは従業員は，通常，企業という集団のみに帰属するものではなく，家庭や地域社会などの複数の集団に帰属している。それにも関わらず，日本の労働者あるいは従業員は，企業という集団へ帰属を中心として価値や生活を組み立ててきたと言える。そして，「労働生活だけでなく他の諸生活が企業に深く包摂され」，労働生活・家庭生活・地域生活のバランスが著しく崩されてきたのである[2]。

次に，本書の第Ⅰ部・第Ⅱ部の研究課題と本書の章別構成について述べたい。第Ⅰ部での研究課題は，第一に，私の本研究における根本的研究課題である日本社会の「共同体」問題について，関連するこれまでの研究の整理をおこなうとともに，日本社会における企業内「共同体」とは何かについて理論的に考察・検討を深めることにある。この点については，本研究の第1章において論究している。また，第二に，今日，日本の企業内「共同体」が成果主義賃金制度の出現によって大きな変容・崩壊期にあることについて論究したい。第三に，そのような成果主義賃金制度をめぐる議論を整理した上で，日本企業への成果主義賃金導入の背景と実態とその類型化をおこない，成果主義導入の問題について考察を深めることとしたい。第三に，成果主義の基礎となっているアメリカの人的資源管理の理論について分析を深めるとともに，人的資源管理が日本に成果主義として導入されるにあたってどのように改変されたのかについて論究することで，日本の成果主義の性格・特徴をより明確にすることに努めたい。この第二，第三の研究課題については，本研究の第2章において解明がおこなわれている。

　また，本研究の第Ⅱ部の研究課題としては，第一に，第Ⅰ部での論議をもとに成果主義（賃金）制度導入によって，企業内「共同体」がどのように変容・崩壊するかについて仮説を提示することにある。この点については，本書の第3章において論究がなされ，成果主義人事（特に成果主義賃金制度）導入による①企業内「共同体」の崩壊のパターン，②企業内「共同体」の半崩壊のパターン，③企業内「共同体」の維持・存続のパターンの三つの仮説が提示されている。また，その上で，成果主義導入による従業員階層化にともなう企業内「共同体」の変容仮説を提起している。

　そして，第二に，成果主義（特に成果主義賃金）導入による企業内「共同体」の変容に関してたてた仮説に関して，企業調査及びその分析を通して検証することにある。この点については，本研究の第4章，第5章，第6章において論述されている。具体的には，第4章において，日本の中堅製造企業のO社を事例として，成果主義導入による企業内「共同体」の半崩壊と従業員階層化にと

もなう企業内「共同体」の変容について詳細に解明をおこなっている。また，第5章では，日本の総合商社を事例として成果主義導入による企業内「共同体」の全崩壊について調査・分析をおこなっている。第6章では，成果主義導入にもかかわらず，企業内「共同体」が存続・維持している事例について紹介・分析がおこなわれている。

　そして，補論として，①1990年代以降の日本の支配階層の変容（補論1）と②日本において企業内「共同体」が崩壊し，アノミー化しバラバラとなった個人が有機的に連帯する未来像として，「商社の女性の会」をあげ，そのようなヴォランタリアソシエーションの可能性と限界（補論2）について論じている。

　次に，本研究の調査対象，調査方法について述べるとともに，本調査独自の分析視角や視点について明らかにすることにしたい。

2　調査対象と方法

(1)　調査対象

　調査対象としては，第1部で掲げた企業内「共同体」変容に関する仮説を検証するのに妥当な調査対象企業を選定することにした。調査対象企業に求められる要件としては，①成果主義人事の導入過程にある企業であること，②企業内「共同体」が存在し，それが成果主義導入によって変容しつつある企業であることがある。

　調査対象の企業のタイプとして，一つは日本の中堅製造企業を選定した。中堅製造企業を選定した理由は，第一に，従業員数が限定されているため，アンケート調査，ヒアリング調査を通して，企業の全体像や企業内「共同体」の姿を明確にできるという利点があるためである。特に，本調査において研究対象として企業は，中堅企業でありながらも，大企業と同じような日本企業社会的特徴を具備していることを前提条件として選定している。それゆえ，中小企業でも，高度な技術を必要とし，かつ日本大企業と同じような組織構造をもつ中

堅製造企業を研究対象としての選定をおこなっている。また，日本企業社会を形成するような多様な職種を企業が抱えることも必須条件であった[3]。

そこで，本研究では，従業員数，240名の高度な技術・技能を必要とする真空機器製造の中堅製造企業のO社を調査対象として，成果主義導入による企業内「共同体」に関する詳細な実態調査をおこなっている。特に，240名のこの中堅製造企業を研究対象として選定した理由は以下の点にある。

第一に，すでに，大企業では成果主義人事制度が導入されており，導入前と導入後の実態調査をおこなうことができない。

第二に，大企業では数千人以上の従業員を抱えており，数十名のヒアリング調査を実施したからといって，全従業員がそうであるとの論拠の説得性が乏しい。それに対して，中堅企業では，強い説得性を持ちうると言える。

第三に，日本企業において，経営家族主義的経営をとる企業は，中小企業のみならず，いまだ，大企業，ベンチャービジネス企業など広く存在しており，日本企業社会を形成する一翼を担っている。それゆえ，そのような企業における経営家族主義的「共同体」の変容を調査することは重要な意義をもとう。

調査対象のもう一つのタイプとして，日本のホワイトカラー従業員が大半を占める非製造大企業を選定した。特に，その中でも大幅な人員削減「合理化」と厳しい成果主義制度を展開している総合商社を調査対象として選定している。それは，バブル経済崩壊以降，日本の大企業において，リストラクチュアリング（事業再構築）が，合併，提携，持株会社などの多様な企業結合形態を利用して展開され，大規模な人員削減が実施され，従来からあった企業内「共同体」の構成員が削減され，企業内「共同体」が解体されたことが推測されるからである。特に，構造不況業種である鉄鋼，建設，金融，流通，総合商社などの諸部門の大企業では，徹底した人員削減「合理化」と成果主義人事制度がワンセットとして導入・展開されている。本研究では，ブルーカラーの構成比率の高い中堅製造企業とともに，タイプの大きく異なるホワイトカラーの全従業員に占める比率が圧倒的に高く，大きな人員削減「合理化」と成果主義人事制度が系統的に導入されてきた総合商社を事例として調査研究をおこなうこと

に意義を見出している。

(2) 調査方法

本研究（主として第Ⅱ部）の調査方法では，調査対象企業に勤務する従業員に対するヒアリング調査と一部アンケート調査をおこなうことを通して，企業内「共同体」の変容の解明に努めている。本調査では，ヒアリング調査・アンケート調査を通して，企業内「共同体」が，成果主義人事導入時における賃金格差拡大による早期退職の選択や人員削減によって，実態として解体されてゆく側面と同時に，意識の面に注目して分析を試みている。

この点は，後述する企業内「共同体」とは何かという点にも関連しているが，本書では，「共同体」の成員がどのような「意思」によって，企業内「共同体」を形成し，また，どのような「意思」によって企業内「共同体」を変容・解体させつつあるのかについて着目して分析をおこなっている。

ヒアリング調査では，各企業の人事部よりご協力頂き，様々な職位・労働内容の従業員のヒアリング調査を実施した。

また，本研究でのアンケート調査は，中堅製造企業を調査対象として，2001年6月に，経営協議会の協力をとりつけ，各職場代表を通して，無記名のアンケートを実施したものである[4]。職場ごとに職場代表を通して，個別に回答をおこない，各職場単位もしくは個人単位で，私（守屋）が勤務する大学の研究室まで，郵送をおこなってもらった。従業員数，242名に対して，158名より解答がおこなわれた。回答率は，65.2％であった（本研究のアンケート調査の内容・結果については，本書の巻末に掲載されており，くわしくは巻末を参照）。

特に，意識面では，成果主義導入を肯定する競争是認意識と「共同体」を支える「共同体」意識に着目して分析を試みている。

まず，意識面の先行調査について見ることを通して，本調査での調査の独自性を提起したい。

出版労連の労連青年対策部が3年ごとにアンケート調査をし，まとめている「青年白書[5]」の2001年度版では，「賃金決定に際して成果による査定要素を入

れるべき」「賃金査定があってもよい」などを求める青年労働者が増大していることが明らかである。この調査では、「賃金に反映する査定についてどう考えますか」の問いに対して、「査定には反対する」が20.5％に対して、「あって当然」、「あっても良い」が37.8％と上回っている。また、賃金決定の際の合理的な要素として、あなたが重要と思う順についての質問に対しては、「会社の業績」、「所属する部署の成果」、「個人の成果」が上位を獲得し、「必要生計費」、「年齢」などが下位となっている。

　この調査では、20代の青年労働者が、成果主義賃金制度の査定や成果主義に肯定的な意識をもっていることが浮き彫りにされている。

　また、この調査結果に対して、出版労連は、「生活給、年齢給を追求し、査定には反対する」という出版労連の方針が、財界による能力主義、成果主義の宣伝攻勢の前に押し切られつつあるとしている。

　生協労連では、2000年夏に「青年部アンケート[6]」を実施した。その調査結果としては、①「成績査定・人事考課をどのように思いますか」の問いに、反対の15.6％に対して、賛成が41.9％となっている。この成績査定・人事考課への賛成の意識に反して、②「査定・人事考課が公正におこなわれているのか」の問いには、「そう思わない」が、67.2％の過半数をしめ、「そう思う」の23.6％を大きく上回っている。また、③「評価によって賃金が下がることは仕方がない」と「思っている人」はわずか31.0％で、回答した67.2％が「そう思わない」と答えている。

　この生協労連の「青年部アンケート」でも、青年労働者層に「能力・成果にみあう賃金は当たり前」とする成果主義賃金制度導入前から、それを先取りする「意識」が見られる。

　先行意識調査では、日本的雇用慣行の中で、若年層の初任給が低く抑えられている現実の中、青年労働者が、第一線の中で、一生懸命働いているにもかかわらず、賃金が勤続年数の長さによって決定されることに「矛盾」を感じていると見ることができる。本調査では、このような青年層、中年層などの世代別の成果主義導入を巡る意識の錯綜にも焦点をあてアンケート調査やヒアリング

調査を通して解明をおこなっている。また，本調査では，青年層，中年層にも，成果主義を肯定する競争主義肯定的意識と共に，「共同性」を支える協調主義，平等主義の意識に目を向け調査をおこなっている。

3 本研究における分析視角

次に，本書独自の分析視角や視点について述べたい。

(1) 成果主義導入における労働組合の対応姿勢

成果主義導入における労働組合の近年の取り組み・対応姿勢を明確にすることを通して，本調査（成果主義導入と企業内「共同体」の変容）における労働組合の位置づけを明らかにしておきたい。

まず，日本の労働組合の最大の加盟団体であり，かつ「労使協調」路線の連合の成果主義に対する対応について見ることにしたい。

①　連合の成果主義賃金に対する取り組み

連合では，成果主義賃金導入に反対の姿勢を取らず，むしろ雇用維持を条件に導入追認の対応をとってきている。ただし，連合においても，経営者側が導入する成果主義賃金制度のすべてに賛成するわけではなく，その制度の内容や運用については，是正を求めている[7]。

連合では，「成果主義のルールづくり」を求めている。ルールづくりとは，①能力開発，②能力発揮，③能力評価，の三つの点でルールづくりである。そして，能力発揮，能力開発の機会が十分に提供されてこなかった女性労働者や厳しい就職環境下の若年労働者の定着促進という点から成果主義への移行が歓迎されると位置づけている。そして，連合においても，能力評価の点については，評価範囲，評価の公平性，評価者の問題等々について，ルール化を求めている。

また，成果主義賃金導入を巡る連合の一番大きな懸念は，成果主義賃金導入にともなって，個人別交渉が中心となり，労働組合の大きな役割であった団体

交渉が形骸化し，労働組合の役割が大きくて低下し，その存在意義をも失ってしまう点にある。そのため，連合では，経営者団体に対して，個人別交渉による労働条件の極端な引き下げや大きな賃金格差是正を求め，団体交渉を重視するように求めている。しかし，経営者団体では，これら連合の要求に対して答えようとしていない。

② 全労連の成果主義賃金に対する取り組み

次に，ここでは，敵対的労働組合団体であった全労連の成果主義賃金の取り組みにスポットをあて考察をおこなうことにしたい。全労連は，基本的には，成果主義賃金導入に反対の意思を明確に表明しているが，傘下の企業，職場に成果主義賃金が現実に導入されつつある状況にあるため，その対応戦略をうちだしている。全労連の成果主義賃金制度への導入への対応は，導入前の対応戦略と導入後の対応戦略によってわけることができる[8]。

成果主義賃金制度導入に当たっての全労連の対応・戦略の大きな特徴は，これまでのように導入前であれば，「提案」された成果主義賃金制度の「案」そのものに反対ありきではなく，その「案」の内容が，組合員の賃金にどのような影響を与えるのかを，労働者の生計費と団結への切り崩しという視点から徹底した職場討論をおこなうことを提起している点にある。そして，全労連では，職場討論を通して，①高い目標設定の問題，②上司の恣意的査定，③絶対評価の問題性（短期目標の問題）などの問題を労働者の生計費との関係から分析することの重要性を示唆している。

その上で，成果主義賃金制度が各組合員の経営組織の「経営と労働」にいかなる影響を与えるのかを徹底討論し，労働側からの成果主義賃金制度が経営問題に与える問題点等を積極的に経営サイドに訴える戦略をとることを求めている。すなわち，中小企業への成果主義賃金制度の導入は，これまでのような「成果の分配」を巡る議論にとどまらず，「企業経営の根幹」に関わる問題をはらんでいるからにほかならない。

また，「日本的経営」の低賃金構造の下におかれている，青年労働者の初任給の大幅引き上げも重要な労使交渉課題としている。この点は，前述した青年

労働者の成果主義に対する「受容意識」への対応としてでてきたものである。

また，全労連では，パート，臨時労働者の賃金引き上げの重要性を明らかにしつつ，同一価値労働・同一賃金などの均等的待遇要求を結合することを掲げている。

また，全労連では，すでに成果主義賃金制度が導入された場合の労働組合の対応・戦略として，①導入された成果主義賃金制度の実態調査を徹底的におこない，その問題点を職場・経営組織全体に知らせ「世論」形成をおこなうことと，②特に導入された査定制度（人事考課，業績査定の方法，結果の公開等）の恣意的評価に関する問題点を浮き彫りにし，その是正を強くもとめることと，③人事査定に対して，労使協議と本人同意を要求し，ペナルティのない評価及びその結果への不満に対する苦情処理制度を確立することとしている。

特に，全労連では，成果主義賃金制度がすでに導入されてしまった職場では，高い目標設定による過密労働・長時間労働の問題を重視し，労働基準法を活用し，過密労働・長時間労働をさせない点を強調し，人事評価のディスクロジャー（評価開示原則）を求め，その客観性・妥当性を巡る討議を通して，成果主義賃金制度の修正・是正から撤廃にむけての闘争を提起している。

連合のみならず，従来，敵対的労働組合連合組織であった全労連にあっても，成果主義賃金導入にあたっては，職場討論の積み重ねによって対処をしようとしている点に成果主義賃金を巡る状況の大きな特徴がある。それゆえ，本調査では，成果主義導入における労働組合もしくは労使協議会の役割にも注目しつつ，企業内「共同体」に対抗もしくは代替しうる労働組合的「共同体」や労働者連帯的「共同体」の形成の可能性についても考察をおこなっている。

(2) 「共同体」への分析視角
① 日本社会の「共同体」の歴史的変遷への分析視角
日本企業における成果主義賃金制度導入による企業内「共同体」の変容を見る際，そもそも日本社会の「共同体」にどのような類型があり，その類型がどのように変容しつつあるのかを分析する必要性がある。

日本社会の「共同体」を類型化する際の大きな枠組みは，「共同性（人間的なゲマインシャフト的関係）」から「競争関係・利害関係（ゲゼルシャフト的関係）」への変化として下記図のように位置づけることができよう。そこでの歴史的変遷の流れは，村落共同体から経営家族主義的「共同体」，旧来型の企業社会的企業内「共同体」そして，企業内「共同体」崩壊という流れである。

図序-1　共同体の歴史的変遷

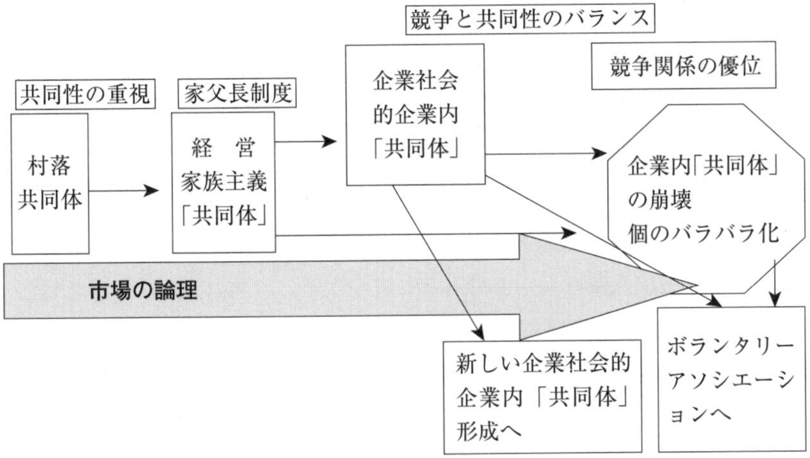

競争と共同性のバランス／競争関係の優位

共同性の重視　→　家父長制度　→　企業社会的企業内「共同体」　→　企業内「共同体」の崩壊　個のバラバラ化

村落共同体　→　経営家族主義「共同体」

市場の論理

新しい企業社会的企業内「共同体」形成へ

ボランタリーアソシエーションへ

　「共同体」は，人類社会の歴史的な普遍的編成原理の基本的範疇であり，マルクスの歴史理論を構成する中心概念でもある。マルクスの共同体論では，『経済学批判要綱(9)』において，生産手段としての土地所有の形態をみて，私的所有のない「労働と所有の同一性」に基づく「本源的共同体」をあげ，それの解体―資本家的私的所有への過渡的形態としてアジア的，古典的，ゲルマン的共同体的所有の3形態をあげている。マルクスの歴史理論においても，「共同性（人間的なゲマインシャフト的関係）」から「競争関係・利害関係（ゲゼルシャフト的関係）」の相克が大きなテーマである。そして，マルクスは，理想の未来社会を資本家的私的所有を廃棄した自覚的な止揚態（人間的ゲゼルシャフト）として構想している(10)。

　今日，資本主義社会において共同体が残る根拠であるが，上記のマルクスの

共同体論を基礎にさらに展開した林直道氏の論からその答えを見ることにしよう。林直道氏は，共同体が存在するには，共同的所有によらなければならいと論じている。それゆえ，林氏は，奴隷制であれ，農奴制であれ，共同体（所有）を基礎として，その転化によって成立してきたと述べている。そして，歴史の二条の流れとして，こうした①共同的所有ともうひとつの流れ，②前資本主義的所有（すなわち「生産手段と労働力の結合」）・資本主義的所有（「二重の意味での自由な労働力」）・共同的所有にあるとしている。そして，今日，現実に資本主義社会において共同体（所有）が残っているのは，生産手段と労働力の直接的な強い結合関係は，資本主義的な物（資本，商品，貨幣）との関係に比して，直接的な人間関係を成立させ，このことが人間の共同体的関係を生じさせる根拠であるとしている[11]。

次に，日本における村落共同体から経営家族主義的「共同体」，企業内「共同体」への歴史的変遷について見ることにしたい。

日本でも，「資本の論理」が地域社会においても貫徹され，都市化による農村の過疎や農民層分解が進行し，農村共同体がやせ細ることとなった。それと同時に，日本では，家父長制理念を規範とした経営家族主義的「共同体」が戦前は「労使協調」「労働運動の押さえ込み」等のイデオロギー的な意図をもって資本家・経営者側によって上から形成されることとなる。

戦前から戦後の家父長制理念を規範とした経営家族主義的「共同体」の形成においても，その形成は，勃興する労働・労働組合運動への対処という労使関係管理的必要性と同時に村落共同体と同様に「共同『生産』労働」の必要性から生じたと考えられる。それは，資本主義的後進国の日本の企業が，労働集約的で過重な「共同労働」を効率的に展開するために，規範的に経営家族主義が導入されたと考えられよう。

そして，経営家族主義的「共同体」から企業社会的「共同体」への転換が高度経済成長期以降，意図的にはかられることとなる。その背景には，第一に，戦後世代の労働者層が旧来型の家父長制理念を規範とした経営家族主義になじみにくくなった点と，第二に，大企業に見られる世界的に広がる企業組織の巨

大化によって，社長を家父長とする家父長制理念の全従業員への浸透が困難になってきた点，第三に，大企業に連合系組合を中心とした「労使協調的な労使関係」枠組みができあがり，労使関係管理として経営家族主義的規範を社員に注入する必要性が低下した点，第四に，経営家族主義を支えてきた終身雇用，年功序列制度の限界の露呈などがあげられる。

　特に，1980年代，円高後の日本大企業の多国籍化の進展と海外の生産展開とME技術革新は，「日本的生産システム」の海外移転となり，経営家族主義のような一国的イデオロギー的規範からグローバルなイデオロギー的な規範を必要とすることとなった。それらのコンセプトが生産現場においては，職場の実際の作業において改善活動（KAIZEN）などの「集団としての熟練」を発揮するといった「集団的熟練」を基礎としたチームコンセプトとなり[12]，経営管理面においては「ジャパナイゼーション」論となったと言えよう[13]。このような製造現場の企業内「共同体」の変容は，本研究の製造中堅企業を研究対象とした分析において，おこなっている。

　また，法人資本主義に代表される株式持合いによる日本大企業の専門経営者層では，所轄官庁の官僚の天下りと結びついた「閉じられた特殊利益の保全目的」の支配的な官僚・経営者・政治家による「閉じられた共同体」が一般労働者と遊離した形で形成されてきたと考えられる。そして，そのような「閉じられた特殊利益の保全目的」の「閉じられた共同体」が，企業の経営存続よりも「閉じられた共同体」の利益を優先する結果，山一證券の倒産や本研究でもとりあげる総合商社の有利負債の巨額化に代表される経営問題に発展することになったのである[14]。この日本企業社会の支配階層の「共同体問題」は，本書の補章1において考察・分析されている。

　このような企業内「共同体」の歴史的な維持もしくは変化は，生産諸力＝分業関係の進展と「共同体」の変容が絶えずパラレルの関係で推移していると考えられる。この両者（生産諸力＝分業関係の進展と「共同体」の変容）は，不可分な関係にあり，生産諸力＝分業関係の進展が「共同体」の支配構造・社会的規範の維持もしくは変容の「起因」ともなっている。そして，このような

「共同体」の変化は，企業内「共同体」がゲマインシャフト的「共同体」からより資本主義なゲゼルシャフト的「共同体」への変化と位置づけることができよう。

本研究の第4章において紹介する中堅製造企業の事例における企業内「共同体」は，経営家族主義的「共同体」と企業社会的「共同体」の両方の性格を具有する「共同体」として位置づけることができる。また，第5章において紹介する総合商社の企業内「共同体」は，企業社会的「共同体」から市場の論理によって「バラバラな個」への変容と位置づけることができよう。また，第6章の成果主義人事導入による企業内「共同体」の維持事例は，旧来型の企業社会的企業内「共同体」から新しい企業社会的企業内「共同体」への再編・移行と位置づけることができる。新しいというのは，「終身雇用」・「年功序列人事」という組み合わせから一定の「長期雇用」の保証と引き換えに厳しい成果主義を導入を「受容」するという労働者統括システムの再編を意味している。

(注)
(1) 木田融男「"社会概念"と日本社会」『立命館産業社会論集』第32巻第4号，1997年3月，31ページ。
(2) 渡辺治『「豊かな社会」日本の構造』労働旬報社，1990年，渡辺治編『現代日本社会論』労働旬報社，1996年，基礎経済科学研究所編『日本型企業社会の構造』労働旬報社，1992年，乾彰夫『日本の教育と企業社会』大月書店，1990年，基礎経済科学研究所編『日本型企業社会と女性』青木書店，1995年，参照。
(3) 研究対象選定理由として中堅製造企業を選んだもう一つの理由は，日本の中小企業を特に選定することで，経営家族主義的な統合が成果主義によってどのような変容するのかを解明することができるからである。この問題も大きな問題であり，日本の中小企業の今後を左右する問題でもある。それは，日本において中小企業の多くは，重層的下請け構造の中，中小企業側に意思決定権がなく，付加価値生産性が低い状況で成果主義賃金を導入すると小さな総人件費を大きな格差で分配することなり，労働者の不満感が著しく増大し，かえって生産性が減退する危険性もある。また，反対に，日本の中堅製造企業の中で，付加価値の高い受注の少量生産をおこなっている企業の場合でさえ，もし，納得感の無い成果主義賃金制度を導入することでその企業の核である熟練技能者や技術者のモチベーションが著しくさがり，自発的退職へと向かえば経営家族主義的「共同体」の崩壊どころか企業の競争力を喪失し，企業そのものが倒産にいたってしまうからである。
(4) 本アンケートの詳細に関しては，守屋貴司「資料　中堅製造企業O社の成果主義人

事制度に対する意識調査」『産業と経済』(奈良産業大学) 第17巻第3号, 2002年10月, 参照。
(5) 出版労連青年部編『青年白書』2001年。
(6) 生協労連青年部『青年アンケート』2000年。
(7) 連合(日本労働組合総連合会)に関しては, 連合編『2004連合白書』コンポーズ・ユニ, 2004年, 参照。
(8) 全労連の成果主義人事制度への対応に関しては, 2002年8月末に実施した全労連担当者に対するヒアリング調査と全労連よりの内部文書による。
(9) Marx. K, 1857/58, "Formen die der Kapitalistischen Production vorhergehen"
(10) 中久郎「ゲマインシャフト・コミュニティ・共同体」安田三郎・塩原勉・富永健一・吉田民人編『基礎社会学 第、巻社会構造』東洋経済新報社, 1988年, 88ページから90ページ。
(11) 林直道『史的唯物論と経済学 上・下』大月書店, 1973年, 参照。
(12) 辻勝次「自動車工場における『集団的熟練』の形成機構とその機能形態(上)」『立命館産業社会論集』第24巻第4号, 1989年3月, 小山陽一郎編『巨大企業体制と労働者』御茶ノ水書房, 1985年, 牧野泰典『小集団の機能と役割―現場労働者の「経験知の伝達」と「熟練」の形成』八千代出版, 2001年。
(13) ジャパナイゼーションに関しては, 石田和夫・安井恒則・加藤正治編『企業労働の日英比較』大月書店, 1998年, 参照。
(14) 守屋貴司「日本企業社会の二つのパターンと全体構造の再検討―『日本的経営管理構造』の社会学的分析―」『産業と経済』第15巻第4号, 2001年3月, 142ページから145ページ。

第Ⅰ部　企業内「共同体」と
　　　成果主義導入を巡る諸問題

　第Ⅰ部では，日本企業への成果主義導入と企業内「共同体」を巡る諸問題を二つの章によって分析・考察がおこなわれている。
　具体的には，第Ⅰ部第1章では，日本社会の「共同体」問題について関連するこれまでの研究の整理をおこなうとともに，日本社会における企業内「共同体」とは何かについて理論的に考察・検討を深めている。第2章では，今日，日本の企業内「共同体」が成果主義人事制度の出現によって大きな変容・崩壊期にあることについて論究している。そして，そのような成果主義人事制度をめぐる議論を整理し，かつ日本企業への成果主義賃金導入の背景と実態とその類型化をおこない，成果主義賃金導入の問題について考察を深めることとしている。また，第2章では成果主義の基礎となっているアメリカの人的資源管理の理論について分析を深めるとともに，人的資源管理が日本に成果主義として導入されるにあたってどのように改変されたのかについて論究することで，日本の成果主義の性格・特徴をより明確にすることに努めている。

第1章　日本企業社会における企業内「共同体」とそれを巡る諸見解

1　「共同体」の概念を巡る諸見解

　私は本章をはじめるにあたって，まず，日本社会における共同体の問題を論じようと考えている。その理由は第一に，日本社会分析における共同体研究の必要性を感じているからである。

　木田融男教授は，論文「社会概念と共同性」の中で，日本社会分析における共同体の基礎たる「共同性」の概念の明確化の必要性について下記のように指摘している。

　「日本社会の分析を企業社会概念で行う場合，そこに単純な欧米『市民社会』＝個人主義に対する日本企業社会＝集団主義（あるいは「共同体主義」）というパラダイムに依拠しない意図を有するとしても，『共同性』を内包する社会概念を準備しなければ，日本社会における社会分析は有効性を喪失してしまう[1]。」

　木田教授が指摘するように日本社会の分析をおこなう場合，「共同性」さらには「共同体」という問題を避けて通ることはできない。それでは，今日の日本企業社会の全体構造を見る時，人間間，個人と組織間では，日本企業社会を説明する上で，どのような「共同性」さらには「共同体」を内包する社会概念を準備することが，日本社会の社会分析において有効なのであろうか。また，日本企業社会の中に存在する「共同性」，「共同体」とは，どのようなものであ

ろうか。

　これを探る上で、まず、そもそも「共同性」、「共同体」とは何を根拠に成立し、本質的にどのようなものであるかについて考える必要があろう。

　共同性研究の大家である京大名誉教授の中久郎氏の記述には、社会に「共同性」、「共同体」が存在する根拠を人間の「本来的な有り様」に求めている。

> 「人間の、とくに人生の本来的な有り様は共同（体）的であるということである。この意味からいえば、共同化（あるいは連帯化）の可能性は、どの人間の集合体にも可能な性能であるということができる[2]。」

　すなわち、共同性、共同体は、人間の本質的な欲求に基づく普遍的な性能である。では、日本社会（日本企業社会）の中の共同体とはどのようなものであろうか。日本社会（日本企業社会）の中に存在する共同体も、人間の本質的な欲求に基づくものであり、集団の凝集性を高める側面において有効に機能してきたのであろうか。

　本研究では、日本社会における共同性・「共同体」の解明に努めることとしたいが、今日の日本社会は、産業社会であり、その中心に企業が位置している。そこで、本研究では、特に、「共同体」でも、日本の企業内「共同体」に焦点を絞り論じることにしたい。もちろん、日本の企業内「共同体」分析によって、日本社会の「共同体」（村落共同体、アイヌの共同体、沖縄の共同体等々を含む）の全体を語りえないことは充分に理解している。しかし、日本社会を日本企業社会という視点にたって語る時、企業社会を支える中心原理の大きな要素としてこれまで企業内「共同体」が存在してきており、それを、分析することは、日本企業社会研究の大きな研究課題であると言えよう。

　次に、その疑問に答えるべく日本社会（日本企業社会）・日本的経営との関わりから「共同体」について考察をおこないたい。

2　「共同体」研究アプローチの諸類型とその諸問題

　これから日本社会における共同体の問題を論じるわけであるが、その前に、

日本社会の共同体を説明する幾つかの研究アプローチについて見ておきたい。

一つは，日本の集団主義，共同体主義から説明する研究アプローチである。これは，日本人の特性として集団主義・共同体主義の傾向をあげ，そこから日本企業社会の特徴を，日本固有の共同性より説明をおこなうアプローチである。このアプローチは，日本文化論において展開されるアプローチである。このアプローチの問題は，日本固有の民族性・文化性にその根源を求める傾向がある[3]。

日本文化論では，「間人主義」，「縦社会」，「甘えの構造」などの日本人的特徴をあげ，そこに日本人の民族的な「共同体」的性格を描いている[4]。このような日本文化論には，今日，多くの批判が向けられている。それは，日本人種＝日本民族＝日本文化という枠組みが，日本文化論に組み込まれているからである。この点について杉本良夫氏は，「もし日本文化論が日本人種論や日本民族論でなく，日本の中に存在する文化そのものを主題としているならば，アイヌ文化や沖縄文化が日本文化の論考に重要なインプットとなっていないのはなぜか。日本に生まれ育った在日韓国・朝鮮人の文化が，日本文化の一部として考察されないのはなぜか。……中略……同化主義的な日本文化論は，文化論の衣をまとった民族論ないしレイシズムである可能性について，鈍感であってはならない[5]。」と指摘している。そして，杉本良夫氏は，同化主義的な日本文化論を，自民族中心主義的であると規定し，同化主義的な日本文化論の傾向として，3つの点を指摘している。

それは，第一に，他文化との類似点や同一性よりも相違点や異質性を強調する点，第二に，権力によって強制されたり，操作されて形成されるパターンをあたかも日本人全体から自発的に生み出されると描写している点，第三に，国内の対立を隠し，心理的・倫理的統一を助ける観念装置としている機能している点である[6]。

日本文化論の中には，日本人種＝日本民族＝日本民族「共同体」という枠組みによる同化主義的な「共同体」論を展開している場合さえあり，本研究では，そのような日本文化論に見られる同化主義的「共同体」論とは異なる視点

に立っている。

そして,私は,鈴木良夫氏に見られる同化主義的な日本文化論批判研究を通して,日本企業社会研究が,日本企業社会の中心を形成する大企業の従業員の同一的な「規範」や「価値」,そして「意識」に基づく同化主義的な企業内「共同体」への批判をおこなうことが必要であると考えている。また,同時に,そのような日本の企業内「共同体」から多様な「価値観」や「規範」を享受できる多文化・多価値主義的な「共同体」への転換の必要性を解明する責務があると考えている。

もう一つの「共同体」に関するアプローチは,経営学・社会学分野において論じられている「経営家族主義研究」である。経営家族主義は,家族制度における家父長的温情主義を企業経営に持ち込み,それを経営の運営原理とすることにある。経営家族主義のもとでは,経営者は単に機能的な雇用者・専門的管理者であるばかりでなく,家父長(戸主)のように絶対的権力者として物心両面にわたって従業員の個人の生活面にも介入し,その反面,家族庇護(ひご)の義務に相当するめんどうをみるという両側面を持つ。そして,従業員はその庇護を恩恵として受け取り,個人生活への介入を受容するとともに,家父長に忠誠を誓って労働に励むことになる。終身雇用制は「日本的経営」の特徴の一つであるといわれるが,経営家族主義のもとでは,忠誠を誓う労働者を家族(身内)同然に取り扱う結果,終生の保護を与えるという思想を内包している。このような経営家族主義では,人の和と人間的接触が重視される。従業員の採用では,能力よりも集団的協調性が重視され,昇進や人事異動は年功主義により行われる。高齢化社会を迎え,能力主義の採用などによる終身雇用制の後退は,経営家族主義の基盤を弱めている[7]。

経営家族主義は,イエ共同体(血族的な共同体)の原理を企業に導入することで,イエ共同体を擬似的に企業体の中に再現しているという研究アプローチである。そして,経営学研究では,年功序列,終身雇用,企業内組合,企業内福祉制度などの諸制度が第二次世界大戦後,整備され,企業内「共同体」の形成と維持が意図的に図られてきたことを明らかにしている[8]。

経営家族主義研究の有効性と限界を考えてみると，経営家族主義は，今日，日本においても，一族経営を主体とする中小企業のみならず，大企業においても一族経営を中心とした展開されているケースもある。また，日本では，多くのベンチャービジネスにおいても，日本に於いて，一般市場から資金調達の限界性から経営者一族の出資を中心として創業され，経営家族主義的性格を残存するケースも多い。しかし，日本の企業集団の中心である旧財閥系の大企業では，所有と経営の分離，戦後の財閥解体によって経営家族主義から脱却しており，経営家族主義研究のアプローチのみから今日の企業内「共同体」を語ることは困難である。とは言え，日本の企業において，数量的にも就業人口的にも，多数を占めるのは，中小企業であるとともに，トップ（社長・会長）を創業一族で構成する多くの日本大企業がいまだ多くあり，今日の日本企業社会においても経営家族主義研究のアプローチの有効性が残っている。

もう一つのアプローチは，日本の企業内の「共同体」を資本主義社会日本における「組織された競争関係」として見る日本企業社会研究アプローチである。今日の大企業は大規模化が進み，多数の社員の協業化が進行している。しかも，資本主義社会では，企業間競争は激烈であり，企業は多数の社員の協業化をよりスムーズかつ合理的に達成されるために，「組織された競争関係」を創出するのである。いわば，資本主義的な共通目的を達成するために，複数の個人が行為（労働）を調整するという協働を通して，共同体への凝集性を高めるのである。この研究アプローチは，日本企業社会論，社会学において展開されている研究アプローチである。この「組織された競争関係」は，日本大企業の小集団活動を説明する時に有効である。この研究の表的論者としての渡辺治氏である[9]。

これまでの日本における「日本企業社会」に関する諸研究を分野別に整理すると下記のようになる。

経済学：高橋祐吉「日本的経営・企業社会」渡辺治編『現代日本社会論』労働旬報社，1996年所収

　　　　同『企業社会と労働組合』労働科学研究所出版部，1989年

　　　　　同『企業社会と労働者』同，1990年
　　　　　同『労働者のライフサイクルと企業社会』同，1994年
政治学：渡辺治『「豊かな社会」日本の構造』労働旬報社，1990年
経済学：馬場宏治「現代世界と日本会社主義」東京大学社会科学研究所編『現代日本社会1』東京大学出版会，1991年
経済学：基礎経済科学研究所編『日本型企業社会の構造』労働旬報社，1992年
　　　　　奥村宏『会社本位主義は崩れるか』岩波書店，1992年
教育学：乾彰夫『日本の教育と企業社会』大月書店，1990年
経済学・経営学：木下武男「企業社会と労働組合」『労働運動と企業社会』大月書店，1993年
社会学：基礎経済科学研究所（編）『日本型企業社会と女性』青木書店，1995年
　　　　　大沢真理『企業中心社会を越えて―現代日本の〈ジェンダー〉で読む―』時事通信社，1993年

　木田教授によれば，前述したような「日本企業社会」研究において，「日本企業社会」を構成する要因を，下記のような要因に分類できるとしている[10]。
　1．日本的な伝統的な「共同態志向」あるいは「集団主義」
　2．トヨタのJITのような生産・経営の技術革新
　3．日本の国家，自治体の役割
　4．日本的企業制度
　5．組織された競争システム
　上記のような5つの構成要素から日本企業社会が形成され，5の「組織された競争関係」に基づく企業内「共同体」が形成されてきたと言えよう。
　日本企業社会論は，日本企業社会の中心である日本大企業の労働者を対象としてその組織された競争関係と労働者の意識レベルにおける「受容」問題を取り扱っており，日本の企業内「共同体」を研究対象として分析をおこなう上で有用な研究アプローチであると言える。
　以上，企業内「共同体」の問題を幾つかの研究アプローチとの関連から見てきた。整理してみる研究前述した日本文化論や経営学の経営家族主義研究のア

プローチは，日本の前近代的共同体的性格が戦後も強固に維持・残存し，それが継続していることを主張している。これに対して，日本の企業内「共同体」を「組織された競争関係」として見る研究アプローチでは，戦後に企業によって意図的に構築された「共同体」の近代的・現代的特徴（より利益的側面）が強調されている。そして，いずれの研究アプローチも，日本の企業内「共同体」が強固に形成され，現在まで存続・維持してきたことを論じている。

また，日本企業における「共同体」研究は，日本文化論や経営家族主義研究に見られる「前近代性」から1980年代の日本経済の良好なパフォーマンスを背景として，「日本的生産システム論」や「日本的経営システム論」に見られる「資本主義的に合理的なもの」へと評価が転じている。

このような議論の変化について，田中洋子氏は，「そこでの議論においては，『封建的』と言われてきた企業内関係の共同体的関係が逆に資本主義発展の条件として注目されることとなった。労働者の生活や人生に深くコミットする企業の共同体的な組織特質は，決して資本主義の発展を阻害する『前近代的』なものではなくて，むしろ資本主義に対して適合的でその経済性と両立しうるものであり，更に強化しうる基盤ともなりうることが認識された。ここにおいて，『特殊性』論や『前近代性』の『遅れた』『歪み』論の見直しがすすめられ，逆にこれまで『前近代性』とされてきたものが，実は資本主義的合理性を持つものとして普遍的適用も可能であるという考え方も生まれてきた。『市場中心＝資本主義合理的』対『共同体的機能中心＝前資本主義的』という対抗的図式が，共同体的機能の資本主義的合理性・経済合理性の関係でよりポジティブな見直しへの展開していったのである[11]。」と指摘している。そして，田中洋子氏は，日本的経営に見られる企業的丸がかえ的人生保障が，日本ばかりか，ドイツやS. ジャコビーの『雇用官僚制』や『会社荘園制』，関口定一氏のGMの事例研究において，同じような家父長主義やそれに基づく企業内福祉政策がおこなわれた例証があると指摘している[12]。

田中洋子氏の指摘する「共同体」が持つ資本主義的合理性は，高度成長期の組織拡大期の日本大企業における「終身雇用」・「年功序列」・「企業内福祉」の

成立運用時期を指している。いわば，アベグレンが，文化的特殊性とした「日本的経営」に普遍性を求める議論と言える[13]。これに対して，渡辺治氏を代表する日本企業社会論では，高度成長期以降の職能資格制度の導入による人事査定による「能力主義管理」の強化における「終身雇用」「企業内福祉」「企業内組合」をセットとした資本主義的合理性が論述されてきた[14]。そして，日本企業社会論が主として研究対象にしてきた1970年代，1980年代においても，競争と「共同体」が矛盾せず企業内「共同体」の再生産がおこなわれてきている。企業における年功的秩序は労働者相互に激しい競争関係を存在してきたが，高度成長期には，企業の急速な組織拡大・企業成長によって，昇進・昇格の機会の拡大によって企業の共同体的性格が形成・維持されてきた。これは，組織拡大によって，競争と共同体，個人と組織という関係に一定のバランスが保たれてきたということである。この競争と「共同体」が矛盾せず企業内「共同体」の再生産がおこなわれてきた点については次節以降において更に論述することにしたい。

このように論じられてきた日本社会（日本企業社会）の「共同体」とはいったいなぜ今日まで強固に維持・形成され，そして成果主義の導入によって揺れているのかについて，更に，競争関係と共同体の形成問題や交換理論やコミュニケーションなど多面的な角度から検討をおこない，考察を深めることにしたい。

3　日本企業社会の「共同体」の性格規定

日本社会の共同体を説明する研究アプローチとして，「日本文化論」，「経営家族主義研究」，「企業社会論」について見るとともに，これらの研究アプローチにおける日本社会の「共同体」の位置づけについて考察をおこなってきた。
　次に，日本企業社会での「共同体」の性格規定について述べたい。

(1) 競争関係と企業内「共同体」形成・維持の並存

　日本企業社会論では,「組織された競争関係」については論述がなされてきたが,「競争関係」と「共同体」の形成という相反する事象が, 日本企業社会において成立することには十分な論述がなされてこなかった。そこで本稿ではその点について論究することで日本企業社会の企業内「共同体」の性格規定をおこないたい。

　日本企業社会における組織された競争関係に基づく「共同体」は,「終身雇用」,「年功序列制度」,「人事査定」などを基礎としながら, その競争過程において,「同質的同調競争」をおこなうことによって形成され再生産されてきたと理由づけると説明がつく。すなわち, 日本企業社会では,「終身雇用」・「年功序列」を建前としつつも, 厳しい選別と淘汰がおこなわれ, そこでの選別・淘汰基準は, 能力とともに, 人事査定において協調性といった項目を評価項目に入れることで組織への同質性や同調性が厳しく求められるのである。そのため, 自分が自らの所属している従業員組織集団に他の従業員よりも, より同質同調し,「協調性」を有していることに努力がはらわれることになる。その結果, 個人は, 競争に生き残るためには, より組織に同質同調化することになる。それがより強固な同調行動を生み, 感情もより同質・同調（感情の共有）の方向に向かうため, 企業内「共同体」が形成・再生産されるのである[15]。

　いわば,「共同体」を形成する基本的要素である「価値観・規範・感情の共有」や「集団的同一・同調行動」が人事査定の基準となることで, 企業内「共同体」の再生産への維持・貢献が昇進・昇格の大きな要因となり, 競争と「共同体」の維持が矛盾なく並存しえたわけである。

　そして, 本書において企業内「共同体」の共同体を括弧（「」）つきであらわしたのは, 企業内「共同体」が村落共同体や地域共同体という本来の共同体と異なり, 企業側の労務管理政策, 情報管理政策, 労使関係管理政策上, 意図的につくられた擬似共同体であるからである。企業側の企業組織の社会統合の手段として, 労使関係管理, 労務管理の必要性から企業内「共同体」は企業側の要請から意図的につくられながら, 人事評価において「同質的同調競争」がな

されるために，従業員も企業組織内の様々な人間関係諸活動にすすんで参加し，企業内「共同体」の構成メンバーとなることを余儀なくされるのである。

　企業側の意図によって参加を強制されながらも，すすんで自主的に参加しているかのように行動せざるえない状況こそ，企業内「共同体」の矛盾であり，性格をあらわしていると言える。それゆえ，企業内「共同体」は，実態面では企業側もしくは従業員側からも推進される職場懇親会，社内クラブ，QCサークル，社内団体（出身別・階層別会）などの様々な人間関係諸活動としてあらわれ，企業組織内にタテ・ヨコ・ナナメの人間関係が形成されることとなる。個々の従業員は人事評価や社内での評判からもそれら人間関係諸活動に主体的・積極的に参加する意識を当初は有していないが人間関係諸活動への参加を通して次第に主体的参加意識を内在化させることとなるのである。

　次に，このような企業内「共同体」の性格と特徴について，交換理論やコミュニケーションの分析視角から考察をおこないたい。

(2) 企業内「共同体」の維持とコミュニケーション

　日本の企業内「共同体」が強固に維持されてくるには，交換理論をもとに考えるならば，構成員になんらかの貢献と誘引が成立している必要がある。

　「会社」という共同体における交換理論の成立に関しては，太田肇教授の労作をはじめ諸研究がある。太田教授は，組織人に関して，「組織人は，組織から得られる誘因によって主要な欲求を充足する。マズローが提示するように，欲求は階層構造を成すと考えているが，組織の中での評価とその反映である地位や報酬によって，衣食住に関する低次の欲求だけでなく，尊敬・自尊，自己実現といった高次の欲求を満たそうとするものである[16]。」と述べている。そして，太田教授は，日本の人事制度が「情意評価や総合評価にみられるように，態度や行動そのものが評価対象になったり，評価者の主観に裁量が入りやすい構造になっている[17]。」と指摘し，「このような立場におかれた組織人は，誘因と貢献が均衡することを前提にした経済的な交換よりも，むしろ組織人の包括的な関係の中で利益を最大化しようという，いわば全人格的な関わり方を

することになりやすい。したがって，そこにはゲゼルシャフト（利益社会）的関係とゲマインシャフト（共同社会）的関係が混在することになる[18]」と論述している。

太田肇教授の交換理論に付け加えるとすると日本企業社会は，「俗人的人間関係」を媒介とした「会社という信用」を基礎においた長期的「交換」理論を成立させたと言える。それは，日本企業社会において縦系列関係のインフォーマルな俗人的人間関係（義理，恩，縁，貸し借り，恐れ，威嚇，貢献と見返り等）が「企業論理」に裏打ちされて張り巡されている。

そして，前述したように日本企業社会は，「俗人的人間関係」を媒介とした「会社という信用」を基礎においた長期的「交換」理論を構築してきた。そこでの交換は，年功序列，終身雇用制度の中での長期勤続を前提とした長期的「交換」関係であるため企業内に限定した非市場的交換関係であった。

そして，長期勤続を前提とした長期的「交換」関係を基礎として，日本大企業を中心として，さまざまなコミュニケーションとインフォーマル組織の形成がより日本の企業内「共同体」を強固なものにしていったと考えられる。

日本企業では，小集団活動に代表される職場レベルのフォーマル，インフォーマル組織が，縦ライン・横ラインで無数にはりめぐらされてきた。日本企業の企業内「共同体」は，小集団活動，社内団体（出身別・階層別会），職場懇親会，社内クラブといった企業によって組織されたインフォーマル組織を中心としながら，企業内の派閥・学閥といった社会的集団，上司と部下といったインフォーマル組織がそれに加わり，成立してきたと考えている。

すなわち，日本の企業内「共同体」の成立過程は，企業側から組織された小集団活動，社内団体（出身別・階層別会），職場懇親会，社内クラブ等に社員が参加させられ，タテ・ヨコ・ナナメに人間関係の絆が形成され，次に従業員がタテ・ヨコ・ナナメに形成された人間関係の中で更に「主体的」に様々な人間関係を形成し，無数の人間関係のネットワーク網によって生まれたと考えられる。それゆえ，企業内「共同体」とは，企業側の労使関係管理や情報管理の意図に沿いつつも，社員の「主体的」・「能動的」な人間関係活動によって生み出

された企業内の無数の人間関係によって成立した「擬似共同体」である。

そして,時に,この企業内の無数の人間関係において,日本的な「恩と義理」の関係が蓄積され,企業内「共同体」の絆を強くしている。「恩と義理」の関係は,伍酬性にある。恩義を人間関係において受けると「債務」が生じ,その「債務」をいざという時に返す「恩返し」の義務が生じる。「恩情と忠誠」の交換関係とも言えよう。この「恩義・恩返し」もしくは「恩情と忠誠」という「債権・債務関係」が企業内の主として無数の上下関係において蓄積されることを通して,所属する非公式組織(学閥・派閥等)の結束力を強固にし,それらを構成要素とした日本企業の企業内「共同体」の絆を強くしてきたのである[19]。

そして,日本企業では,企業内のそれら無数のインフォーマル組織において,人間関係諸活動を通して,メンバー相互間のコミュニケーションがおこなわれる。また,そのコミュニケーションを通して形成されたアイディアが,現実の作業や労働,企画などの改良や改善に有効に機能し,メンバーの「モチベーション(やりがい)」や「はりあい感」を生み出すこととなっている。

また,企業内「共同体」内部のインフォーマル組織やフォーマル組織におけるコミュニケーションは,仕事や企画のことのみならず,家庭生活,恋愛,子供の教育などの多岐に及ぶ悩みまでも対象としておこなわれている。これによって,労働生活上の企業内「共同体」は,時に,家庭や地域などのコミュニティと同等,もしくはそれ以上の重要性と帰属意識をもつこととなっている。ここに,日本の労働者が,一日の大半を,労働生活として生活しても,孤独感や孤立感,疎外感を感じずに過ごすことができた理由がある。

私がおこなった総合商社のホワイトカラー労働者の調査研究でも,激しい従業員間競争や過労死に至る長時間労働を忌避しながらも,企業内の自らの所属する学閥や派閥(企業内「共同体」の一構成要素)のために,能動的・主体的に競争に参加せざるをえないホワイトカラー労働者の姿を見ることができた[20]。

また,日本企業社会の企業内「共同体」は,述べてきた「場の共有」と「共同体の特殊利益の保全(派閥・学閥の論理)」という機能と共に,前述した企業

組織内に張りめぐらされたインフォーマル組織によって，会社や労使協調型（会社派）の労働組合の方針に従わない（同一的同調行動をしない）人物の摘出をおこない，上司の人事考課や人事部と連動してそのような人物を配置転換（左遷）や早期退職に追い込むという労使関係管理機能を包摂している。いわば，企業内「共同体」のインフォーマル組織は，「インフォーマル組織の中心人物（多くは年長・上位役職者）」や「人事部等のフォーマル組織」と密接に結びつき，従業員情報提供等の見返りとして，インフォーマル組織集団構成員のフォーマル組織（企業組織）での昇進・昇格・配置への有利な処遇を受けることになる。これは，同化主義的な企業内「共同体」の排他的性格が，会社や労使協調型（会社派）の労働組合の方針に従わない異分子（同化しない存在）を排除する方向に働き，「企業側」が強固な労働者統括をおこなってきたと言える[21]。

日本の企業内「共同体」は擬似共同体である以上，企業側の人事制度や人間関係諸活動によって支えられ，かつ従業員の「主体的」・「能動的」な社内の人間活動に支えられ，日本企業の社会統合・労働者統括の手段として，維持・存続してきたと言える。

しかし，このように強固に形成されてきた日本企業の企業内「共同体」も変容・崩壊の危機にさらされている。

4　1970年代以降の経済的諸環境の変化と企業内「共同体」の変容

1990年代以降，更なるグローバリゼーションの進展にともなって，日本の市場競争が激化と内部空洞化する中において，長期的「交換」理論が現実に適応することが限界になりつつある。それは，長期的交換理論の前提となる「年功賃金制度」，「終身雇用制度」が変容・崩壊しつつあるからである。

そして，国際競争の激化と人件費の削減を背景として年功賃金制度，終身雇用制度に替わってでてきたのが，成果主義賃金制度であった。成果主義賃金制度が企業内「共同体」に与える影響は，「共同体」の構成員間の競争を激化さ

せ，企業内「共同体」が変容・失われるという点にある。

この問題はすでに，1970年代後半以降，職能資格制度などの能力主義の導入における従業員間の昇進・昇格格差の問題として顕在化している。このような能力主義導入における問題は，共同体の維持と競争関係強化のバランスをいかにはかるかにある。

例えば，日英比較研究の重鎮であるロナルド・ドアーは，1970年代前半以前の日本企業において「一方で組織体に対する忠誠心的依拠を培うことと，他方で個人的業績遂行性の査定を含む厳密な評価処遇を維持することの間には，基本的非両立性があるとするならば，後者を犠牲にして前者を強調することが選ばれる[22]。」と指摘している。

ドアーは，日本の企業を共同体ととらえ，分析対象とした日立工場を企業家族と呼んでいる。そして，ドアーは，イギリスの電気メーカーの労働者と日本の日立の労働者を比較し，「イギリス電気の労働者家族は，会社とは限定された接触しかもたないが，日立労働者の家族は企業家族の周辺的成員であり，このことは，仏・祝儀の贈与体系や上役の結婚仲人の引き受け事実等々に見られる。そして，個人の家族の要求と会社の要求とが葛藤する場合，日立においては，イギリス電気におけるよりも，しばしば後者が優先する[23]。」と論述している。そして，イギリスの企業組織が，個人における責任の明確化，業績査定及び裁定に依拠しているのに対して，日本の企業組織が，協業の拡大に依拠していると指摘している。

ドアーが調査した日本企業では企業内「共同体」の維持・発展を，従業員の組織への一体化を深める方策で，従業員間の競争関係強化をはかってきたが，1970年代後半以降の減量経営期にはいると，従業員の人員削減・選別淘汰の拡大のために，職能資格制度が導入されることとなったのである。

そこで，労務管理制度論の視点から職能資格制度に潜む「競争と共同体」の調整機能について絞って論述してみよう。職能資格制度を分析すると，企業内「共同体」を維持しつつ，従業員間の競争関係を更に強化しながら，従業員の選別淘汰をおこなう仕組みがすでにビルトインされている。

それは，第一に，職能資格制度の評価制度のポイントにおいて，まず，協調性など「共同体」の維持を重要視する基準を設定し，「共同体」維持の側面も評価にとりいれた点，第二に，上司による全人格的評価を評価に取り入れることで，上司との協同関係を深めることで，縦系列での共同性（「共同体」化）をはかった点，第三に，職能資格制度においても年齢別モデル賃金を設定し，「能力主義」の中にも勤続年数を加味して給与体系を設計している点，第四に，各等級に標準滞留年数を設けることで，一足飛びでの昇格による上司と部下の年齢の逆転現象などをおこらなくした点，などがある[24]。

また，職能資格制度では，一次査定を直属の上司がおこない，それらの結果がさらに上の役職者によって，部内全体の調整（二次査定）がはかられ，それが人事課等の人事専門部署にまわされて全社的な調整（三次査定）がはかられることとなっている。二次査定，三次査定において分布制限をおこない，査定結果をあらかじめ決めておいた結果にあわせるのである。このような人事査定をおこなうことで，欧米のように一次査定時に絶対評価をおこなっても，二次査定・三次査定時に相対的評価に置き換わる仕組みとなっている。したがって，職能資格制度の人事査定には，競争関係強化と企業内「共同体」維持のバランスをはかる機能が内在している[25]。

このような職能資格制度から成果主義人事制度への変更による企業内「共同体」の変容・崩壊を，歴史的視点から見れば，製品市場・労働市場との関係が深い。そこで，これまでの議論を整理して，日本の企業内「共同体」の形成と再生産，そして，その変容・崩壊の過程を市場と関連づけて論じることにしたい。

製品市場の拡大期である高度成長期（1950年代から1960年代）には，終身雇用・年功序列に代表される労働者を企業内に確保し定着せしめる全従業員に対する「長期雇用保障（長期交換契約）」によって，日本の企業内「共同体」が形成された時期と位置づけできる。この点は，「長期雇用：終身雇用」や「企業内福祉の形成」という面において，田中洋子氏の指摘するドイツのクルップ社の「共同体」の形成と類似のものがある。反面，この時期形成されたもので，

欧米の「共同体」形成の要素として異なるのが,「年功昇進・年功賃金制度」と「企業内組合」であった[26]。

また,労働市場論から見れば,外部労働市場の未発達と熟練技能者をはじめとする希少労働力不足から企業内部における技能向上とそれらの技能者の囲い込み（外部労働市場への流出阻止）のために,経営者側が,意図的に,企業内「共同体」を形成し,賃金以外のインセンティブをつくった時期とも言えよう。

それが,高度経済成長期の終焉とその後の石油ショックによって,市場の拡大期から安定低成長期（1970年代から1980年代）となり,職能資格制度が「能力主義管理」として導入されたが,協調性等の「同質的・同調競争」をはかることで,競争原理と「共同性」を並存させることで,日本の企業内「共同性」をよりゲゼルシャフト（利益社会）的関係にしつつも,再生産させてきた。職能資格制度に見られる人事査定は,欧米において,労働組合が拒否し,ブルーカラーへの人事査定は行われていない。これに対して,日本では,「労使協調型」の労働組合もおいて,積極的に関与・賛同する形で,ブルーカラーも含む全従業員への適応が進んでいった経緯がある[27]。

しかし,バブル経済崩壊以降（1990年代から21世紀）,長引くデフレ不況下におけるグローバライゼーションによる製品市場の競争激化,海外への生産拠点の移転による内部空洞化（国内工場の廃棄）などを背景として,労働者を企業内部に抱え込むその経済合理性が低下し,その結果,企業側は「長期雇用保障」の建前さえなくし,協調性等の「同質的・同調競争」の基礎を提供してきた職能資格制度を,成果主義人事制度に大きく改変し,日本の企業内「共同体」が大きな変容・崩壊期に入ったと言えよう。

上記のような歴史的変遷から考察をおこなうと,資本主義企業は,市場の論理に規定され,かつ,その社会の伝統的な考え方や価値観,慣習や制度が,市場の論理や技術変化にとって適合的であれば,その社会の伝統的価値観,慣習や制度を資本主義的に活用することを通して,利潤の極大化をはかろうとする。社会の伝統的な考え方や価値観,習慣,制度を資本主義的な企業行動に利用することを通して,企業内「共同体」を形成するのである。そして,企業内

「共同体」が形成されると，今度は反対にその企業内「共同体」に属する従業員（労働者，管理者）やその家族の考え方や価値観が，企業内「共同体」において形成される社会的規範に大きな影響を受けることとなる。これが，日本の1950年代から1980年代における時期と言える。

　反対に，その国の社会の伝統的な考え方や価値観，慣習，制度が市場の論理，技術変化や企業発展に非適合的である場合，資本主義企業やその経営者団体，さらに経営者団体の支援を受けた政府は，その国の社会の伝統的な考え方や価値観，慣習とは異なる価値観や意識を研修や教育，宣伝等を通して刷り込もうとする。そこに，従業員が，資本主義企業やその経営者団体の望む「意識」の先取りをおこなったり，反対に，企業の望む経営・人事政策と従業員の考え方や価値観，慣習との間に摩擦を生じ，その結果，企業発展に停滞をもたらすことにもなる。

　次に，成果主義賃金制度をめぐる議論を整理した上で，日本企業への成果主義賃金導入の背景と実態とその類型化をおこない，成果主義賃金導入の問題について考察を深めることとしたい。その上で，成果主義賃金制度の導入が企業内「共同体」の変容・崩壊への導くのかについての仮説を提示することにする。

　（注）
（1）　木田融男「"社会"概念と共同性」中久郎編『社会学論集　持続と変容』ナカニシヤ出版，1999年，174ページ。
（2）　中久郎『共同性の社会理論』世界思想社，1991年，155ページ。
（3）　集団主義・日本文化論としては，浜口恵俊・公文俊平編『日本的集団主義』有斐閣，1982年，浜口恵俊『日本らしさの再発見』日本経済新聞社，1977年などがある。
（4）　土居健郎『「甘え」の構造』弘文堂，1971年，中根千枝『縦社会の人間関係』講談社，1967年。
（5）　杉本良夫「日本文化という神話」井上俊夫・上野千鶴子・大澤真幸・見田宗介・吉見俊哉編『岩波講座　現代社会学23　日本文化の社会学』岩波書店，1997年，18ページ。
（6）　井上俊夫・上野千鶴子・大澤真幸・見田宗介・吉見俊哉編，前掲書，19ページから20ページ。
（7）　間宏『日本労務管理史研究』ダイヤモンド社，1978年，18～19ページ，間宏『日本的経の系譜』日本能率協会，1961年，原田実・奥林康司編著『日本労務管理史』中央

経済社,1998年,37ページから38ページ。
(8) 三戸公『家の論理 2 日本的経営の成立』文眞堂,1991年。
(9) 渡辺治氏の研究としては,渡辺治『「豊かな社会」日本の構造』労働旬報社,1990年などがある。
(10) 木田融男「"社会"概念と日本社会」『立命館産業社会論集』第32巻第4号,1997年3月,32ページから33ページ。
(11) 田中洋子『ドイツ企業社会の形成と変容』ミネルヴァ書房,2001年,6ページから7ページ。
(12) Sanford. M. Jacoby, *Employing Bureaucracy : Managers, Unions and Transformation of Work in American Industry* 1900-1945, New York, 1985. Sanford. M. Jacoby, *Modern Manors : Welfare Capitalism Since the New Deal*, Princeton, 1997. 平尾武久・伊藤健一・森川章・関口定一編『アメリカ大企業と労働者—1920年代労務管理研究史研究』北海道大学図書刊行会,1998年,関口定一「プレ・ニューディール期GEにおける雇用政策の展開—勤続重視・雇用政策と配置転換」中央大学『商学論纂』第37巻第3・4号,1996年。
(13) J. C. Abegglen, *Japanese Factory : The Origins of National Diversity in American Industry*, MIT, 1957. (占部都美訳『日本の経営』ダイヤモンド社,1958年)。
(14) 渡辺治『企業社会・日本はどこへゆくのか』教育史料出版会,1999年,53ページから58ページ。
(15) 宮坂純一「『日本的経営』と労使関係」海道進・森川編著『労使関係の経営学』税務経理協会,1999年,47ページから52ページ。
(16) 太田肇『仕事人と組織』有斐閣,1999年,30ページ。
(17) 太田肇,前掲書,1999年,30ページ
(18) 太田肇,前掲書,31ページ。
(19) 大本晋『社会学基礎理論』九州大学出版会,1988年,204ページから206ページ。
(20) 守屋貴司『総合商社の経営管理—合理化と労使関係—』森山書店,2001年。
(21) 十名直喜『日本型フレキシィビリティの構造—企業社会と高密度労働—』法律文化社,1993年,53ページから61ページ。
(22) R. P. Dore, *Aspects of Social Change in Modern Japan*, 1967. pp. 6-7.
(23) R. P. Dore, *Brtish Factory—Japanese Factory*, 1973, pp. 260-61. 大本晋『社会学基礎』九州大学出版会,1988年,189ページ。
(24) 黒田兼一・関口定一・青山秀雄・堀劉二『現代の人事管理』八千代出版,2001年,84-93ページ。
(25) 遠藤公嗣『日本の人事査定』ミネルヴァ書房,1999年,89ページ。
(26) 国際比較上,「勤続年数のみによって賃金が自動的に上昇する賃金制度は見あたらない。賃金総額がブルーカラー労働者を含め平均的に50~55歳まで上昇する年功賃金は日本固有の賃金制度と言えよう。」奥林康司・今井斉・風間信隆編著『現代の労務管理の国際比較』ミネルヴァ書房,2000年,187ページ。
(27) 遠藤公嗣,前掲書,1999年,参照。

第2章　成果主義導入とその諸問題

　まず，社会政策学会，日本経営学会や人事・労務の専門学会である労務理論学会，日本労務学会などを代表する4人の論者が，成果主義人事制度を，どのように捉え，成果主義人事制度導入を通してどのような社会変化を想定しているのかについて考察をおこなうことにしたい。

1　成果主義に関する諸見解

（1）　太田肇氏の「仕事人」モデル

　太田肇氏は，企業社会から相対的に自立した個モデルとして，「仕事人モデル」を設定し，そのような「仕事人モデル」が日本でも増大していることを指摘している。太田肇氏は「仕事人モデル」とは，組織に属していても，自分の専門として誇れるような仕事をもち，仕事を通して自らの目的を追求するタイプと位置づけている。そして，「仕事人」に必要な能力を，特定組織のなかだけでなく外部にも通用する，市場価値のある能力としている。そして，太田肇氏は，この仕事人が増大する社会的環境が整いつつあると指摘している。

　太田肇氏は，「組織人から仕事人への流れは，今日，大きな追い風をうけている。企業は，特に，ホワイトカラーの生産性向上という立場から専門化を推進しようとしている。まず，入り口においては営業職，経理職，企画職というように職種別に採用するところが増えてきている。……中略……国もまた，そうした専門性を備えた人間づくりを後押ししようとしている。労働省は，増加

するホワイトカラー労働者の能力開発の在り方に検討を重ねたうえで，1993年にビジネスキャリア制度を発足させた[1]。」

　実際の現状が太田教授の指摘する方向にどの程度，進行しているかの議論は別として，太田肇氏に見られる「自立した個」や「仕事人の増大」の考え方は，「日本企業社会」から太田氏の想定する新しい社会変化を念頭においている。太田氏の想定する日本社会では，組織の個人の関係が，日本企業社会において見られたような組織が個人を「囲い込み」強制する関係から組織の求心力を下げて組織が小さな組織となり，組織が個人に場の提供をおこなう関係にとどまることとなる。そして，太田氏は，自立性を強めた個人が自由に競争しあうと同時にネットワーク化する社会となることを考えている。もちろん，太田氏は，自由な競争社会は，敗者を生むことを理解し，そのためのセーフティネットを同時につくることを提唱している[2]。太田氏の想定する社会では小さな企業に大きな政府という枠組みであり，太田氏自身は，最近，その意味では中国に注目している。

(2)　牧野富夫氏の『日本的経営』崩壊と変革の可能性

　牧野富夫氏は，日経連の報告書『新・日本的経営』に示される成果主義人事制度をそれまで職能資格制度において示されてきた能力主義管理を一層進化させ，結果，労働者統括の要であった終身雇用制度や年功賃金制度を崩壊させ，「今進行中の『日本的経営』の変化は，再編（その模索が日経連などの財界によって必死におこなわれているが）崩壊に向かう質的変化と考えざるをえない[3]。」と主張している。

　牧野富夫氏は，日経連などが提唱する成果主義人事制度を能力主義管理の徹底化ととらえ，これが結果，失敗することを予測している。そして，この失敗にこそ，日本企業社会の変革の契機と見ているのである。

(3)　木下武男氏の見解

　牧野富夫氏と同じく成果主義人事制度が日本企業社会を変えるものと見なが

ら，その変化が牧野氏の主張のように自壊からおこるのではなく，成果主義人事制度の持つ特性によって日本企業社会が変革されると見るのが木下武男氏である。木下武男氏は，日経連の提唱する成果主義人事制度がこれまでの職能資格制度に見られた能力主義管理制度から質的に変化した管理システムへの移行であると考えている。その質的変化とは何であろうか。

「グローバル経済化のなかで競争力を確保しようとするならば，従来の職能資格制度から，職務給に傾斜した職能給すなわち職務給型職能給（日本型職務給）への変化をともないながら，英米型の職務給に近づかざるをえない[4]。」

木下武男氏は，質的変化を職能給から職務給への変化としてとらえ，日本の成果主義人事制度を日本型職務給制度であるとし，今後のあり方として，人事考課や査定，情意考課などの恣意的な評価部分をなくすことにあると主張している。木下氏の主張は，日本型職務給を欧米型の職務給にすることで，日本企業社会の男女間格差に代表される不平等性から男女間格差等が解消される一定の平等社会へ移行できる可能性があると考えていると見ることができる。

(4) 黒田兼一氏の見解

黒田兼一氏は，牧野富夫氏や木下武男氏と異なり，成果主義人事制度によって，日本企業社会は崩壊もせず，アメリカ資本主義型市民社会にも移行せず，むしろ，より厳しいネオ日本企業社会へ移行すると見ている。そして，「ネオ日本企業社会」におけるより厳しい強制的な人事管理システムである成果主義人事制度導入に対して，人事考課への労働・労働組合による規制を主張している。

黒田兼一氏は，「世界の流れはいわゆる職務給から離れつつある。記述のように，80年代後半以降のアメリカの職務給も変化しつつある。職務給に人事考課・査定を取り入れた範囲職務給などと呼ばれる賃金制度がそれであり，またコンピテンシーが注目されるようになった。その変化の動因は，配置と職務のフレキシィビリティの確保である[5]。」と論じ，日本の成果主義人事制度の流れはこのような世界的潮流の中，ますます人事考課・査定を重要視した方向に

展開しつつあると主張している。

(5) 4人の論者の問題点と妥当性

　成果主義人事制度や個別管理の代表的な4人の論者の特徴は、それぞれの見解にあう「理論的雛型」を構築し、それにあう事例を集め、論じている点にある。その意味では、4人の論者とも、一定の現実の反映を示しているが、全体像においてどの論者の主張がどの程度、現実的に支配的になりつつある現象を論じているのかには、留保せざるをえない。

　なぜこのような論者によって実態把握にバラツキが生じるのであろうか。その大きな要因は、職能資格制度が、企業規模・産業業種に関わらず、同類型の賃金制度が導入されたのに対して、成果主義賃金制度では、産業業種・個別企業の性格や特性それに資本蓄積条件等によって導入のされ方が異なるため、どの産業業種や企業を見て、成果主義人事制度とするかによって大きな差異が生じるからであろう。

　すなわち、太田肇氏は、仕事人モデルや個の自立化を、ベンチャー企業や先進的な企業等を事例として論じようとしているし[6]、牧野富夫氏は、主として日経連の報告書を中心として批判を展開している。これに対して、木下武男氏は、銀行や総合商社などの大企業でしかも大幅に成果主義人事制度を導入した企業事例を中心に、日本型職務給のモデルを考えるにいたっている。黒田兼一氏は、諸調査をもとに、成果主義人事制度導入の「平均像」から論じている。

　ここでの大きな問題は、職能資格制度が、比較的に企業規模・産業業種に関わらず、同類型の人事制度が導入されたのに対して、成果主義人事制度では、産業業種・個別企業の性格や特性、企業規模によって導入のされ方がかなり異なっているからである。ではなぜ、成果主義人事制度では、産業業種・個別企業の性格や特性、企業規模によって導入のされ方が異なったかについて、次に見ることにしたい。

2 成果主義導入と企業合理化

　なぜ，年功序列・終身雇用制度と異なり，成果主義人事（賃金）制度では，産業別・企業別にかなり大きな差異が見られるようになったのであろうか。

　その第一の理由は，1990年代から21世紀にかけて，新興市場に登場したベンチャー企業や新たに日本に進出してきた外資系企業と旧来型の日本大企業の間には，組織拡大・組織発展に明確な差異が生まれ，同じ成果主義であっても，一定の総原資の中での成果主義をはからざるをえない旧来型の日本大企業と拡大可能な総原資をもつベンチャー企業や外資系の間には大きな差異が生じる形となっている。これは，同一の日本国内市場であっても，拡大可能な成長市場分野と拡大が困難な成熟市場分野との間の差が大きく開くこととなった点にある。

　その第二の理由としては，1990年代から21世紀の日本における個別産業・企業のリストラクチュアリングの規模や性格等の差異に起因していることが考えられる。フルセット産業構造の下で長期借り入れ構造と株式持合いに依存してきたにもかかわらず，バブル経済崩壊後，多額の不良債権を抱えることとなった重化学産業（化学産業，鉄鋼産業），総合商社や銀行は，合併等の「消極的合理化」を通して，大量の従業員の人員削減を余儀なくされている。その人員削減と連動した成果主義賃金制度は導入され，個別的な業績主義による「企業貢献度の高い残すべき社員」と「人員削減対象となる社員を選別する」機能を果たす形となっている。これに対して，国際競争力を有する家電産業や自動車産業等の大企業では，「積極的な合理化策」を展開し，世界的な規模での生産システムの展開をはかるための適正な労働力配分をおこなうために，成果主義人事を利用して，今後，重要な労働力層と廃棄すべき労働力層の選別を実施している[7]。

　成果主義人事制度が，労働力層の選別強化という手段に利用されながらも，そのリストラ策が「消極的合理化策」か，「積極的合理化策」によって，その

機能も異なってくる。「消極的合理化」では，事業の統合・集約・廃棄に向けられるため，まず「人員削減」を前提とした大きな格差がつく個別評価人事となる。そのため，このような産業の成果主義人事のみを研究対象として見ると，文鎮型と命名されるような一部の優遇層とそれ以外の淘汰層という形に見えるのである。これに対して，「積極的合理化策」では，世界的な分業体制下のもとでの設備近代化による「技術的合理化」が展開され，成果主義人事を通して全従業員への「やる気」を引き出す方策が模索されている。「消極的合理化」での産業では，成果主義賃金の導入は全従業員への個別的選別面が強調されるのに対して，「積極的合理化策」を取る企業では，企業への所属している部署別貢献度・成果業績度が強調される形となる[8]。

　「消極的合理化策」をとる企業も，「積極的合理化策」をとる企業も，将来に向かって，日本国内において重要かつ中核的な労働力層を選別することには変わりがない。ただ，業種・業態によって重要かつ中核的労働力層が異なっており，結果，成果主義賃金の設定もおのずから異なってくるわけである。経営者側の狙いは，企業への貢献度アップ等のスローガンを掲げつつ，実は成果主義賃金制度導入を通して，労働力層の選別にある点を確認しておきたい。

　最後に，多様な成果主義賃金制度導入によって，日本の企業主義的統合の変容について考察をおこないたい。日本において旧来見られた企業社会的な終身雇用，年功序列に支えられた高い企業へのロイヤリティや個人と組織との一体化という日本企業主義的な統合が，一方向に向かって変化するのではなく，様々なバリエーションを見せながら，個別産業・個別大企業別に変化しつつあることが推測される。

　合併・事業撤退等の消極的合理化策を取る銀行・総合商社・建設大企業等では，一部の必要な中核社員層と人員削減対象層への選別がより明確に現れるため，企業へのロイヤリティの低下が進行し，成果主義による選別競争への生き残りが大きな課題となっている。そのような企業では，企業社会で見られたような従業員が企業に全面的に関わり企業と一体化することがなくなり企業社会的統合力が低下していることが想定される。そのため，企業では，成果主義賃

金を強めることで，企業貢献度の高い従業員層と低い従業員層にこれまでにない賃金格差・昇進格差をつけることで，貢献度の低い従業員に対しては選別淘汰への恐怖からの企業への従属と貢献度の高い従業員の企業への賃金・昇進インセンティブによる統合をはかろうとしている。

これに対して対照的なのが，終身雇用（長期雇用）を経営理念で標榜する横河電機などの大企業であり，旧来型の高い企業へのロイヤリティや個人と組織との一体化という日本企業主義的な統合を維持することを志向することとなる。

「積極的合理化策」をとる自動車・電機・家電などの国際競争優位性を有する大企業では，生産過程において，密度の高い協業に基づく生産の必要からも，成果主義を部門・チーム単位での評価として導入する一方で，技術開発の中核を担う技術者には発明報奨制度の高額化をすすめ個別的優遇策[9]によるつなぎとめをすることで，一定の企業への凝集性を維持しようとしたからである。

3　日本における成果主義賃金導入の諸類型

前節では，成果主義（賃金）人事制度が，産業別・企業別に大きな差異が生じる理由を，各産業・企業のとる合理化策の差異に見出し，分析・解明をおこなってきた。

次に，日本企業への成果主義賃金導入の背景について見ることにしたい。

(1)　日本における成果主義賃金制度への移行の背景

成果主義賃金制度導入の背景には，組織改革と連動した「人員削減」リストラがある。1990年代から21世紀の日本大企業の組織改革と連動した「人員削減」リストラは，それまでの「人員削減」リストラと質的に異なっている。それは，1990年代後半から21世紀の「人員削減」リストラが，全業種，あらゆる規模の企業のブルーカラー労働者のみならずホワイトカラー労働者などの全労

働者層,全管理者層が実質的に削減される形でおこなわれた点にある[10]。

　1970年代の第一次石油ショックのリストラは,産業構造変化に連動して,過剰生産におちいった重化学産業を中心としておこなわれた。そこでは,新規採用を抑制し,製造部門の労働者を販売部門に異動したり,重化学工業の過剰労働力を他の成長製造企業が吸収するなどで対応した。そして,この時期の人員削減は,ブルーカラー労働者が中心であった。

　1980年代の円高による景気低迷に対応するリストラでは,事業の多角化がはかられ,本業の事業部門から多角化された事業部門に余剰人員が異動された。また,1980年代,生産拠点の海外移転がはかられ,日本から海外に管理者,技能労働者の異動が増大することとなった。1980年代の日本の人員削減は,ブルーカラー労働者からホワイトカラー労働者,管理者もその対象となったものの,大企業のホワイトカラー労働者については,関連会社・子会社に出向・転籍させることで余剰人員の「雇用確保」がなされた。もちろん,その結果,関連会社・子会社の人員が削減されることになるのであるが,大企業の社員の「長期雇用」は限定付きではあったが保証されたのである。

　また,1980年代のリストラは,その後のバブル経済の到来によって,その形が不明となり,旧来型の産業の全体構造の大転換や貿易型から国民生活を豊かにする内需主導型に至らず,過剰資金が株や土地売買に還流し,株価・地価が増大し,製造企業までも金融部門へ進出がはかられ,1990年代の平成大不況（バブル経済崩壊）への素地をつくったと言える。

　鈴木春二氏は,バブル経済とその崩壊を次のように指摘している。「バブル経済とは日本が,『米ソ冷戦体制』の解体局面において戦後日本資本主義の輸出主導の再生構造に対する『米欧冷戦構造（プラザ合意）』の強制的内需転換によって,急激に生じた国内の過剰生産設備と過剰信用創造であり,バブル崩壊はその強制廃棄であった。」そして,「このバブルと長期不況も,80年代における戦後日本資本主義の経済構造の転換という歴史的な要因,外的要因としてはアメリカの強力な金融自由化要請,内的には巨大企業の海外現地生産・多国籍企業化と資金調達の国際化の進展によって引き起こされた。この転換過程が不

況の原因でありまた長期化の要因であった。長期不況は，戦後日本資本主義の構造そのものの限界から震源した不況であり，循環的調整過程を越えて従来の経済構造の揚棄を促進する地殻変動である(11)」と，見なすことができる。

1990年代における「人員削減」リストラがこれまでの「リストラ」と質的に異なる理由は，日本資本主義が本原的に抱える矛盾の更なる深化によって長期不況化した経済を，「アメリカ的経営方式」を促進することで産業再生を押し進め，かつ，過剰債務，過剰設備と資本の側から見た「過剰雇用」の廃棄を国家保証・法的改正の下で遂行し，日本資本主義の危機を体制主導の構造改革で強制的に遂行しようとした点に理由がある(12)。

ただ，この際，あらゆる産業における全日本企業の全職種に「人員削減」リストラが進行しつつも，その実態を，個別産業・個別大企業レベルで見ると，その「人員削減」リストラの実態は，様々なバリエーションを見せることとなっている。具体的には，鉄鋼産業や化学産業では，多角化によって総合化した経営資源を『選択と集中』によって国際的に競争優位になりえる分野に集中するといった消極的合理化をおこなう形で，「人員削減」リストラを実施している。これに対して，いまだ国際競争力を有する自動車産業や家電産業では，世界的分業体制下で，より設備近代化をすすめる上での最適労働力構成を想定して，「人員削減」リストラを実施している。また，今日の「人員削減」リストラは，同一産業内であっても，「勝ち組み」大企業と「負け組み」大企業では，その様態が大きく異なる形となっている。例えば，総合商社でも，「勝ち組み」といわれる三井物産，住友商事，三菱商事と「負け組み」と称される日商岩井，ニチメン，トーメンでは「人員削減」リストラの性格・規模が大きく異なっている(13)。

そして，多様な「人員削減」リストラをそれぞれのタイプごとに，より円滑にすすめるために導入されたのが，成果主義賃金制度である。また，成果主義賃金制度には，労働者に主体的・能動的に自主退職（早期退職制度の選択）へ追い込む機能が内包されている。

成果主義人事制度の経営側の狙いは，①会社にとって必要な人材の優遇（相

対的高額給与：給与の引き上げによるモチベーションアップ）と会社にとって不必要な人材の排除（相対的低額給与：給与の引き下げによる自発的退職を誘発）による総額人件費の抑制，②交渉力・企画力などの職能資格制度において明確でなかった評価項目の導入，③目標達成度の絶対評価の導入，④勤続年数考課の更なる低減，⑤個別管理強化による労働組合の交渉力の弱体化をすることにある。

(2) 成果主義賃金制度導入の諸類型

前節で見た「人員削減」リストラを背景として，日本大企業へ様々なバリエーションを有する成果主義賃金制度が導入されており，そのパターン分類を次に試みることにしたい。

① 階層別導入の類型

まず，成果主義賃金制度では，管理職にだけ導入し，非管理職には非導入のパターンがある。これは，具体的には，管理職にだけ年俸制を導入し，非管理職には年功を加味した賃金を給付するなどの事例が見られる。

一定の勤続年数を経た管理職であれば，給与も生活保障できる最低水準をクリアしており，最低生活保障賃金（労働力再生産費）をミニマムとして，年毎に，個別に，変動させることが可能となる。しかも，管理職は非組合員であるので導入が容易となっている[14]。

図2-1 世代別労働力構成と
成果主義の導入

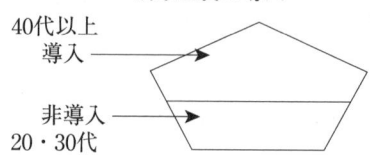

40代以上
導入

非導入
20・30代

主として年齢構成別に見て，数的に多い40歳以上の団塊の世代を対象として導入することで，40歳以上の管理職の選別淘汰競争を強め，相対的に若い世代よりも高賃金となった層の人員削減「リストラ」効果を高める。この導入パタ

ーンでは，対象外の非管理職層に対して勤続年数（年齢）反映の給与比率を引き下げながらも適用した給与制度がなされる。

これに対して，非管理職層（一般職層）を含む全社員層を対象として，成果主義賃金制度を導入するパターンもあらわれてきている。この導入パターンは，管理職層への導入をすませた後，一般職層まで広げるパターンといきなり全社員層を対象に導入をはかるパターンが見られる。全社員層を対象に導入をはかるこのパターンの狙いは，年功序列的な制度を見直し，優秀な人材の早期抜擢を可能にする「飛び級」制度や終身雇用制意識の排除のための退職金前渡し制度や退職金制度を成果主義的要素の組み入れることにある[15]。

② 職種別・部門別導入のパターン

成果主義賃金制度の導入のパターンには，成果を比較的はかりやすい職種や部門に限定して導入をおこない，その後，徐々に，他職種や他部門に広げてゆくというパターンがある。特に，導入されやすい部門・職種が営業部門である。すなわち，営業部門では，課別・個人別営業成績が数値によって示されるため，成果主義賃金における目標管理を導入しやすいからである。これに対して，総務・人事や経理などのスタッフ部門や生産・開発などの部門では，個々の労働者の成果を数値化して測ることが難しい。そのため，まず，導入しやすい営業などの職種・部門で導入され，それを広げてゆくほうが労使関係管理上も有効であると判断されている[16]。

③ 諸制度の組み合わせのパターン

また，成果主義賃金制度では，いかに組み合わせをおこなうかで，バリエーションを有している。例えば，成果主義賃金制度内部でも，業績評価制度において，A.「業績連動型」昇給・賞与に所属する部門・課の業績を連動させるタイプと，B.「目標管理制度」による個人業績評価などの個人業績タイプをいかに組み合わせるかなどに，多様性が見られる。また，基礎能力評価制度でも，後述するC. コンピテンシー分析やD. エンプロイヤビリティ分析など多様な評価分析方法が用いられている。また，成果主義賃金制度では，他の人事制度といかに組み合わせるかで，多様な広がりを有している。例えば，E. 従

業員賃金格差制度やF．公募型異動制度，G．人材開発制度などである[17]。

特に，日本大企業の成果主義人事制度の性格を如実に示しているのが，早期退職制度・希望退職制度，転進・独立支援制度との組み合わせである。なぜなら，「人員削減」リストラと成果主義人事制度との結びつきを示すからである。早期退職制度は，上場企業の75％において導入されており，賃金の高い中高年層を早期に退職させることを目的としている。成果主義人事制度によって経営者側にとって不必要な人材の賃金の引き下げ・降格をおこない，そのような人材が自主的に退職するために，早期退職制度・希望退職制度，転進・独立支援制度を設けているのが実情である[18]。

次に，成果主義賃金制度導入の組織別・企業別類型について見ることにしよう。

(3) 成果主義賃金制度導入の組織別・企業別類型

次に，成果主義賃金制度導入の組織別・企業別類型を大きく分類すると，大きくわけて下記のような2つの類型にわけることがでよう。

① ベンチャービジネス型

ベンチャービジネス企業の場合，創業履歴も短く，社員の平均年齢も低い。年齢構成も全社員の20歳代の占める割合が高い場合が多い。40歳台以降の社員のほとんどが中途採用入社という事例も多く，そして，採用者の多くが退職者も多いという企業が多く，そもそも終身雇用・年功序列型の人事制度を創立当初からとっていないケースが多々見られている。また，従業員の側も，離職率の高い職場にあって，企業組織に依存することができず，企業組織にてスキルアップをはかり，いつでも転職できる実力キープをせざるをえないとの意識が強い事例が多い。ベンチャービジネスでの典型的な賃金制度は，年功を考慮に入れず，能力・業績・企業への貢献のみによって評価する成果主義賃金制度である。ベンチャービジネスでは，確かに，一般大企業に比べて，賃金制度面で，年俸制度と利益分配制度がとられている[19]。

② 欧米外資系型

日本への進出の短い欧米外資系企業では，親会社の人事制度がダイレクトに導入されるケースも多い。日本への進出の短い欧米外資系企業では，一般的に，定期採用者が少なく中途採用者が多いため，個人による経験・能力の差異が大きく年齢や同期入社の年功による横並びの処遇がそもそも困難である。そのためもあって，3カ月，6カ月といった短期的業績評価制度に基づく個別管理方式となっているケースが多い。

また，日本に進出後，期間が経過した欧米系の外資系企業でも，大幅に職務・成果を重視した処遇システムに変更する外資系企業があらわれてきている。そこでの特徴としては，職能資格制度を廃止して，①職務をベースとした「実力主義」の徹底，②スペシャリスト志向，③「公正」に基づく評価制度に基づく成果の処遇への反映にある[20]。

このような外資系企業の特徴は，日本企業より親会社に近い，年功色を排した「貢献度」・「成果に基づく」処遇をおこなっている点にある。ただし，これら在日外資系企業においても，かなりのばらつきが見られるのが実態である。

(4) リストラ内容別類型

次に，リストラの内容別の成果主義賃金導入の類型を見てみたい。

① 大規模人員削減「リストラ」型

多額の有利子負債を抱え，銀行や政府の圧力によって，大規模な人員削減「リストラ」を目的として成果主義人事制度が導入されるタイプである。そのような成果主義人事制度のタイプの特徴は，成果主義人事制度が，大規模な人員削減と連動して導入される点にある。そこでは，大半の従業員が成果・業績給に連動して給与が削減され，一部の従業員のみが給与が増大することによって，給与が削減された従業員層を自主的な早期退職に追い込んでゆく。特に，チームワーク等の横の「共同性」・「協業」を必要としないホワイトカラー層のみの大規模「人員削減」リストラ型企業において顕著にあらわれている[21]。

例えば，外資系企業に買収された証券大企業や生命保険大企業などでは，主

たる従業員は,営業職であり,個別業績管理が容易であり,管理・事務スタッフも含めた形で成果主義人事(中核には賃金)制度の導入がはかられ,個々人に定められた目標達成のみに従業員は専心し,企業内「(ホワイトカラー)共同体」は解体される方向に向かう形となっている[22]。

② 長期雇用維持型リストラタイプ

日本企業の中には,横河電機のように,リストラにおいて,長期雇用の維持を「標榜」しながらも,積極的に事業再編をおこない,その過程で年功序列賃金制度に関しては廃止し,成果主義賃金への移行を表明している企業も数少ないが存在している。長期雇用(終身雇用)の廃止の表明は,従業員の企業へのロイヤリティを低下させ,日本企業社会を支えてきた企業内「共同体」の凝集性を弱めるだけに,経営者の経営理念に基づいて長期雇用の維持を「標榜」する企業もあらわれるわけである。長期雇用(終身雇用)を「標榜」する横河電機では,職能資格制度を廃止し,2001年4月に,ミッションスタンダードに移行し,給与がミッションの達成度を点数化したものによって決定される形となっている。横河電機では,ミッションを,「経営戦略と整合して各人に与えられた役割に対して期待される成果責任」としている[23]。

③ 大規模人員削減「リストラ」修正タイプ

成果主義の見直しが,日本の大企業においても広がっている。特に,大規模人員削減と連動して成果主義人事制度を導入し,その後,従業員の不満が高まり,かつ制度としての不整合から成果主義人事制度の見直しがはかられている事例がある。その代表的な企業が富士通である。

富士通が1993年に成果主義賃金制度を導入時の目的は,「ハイパフォーマー」(仕事のできる社員)をつくりだすためであり,大規模人員削減タイプの個別差のつく成果主義が導入されたと言える。結果,大半の従業員が,「評価への不満」をいだくと共に,運用上の問題が多々発生することになった。問題点としては,評価者である上司が,部下に恨まれたくないため,高い評価を乱発した点,評価基準が曖昧で情実評価がまかりとおった点にあった[24]。

富士通に見られる成果主義賃金制度の見直し企業の共通点は,①「成果」の

定義が曖昧である点，②短期間での効果を目的とし，結果や数値を重要視する点，③評価者訓練が不十分でかつ，成果の定義が曖昧であるため上司の情実評価がはいるため，部下からの評価の不満点が高い，などの点が見られる。

特に，成果主義賃金制度の見直しを繰り返している企業は，先に論述した①大規模「人員削減」リストラ型タイプの企業に多い。それは，人員削減と競争強化を目的とした成果主義人事制度導入は，従業員個別間の格差を大きくつけるため，負け組みの従業員に大きな影響を与え，企業の思惑通り，負け組み社員の自主退職という結果以外に，会社全従業員のモラールの低下にまで波及する形となり，成果主義人事制度の修正に向かうケースが多い。

(5) 成果主義の類型化

日本企業への成果主義導入のパターンを，①成果主義の導入タイプ別の類型，②成果主義賃金制度導入の組織別・企業別類型，③成果主義導入の目的（リストラ内容）別の類型，などから様々な類型化を試みた。この中で，企業内「共同体」の変容と深い関連を有するの（企業内「共同体」の変容の媒介要因）は，③成果主義導入の目的（リストラ内容）別の類型にある。大規模人員削減「リストラ」を目的とした成果主義導入では，当然，企業内「共同体」の解体・崩壊が想定されるし，反対に，長期雇用維持型「リストラ」を目的とした成果主義導入では，企業内「共同体」の存続・維持が想定される。また，大規模人員削減「リストラ」修正タイプでは，企業内「共同体」の半崩壊などが予想される。

また，成果主義制度自体から類型化を試みると，①職能資格制度の能力主義管理強化型，②アメリカ成果主義（HRM：人的資源管理）の直輸入型，③日本型成果主義の大きく三つに分類することができよう[25]（表2-1参照）。

①職能資格制度の能力主義管理強化型は，目標管理制度の導入・強化等によって年功的な職能資格制度を改変し，能力主義管理を強化するものの基本的な情意考課，協調性等の全人格評価は変化していない。このような制度の下では，企業内「共同体」は存続・維持されることとなる。

表 2-1　成果主義とタイプと企業内「共同体」

成果主義のタイプ	企業タイプ	リストラタイプ	企業内「共同体」
①職能資格制度の能力主義管理強化型	中小企業 雇用維持型大企業	長期雇用維持型リストラ	企業内「共同体」の存続・維持および半崩壊
②アメリカ成果主義（HRM：人的資源管理）の直輸入型	外資系企業 ベンチャー企業	全面撤退型リストラ	そもそも企業内「共同体」は存在しない
③日本型成果主義	大型リストラ型大企業	大型リストラ リストラ修正型	企業内「共同体」は存続・維持から半崩壊，全崩壊と様々なバリエーションを見せる

　これに対して，②アメリカ成果主義（HRM：人的資源管理）の直輸入型は，外資系企業に見られるもので，個々人の職務の職務評価や職務分析を基礎として，個々人の行動特性を分析するコンピテンシー（competency）分析による能力評価によって評価される個人評価制度等である。これらアメリカ成果主義の制度下では，企業内「共同体」はそもそも存在することができない[26]。コンピテンシーは，各職務を遂行し，高業績をあげるための個人の行動特性を意味している[27]。コンピテンシーとしては，1 コミュニケーション，2 達成成果志向，3 顧客中心，4 チームワーク，5 リーダーシップ，6 計画と組織化，7 商業・事業意識，8 柔軟性・順応性，9 部下の育成，10 問題解決，11 分析的思考，12 関係構築，などがある[28]。アメリカの場合，生産現場に働くブルーカラー労働者の労務管理に技能（スキル；skill）が適用され，チームワーク単位の評価などが広がっているが，いまだ基本的には職務分析・職務表による職務記述書を基礎におくのに対して，コンピテンシーはホワイトカラーの人事管理に適用される場合が多い。コンピテンシーは，急速な市場変化や技術革新に対応するため，職務記述書に縛られず（脱ジョブ化；dejobing），経営目標・経営

戦略に連動した個々人の目標の達成のためのツールとして生まれた技法である。この経営戦略と個人目標の連動性に後述するHRM（人的資源管理）とコンピテンシーの関連性を確認することができる。そして，アメリカ成果主義の基本は，個々人のスキルや個々人のコンピテンシーといった「個人」に根ざした評価が基礎に，労働市場の価値に連動した形で評価がおこなわれている[29]。

　③日本型成果主義では，アメリカ成果主義のように労働市場に連動した職務評価・職務分析やコンピテンシー分析をではなく，むしろ職務を大括りした資格制度（ミッショングレード）が新たに設定し，従業員は現在担当してきる職務について企業内だけでの重要性や価値によって職務分析をおこない，その大括りした資格制度その資格制度の大括りした職群を基準として評価されることとなっている。日本型成果主義の特徴は，個々人の職務を労働市場価値に連動した職務評価・職務分析おこなわず，企業内での重要性や価値によって大括りした職群に経営者側の考える企業内での重要性や価値によって振り分けによって職務を位置づけている。ここでのアメリカ成果主義と日本型成果主義の大きな差異は，労働市場に連動したあらゆる企業において一定の共通性を有する職務評価によっておこなうのか，日本型成果主義のように経営者側の考える企業内での重要性や価値を中心として職務評価・職群の形成をおこなうのかにある。そして，そのような新しい資格制度の中の所属する職群の中で，従業員は，目標管理を中心とした個人の成果・業績によって評価されることになる。また，能力評価も，日本企業の組織風土に適合した人質やコンピテンシーが重視され，個人として最大限の成果・業績を発揮する人質や行動特性にいかに近づけるかが課題となる。この場合，コンピテンシーも日本企業とアメリカ企業の企業風土・企業文化・企業組織との関連からも，日米の企業で高業績をあらわす行動特性は，当然，異なることとなる。そして，コンピテンシーの設定の仕方によって，その企業に求められる従業員像が変わり，企業内「共同体」を存続させるような組織志向重視型人物像にもなるし，反対に個人重視型の企業内「共同体」を解体させる人物像にも設定することができる。この日本型成果主義では，大きな特徴性をあげると上記のようであるが，その成果主義制度自

体の様々な技法の組み合わせ方やリストラクチャリング，持ち株会社化等の組織改革等の媒介要因との組み合わせによって，企業内「共同体」の存続・維持や半崩壊，全崩壊と様々なバリエーションを見せることとなっている。また，日本型成果主義そのものも職能資格制度と異なり，特定のタイプがなく，実に多様なバリエーションを見せている。

4　アメリカの人的資源管理の理論とその背景

次に，ここでは，成果主義賃金制度の基礎理論となっているまずアメリカのHRM（Human Resource Management：人的資源管理）の理論構造をとその背景について見ると共に，現実に展開されている日本の成果主義人事制度とアメリカのHRM（Human Resource Management：人的資源管理）との差異を明確にすることにしたい。

では，はじめに，成果主義賃金制度の理論的基礎となる「人的資源管理論」の基本的な構造について述べよう。ハバードモデルの分析的フレームワークにおいて，人的資源管理は，次の6つの基本的な構造から成り立っている[30]。

① 　状況的諸要因，
② 　ステークホルダー，
③ 　人的資源管理政策の選択，
④ 　人的資源の成果，
⑤ 　長期期間での人的資源管理の結果，
⑥ 　フィードバック・ループ

①の状況的要因は，経営者の人的資源管理政策の選択に影響を与えるものである。

通常のモデルでは，環境的要因として，労働力の特徴，経営理念，労働市場，組合の形態，法律，社会的価値などが組み込まれている。これらの要因は，人的資源管理を導入する前から組織（企業）に存在する所与の要因であり，人的資源管理の導入・展開において，それらの諸要因が影響を与えてく

る。

②のステークホルダーとは，株主，経営者，従業員集団，政府，地域社会，労働組合などの企業を取りまく利害関係者を指している。人的資源管理では，「株主・経営者」と「従業員・組合」といった利害対立を潜在的にもっている集団間の利害を調整し，均衡させることをおこなう。

④の人的資源の成果は，人的資源管理の展開によって，従業員の組織目標への高いレベルのコミットメントを獲得し，効率的な生産とサービスへと導き個々の従業員に高いパフォーマンスを達成させることを意味する。このような高いレベルのコミットメントの獲得を目指す人的資源管理の仮説となっているのが，マクレガーのY理論である。

⑤長期間での人的資源管理の結果は，3つのレベルにわけることができる。それは，個人的レベル，組織的レベル，社会的レベルである。個人的レベルでは，努力に対して満足感・達成感といった精神的な報酬が労働者に与えられる。また，組織的レベルでは，効率性の増大によって組織のサバイバル（生き残り）を確実にする。そして，社会的レベルでは，労働において人を充分に活用した結果として，経済的成長などの社会的目標を達成することができるとしている。

このような人的資源管理のアメリカにおける生成・展開の第一の背景としては，先進資本主義各国の経済危機がある。人的資源管理が生まれたアメリカは，1960年代末から「ドル危機」につづいて，1970年代に入ると財政と貿易の「双子の赤字」，1980年代の債務国へ転落した。このようなアメリカの政治的・経済的危機の中で，アメリカの大企業がこれまで以上の「利潤の極大化」を目指して導入・展開されたのが人的資源管理である[31]。そして，ヨーロッパ，日本への人的資源管理の導入・展開も，1980年代以降の日本及びヨーロッパの経済的危機を背景としている。

人的資源管理の生成・展開の第二の背景としては，生産技術の発展がある。少品種大量生産システムから多品種少量生産システムへの転換には，労働の多能工化や職務境界線の緩和・撤廃，労働者の生産への積極的な参加が必要とな

った。このような転換を可能にするには，これまでの人事・労務管理では充分に対応できず，新しい人事・労務管理システムである人的資源管理が必要になったと言える。

　また，人的資源管理の生成・展開の第三の背景としては，ホワイトカラー（非肉体的労働者）の増大がある。先進資本主義国では，産業の高度化によって，研究開発や管理等の生産性を数量化しにくい労働者や管理者が増えている。これまでの人事・労務管理では，ホワイトカラーの労働能率の向上をおこなえないばかりか，ホワイトカラーと組織との断絶を深めてしまうと言える。しかし，人的資源管理は，出来高で成果を測定できないホワイトカラーに対して，人格的要素を含めた個人を管理の対象として「個の組織への統合」をはかることによってホワイトカラーの労働能率の向上をはかることができた。ここに，人的資源管理が生まれた背景と理由がある[32]。

　また，人的資源管理生成・展開の第四の背景としては，労使関係・労使関係管理の変化がある。中央大学名誉教授長谷川廣氏は，「人的資源管理では，まず何よりも労働組合という集団的な労使関係は無視ないし否定される。いいかえれば，人的資源管理は，『従業員を団体的・間接的に取り扱う労使関係よりも，むしろ従業員を個人として直接的に取り扱う「従業員関係」により多く』焦点をあてている[33]」と指摘している。伝統的な人事・労務管理は，伝統的な労使関係を前提として展開されており，伝統的な労使関係の枠組みを突き崩して資本の論理をより押し通すのには限界があった。そこで，生成・導入・展開が注目されたのが，人的資源管理というわけである。

　具体的に述べると，第1に述べた経済的危機を背景として，1970年代後半以降，先進資本主義国の大企業では，伝統的な労使関係の枠組みを改編しようとした資本の攻勢が強まった。その結果，人的資源管理に基づく労使関係管理として顕在化したのが，組合を企業から排除する「無組合化」戦略，組合勢力の弱い地域を選んで進出する「組合組織回避戦略」，従業員の経営参加を積極的にはかることで労働者と管理者のコミットメントを高める「従業員巻き込み」運動などが起こった[34]。

5 アメリカの人的資源管理(HRM)と日本の成果主義の相違点

　アメリカの人的資源管理論の特徴は，第一に，経営戦略と人的資源管理の連動性と第二に人的資源を部分的な消耗品としてではなく，発展的・創造的な資産として捉える点にあるが，日本での人的資源管理理論の実際の企業への導入では，人員削減「リストラ」と深く結びつくことによって，経営戦略としての合理化政策と日本的成果主義人事制度が連動し，人的資産の一層の流動化，「動産」化へと向かっている[35]。

　また，公民権法が制定された1964年以降，とりわけ人種，民族，性別，年齢などを禁じる反差別法の制定によって，人的資源管理の用法がより広汎に用いられるようになった[36]。人的資源管理では，採用，異動配置，評価，処遇などにおいて，差別的であるとの告発を受けぬように，明確な職務に基づく合理的基準によって判断できるシステムを構築しなければならなかったのである。公民権法制定後の反差別の潮流に適合する人事制度構築のために，産業界と学界が産学共同体制でリニューアルしたのが人的資源管理であるとも言える。しかし，アメリカの人的資源管理の理論に示される「人間尊重」・「雇用における平等性」という資本主義社会における市民社会的側面[37]が，日本に人的資源管理論が成果主義の基礎理論として導入される時には形骸化され，「男女による賃金の不平等性」や「雇用慣行無視の人員削減」へと向かう傾向にある。「男女による賃金の不平等性」は，成果主義賃金が導入された日本大企業において，本来であれば職務給・仕事給によって，本来，低く抑えられてきた企画補助等の女性の給与が引きあがられないばかりか，引き下げられる傾向にある点に示されている。

　これに対して，欧米先進諸国では，職場でのジェンダー・イクォリティが探求され，ワークファミリーバランスやダイバーシティ・マネジメント，ワークライフ・バランスなどの多様な施策がおこなわれている。特に，アメリカでは，90年代以降，ダイバーシティ・マネジメントが実践されている。ダイバー

シティ・マネジメントは，①多様性を高め，尊重し，活用することが企業業績を高めることになる，②すべての従業員の貢献を最大限高めるための環境を作り出すために，既存の組織文化・システム・手法を変革する，③人種，性別，宗教，出身国，年齢，障害など法律で雇用差別が禁止されている要素だけでなく，個々人や集団間で違いを生み出すあらゆる要素を考慮する，である。ダイバーシティ・マネジメントはアメリカにおいてすでに経営戦略として重視されている[38]。

前述した日本企業の「男女による賃金の不平等性」は，アメリカの成果主義と異なる日本型成果主義の大きな特徴となっている。この点は，日本型成果主義が広範に日本企業に導入されても日本企業社会が有してきた男性中心主義が崩されないことを意味している。そのことは同時に，日本型成果主義によって，企業内「共同体」が解体したとしても，日本企業に男女差別構造が残存することを意味している。

次に，人的資源管理の日本への国際移転にタイプについて概念的に整理をし，前述した日本企業の成果主義制度の類型化に更なる考察をおこなうことにしたい。

人的資源管理の国際移転の性格としては，4つのタイプが見られる。

第一は，従来型の人事管理・労務管理である職能資格制度の能力主義管理をより強化した管理技法であるが，それを先進的管理というイメージをもたせるために「人的資源管理」という用語を使用しているタイプである。いわばイデオロギーとして「人的資源管理」という用語を使用することで旧来型の人事制度の枠組みでありながら新たな管理強化をはかろうとするタイプである。

第二は，従来からの人事管理・労務管理である職能資格制度に部分的に人的資源管理の管理技法である目標管理制度等の導入を試みるタイプである。このタイプは，経営者が部分的に変化させたい人事管理・労務管理の一部に，人的資源管理の特定の管理技法をあてはめるやり方であり，職能資格制度の能力主義管理をより強化したいにすぎず，成果主義へ変化したわけではない。

第三は，人的資源管理を，経済的・社会的制約や企業の技術的・組織的・制

度的制約を考慮して，導入可能な形態にアレンジメントして体系的に導入するタイプ。このタイプは，海外の子会社において，人的資源管理の導入・展開・調整をはかり，それを更にアレンジして，日本に導入するといったケースに見られる。もしくは，コンサルティング会社が，欧米の人的資源管理に基づく成果主義を日本企業の個別企業風土に適応するようにアレンジメントし，導入するケースもある[39]。このタイプが日本型成果主義の原型をなしていると考えられる。

　欧米の人的資源管理に見られる成果主義制度は，従業員個人の職務の職務分析を基本としており，従業員個人の専門性を基礎において個人別成果・業績評価をおこなうこととなる。しかし，日本型成果主義では，様々な職務をその重要性・価値によって職務を大括りした資格制度の中で，個人の職務の位置づけをおこなっている。これは，欧米の成果主義にように従業員個人の職務の職務分析やコンピテンシーを基本とし，従業員個人の専門性に基礎をおくと，作業現場の労働の柔軟性が阻害されるとともに，従業員の他職種への配置転換が困難になるためである。そのため，日本型成果主義では，個々の従業員の職務の職務分析・職務評価やコンピテンシーを欧米のように厳密におこなわず，個々の従業員の職務を大括りした職群において企業側の相対的・恣意的な序列付けによって評価をおこなう形をとっている。そのため，前述したように，日本型成果主義では女性のついている職務を重要性の低い評価の中の職群に位置づけかつその中でも低く評価することで恣意的に女性の職務を低い賃金に据え置くことが可能とあり，男女差別構造を内蔵することが可能になるのである。

　第四は，欧米で展開されている人的資源管理を，そのまま日本に導入するタイプである。このタイプは，在日外資系の子会社の初期段階などに見られる。

　日本においては，第一から第三のタイプが多い。このことは，欧米の人的資源管理に基づく成果主義が日本企業において展開されていることは，異例であり，その多くは，前述したように職能資格制度を能力主義管理強化したものであるか，欧米の人的資源管理に基づく成果主義とは大きく異なる日本型成果主義であると言える。

（注）
（1）　太田肇『仕事人の時代』新潮社，1997年。
（2）　太田肇『囲い込み症候群―会社・学校・地域の組織病理―』ちくま書房，2001年，同『仕事人と組織』有斐閣，1999年。
（3）　牧野富夫『「日本的経営」の崩壊とホワイトカラー』新日本出版社，1999年。
（4）　木下武夫「賃金の考え方について掘り下げる」『賃金と社会保障』1265・66号，2000年。
（5）　黒田兼一「日本型企業社会と労務管理の変容―解体？再編？改革？」『社会文化研究』第5号，晃洋書房，2002年，39ページから40ページ。
（6）　太田肇『ベンチャー企業の「仕事」―脱日本的雇用の理想と現実』中央公論社，2001年。
（7）　「消極的合理化」とは，工場や生産設備の廃棄・閉鎖による合理化のことであり，「積極的合理化」とは，設備近代化・新技術の導入等による「技術的合理化」や新しい管理手法の導入による労働組織再編を意味する「労働組織的合理化」のことである。合理化に関しては，山崎敏夫『ヴァイマル期ドイツ合理化運動の展開』森山書店，2001年，同『ドイツ企業管理史研究』森山書店，1997年，同『ナチス期ドイツ合理化運動の展開』森山書店，2001年，守屋貴司『現代英国企業と労使関係―合理化と労働組合―』税務経理協会，1997年，及びVgl. J. Bonig, *Technik und Rationalisierung in Deutchland Zur Zeit dir weimarer Republik*, U. Troitzsch, G. Wohlauf (Htsg), *Techinikgoschichte*, Frankfrutam in, 1980. 参照
（8）　守屋貴司「日本大企業の組織改革と人事・労働」平澤克彦・守屋貴司『国際人事管理の根本問題』八千代出版，2001年，参照。
（9）　「注目される発明報償金制度」『労政時報』第3440号，2000年4月14日。
（10）　小越洋之介「雇用壊し・賃金壊し」『賃金と社会保障』NO. 1267，2000年2月上旬号，渡辺治，前掲書，1999年，16ページ，参照。
（11）　鈴木春二「バブル崩壊後長期不況と戦後日本経済の構造転換」産業構造研究会編『現代日本産業の構造と動態』新日本出版社，2000年。
（12）　産業構造研究会編，前掲書，2000年。
（13）　守屋貴司，前掲書，2000年，参照。
（14）　「注目される管理職人事制度」『労政時報』第3483号，2001年3月16日，「一般社員層の成果主義人事制度」『労政時報』第3515号，2001年11月16日。
（15）　「最近の退職金廃止・前払いの事例」『労政時報』第3555号2002年9月27日，「管理職処遇の新しい動き」『労政時報』第3398号，1999年5月21日。
（16）　「営業・販売社員の報奨制度にみる明確な基準と達成度の評価でやる気をひきだす」『労政時報』第3542号，2002年6月14日。
（17）　「日本型成果主義を実現」『週刊労働新聞』2002年9月10日。
（18）　「早期退職優遇と希望退職制度，転進・独立支援制度はどう運営されているか」『労政時報』第3484号，2001年3月23日。
（19）　太田肇『ベンチャー企業の「仕事」―脱日本的雇用の理想と現実』中央公論社，

2001年。
(20) 『労政時報』第3554号，2002年9月20日。
(21) ヒアリング調査より。
(22) ヒアリング調査より。
(23) 「ポイント制退職金制度」『労政時報』第3411号，1999年9月3日。
(24) 「きしむ成果主義」『週刊 ダイヤモンド』2002年9月14日，24ページから26ページ。
(25) 労務理論学会編『人事・雇用システムの転換と労使関係』労務理論学会誌 第13号，晃洋書房，2004年，41ページから46ページ，参照。
(26) 伊藤健市・田中和雄・中川誠士編著『アメリカ企業のヒューマン・リソース・マネジメント』税務経理協会，2002年，参照。
(27) Spencer, L. M., Jr. Spencer, S. M., *Competence at Work,* John Wiley and Sons, 1993. pp. 11-13.
(28) Robert Wood and Tim Payne, *Competency Based Recruitment and Selections,* Wiley and Sons, 1998. p. 27.
(29) 雇用システム研究センター・日本型コンピテンシー研究会編『日本型コンピテンシーモデルの提案』社会経済生産性本部，2000年。
(30) M. Beer, B. Spector, P. R. Lawrence, D. Q. Mills and R. E. Walton, *Managing Human Assets,* The Free Press, 1984. 島弘編著『人的資源管理の理論』ミネルヴァ書房，2000年。
(31) 井上宏編著『21世紀の経営戦略』日本評論社，1998年，3ページから6ページ。
(32) ホワイトカラーの増大に関しては，笹川儀三郎・石田和夫編『現代企業のホワイトカラー労働』大月書店，1993年，参照。成果による管理が個の自立へ与える影響に関しては，太田肇「従業員の『仕事人』化と人事・労務管理」日本労務学会年報（第27回大会）1998年，7ページ。
(33) 長谷川廣「人的資源管理の特質」奈良産業大学『産業と経済』1998年3月参照。
(34) 守屋貴司『現代英国企業と労使関係』税務経理協会，1997年，参照。
(35) 長谷川廣「戦後日本の労務管理の歩みと特徴—日本的労務管理の『アメリカ化』をめぐって—」『名城論業』第3巻第4号，2003年3月，16ページ，同「人的資源管理の特質」奈良産業大学『産業と経済』1998年3月，参照。
(36) 岩井亮一・梶原豊編著『現代の人的資源管理』学文社，2004年，188ページ。
(37) 浪江巌「人的資源管理の内容と構造」『立命館経営学』第41巻第6号，2003年3月，101ページ，参照。
(38) 有村貞則「アメリカビジネスとダイバーシティ」『山口経済学雑誌』第47巻第1号，1999年。
(39) ヘイコンサルティンググループ編『インセンティブ制度による成果主義賃金導入マニュアル』日本能率協会マネジメントセンター，1999年。

第Ⅱ部　成果主義導入と企業内「共同体」の変容及び諸類型

　第Ⅱ部では，第Ⅰ部において論述した日本企業社会における企業内「共同体」の歴史的形成やその再生産の経緯及び日本企業への成果主義導入の諸類型をもとに，第3章においては，日本企業への成果主義導入における企業内「共同体」変容の仮説の提起をおこなっている。その上で，第4章，第5章，6章において，第3章において提起した日本企業への成果主義導入における企業内「共同体」変容の仮説をもとに，実態調査等をおこない，日本企業への成果主義導入における企業内「共同体」変容の諸類型（①半崩壊，②全崩壊，③存続・維持）のそれぞれの特徴について解明をおこなっている。

第3章　成果主義導入の諸類型と企業内「共同体」の変容

1　成果主義導入による企業内「共同体」の変容とその背景

(1) 成果主義による企業内「共同体」の変容理由

　前述してきたように日本企業において成果主義人事管理制度の出現は，日本の企業内「共同体」の組織と凝集性を変容もしくは消滅させつつある。

　それは，成果主義人事制度の導入が，業績拡大期に導入されたのではなく業績停滞期や業績下落期に人員削減「合理化」の手段として導入されたため，ごく少数の給与アップ層と大多数の給与ダウン層が発生した。そのため，年俸制度は減俸制度と揶揄され，給与ダウンした多数の従業員のモラールが低下し，企業内「共同体」への凝集性が失われる結果となっている[1]。

　また，職能資格制度では，楠田式等の標準的な全国共通のスタイルが存在し，従業員側にとっても導入前から理解がしやすいものであった。これに対して，日本における成果主義人事制度では，各企業において成果のはかり方や基準がまちまちであり，そのために従業員の意識に大きな混乱を引き起こし，ひいては組織の凝集性と共同性を失わせる原因となっている。いわば，成果主義賃金制度の成果を判定する「基準」が不明確であり，その人事評価プロセスや結果が全従業員に納得できないケースが多く見られる。また，成果主義賃金制度では，これまで，人事査定では，協調性といった項目を評価項目に入れることで組織への「同質性」・「同調性」が厳しく求められてきたが，成果主義賃金

制度では，協調性といった人事査定項目が後退し，数値によって判定しうる個々の従業員や所属部署の企業への貢献度（売り上げ高等）が評価の中心となり従業員間の競争関係が全面にでることとなった[2]。

　成果主義人事制度は，本来，労働市場の価値を賃金に反映させる点に，市場と労働者間競争の連動性を高める機能を有している。したがって，技術革新によって市場的価値が低くなった技能者や労働者は，それまでの企業への貢献度によって獲得してきた賃金額よりもより低い労働市場に連動した市場価値的賃金の方向に引き下げることとなっている。

　上記のような市場原理に基づく従業員間の競争関係の強化と公正さに欠いた成果評価制度は，企業内「共同体」の基礎となってきた全従業員間での「価値観・規範・感情の共有」や「集団的同一・同調行動」を崩すこととなり，企業内「共同体」の変容・崩壊へと導きつつある。

　また，日本的職務，特に，ホワイトカラーの職務では個人の明確な分担領域は限定的で，誰の分担か明確にされない相互依存領域が大きく，相互依存領域の分担は，状況に応じて相互の報告・連絡・相談などの協力関係によって決められてきている。そのような場では，以心伝心，あうん（阿吽）の呼吸，語られずとも共有化されている濃密で排他的な組織風土によるコミュニケーションを主体とした企業内「共同体」が有効に機能してきた。しかし，成果主義では，誰がどのような成果を上げることに責任があるのか明瞭な形で明確化する必要がある。すなわち，成果主義人事制度導入によって，個別の職務のアカウンタビリティ（責任）が明確に設計され，それによって個別の職務の責任範囲と成果が問われる目標が明確化されることとなる。これによって，これまでの日本的な誰の分担か明確にされない相互依存領域が解消され，相互依存領域を媒介とした以心伝心，あうんの呼吸などに基づく協力・協調関係が解体され，企業内「共同体」を支えてきた従業員間のコミュニケーションが失われることとなる[3]。

　企業内「共同体」の変容の主体となる成果主義人事制度は，上述した賃金制度や評価制度，職務設計にあるが，企業内「共同体」の変容に影響を与える副

次的な成果主義人事制度としては，以下の雇用管理制度，キャリア開発，裁量労働制，福利厚生制度の変化がある。

そこで，雇用管理制度，キャリア開発，裁量労働制，福利厚生制度の変化と，企業内「共同体」の変容の関連性について，次に論述したい。

① 雇用管理制度の変化

雇用管理制度の変化として，これまで標榜してきた「終身雇用制度」を標榜しなくなった点が大きい。新規一括採用した社員を定年まで「終身雇用」で継続的に雇用しつづけるといった前提を経営側が否定する新しい傾向が生まれているのである。日本大企業にとって，その新しい企業と社員の関係をあらわす概念として，「エンプロイヤビリティ」がある。エンプロイヤビリティはアメリカにおいて開発された概念であるが，日本においては「当該企業に継続的に雇用され続ける能力」もしくは「転職可能な能力」として使用されている[4]。このエンプロイヤビリティの日本的な解釈では，従業員が外部労働市場での自らの価値を自覚し，従業員からの企業からの離職も可能である代わりに，企業からの能力の無い社員の解雇も正当化されることとなる[5]。そして，日本の大企業では，このエンプロイヤビリティの理念にそって，雇用管理施策として，キャリア開発制度に基づいて従業員の能力開発の責任をより従業員個人に転化することとなる。自立的・自発的に能力開発をおこなわなかった従業員は，雇用調整時に，早期退職優遇制度の「対象者」とされてしまう可能性が高めてしまうのである。また，雇用管理の採用管理においても，これまでの新規学卒採用のみならず，当初から雇用される能力を有する即戦力の中途採用枠を拡大する大企業も増えつつある。

このような日本大企業の雇用管理施策の変化は，日本企業の企業内「共同体」の解体・崩壊の方向にすすめる形となる。従業員は長期に雇用されること（「終身雇用」）を前提として，企業内「共同体」を支えるコミュニケーションに積極的に参加し，昇進・昇格や自らの雇用を守ろうとタテ・ヨコ・ナナメの人間関係の構築・維持に努めようとする。しかし，雇用管理施策が変わり，「終身雇用」の前提が崩れ，エンプロイヤビリティの理念が広がると，企業内「共

同体」を支えるコミュニケーションへの参加意識が低下し，企業内の人間関係諸活動よりも，自らの能力開発による外部労働市場での移動性や価値の獲得に比重が移り，企業内「共同体」としての凝集性が低下することになる。

② キャリア開発

次に，キャリア開発の企業内「共同体」に与える影響について考察をおこないたい。キャリア開発は，成果主義人事制度の一環として導入されている人事制度で，個々の従業員の主体的な希望を基礎に置きながら，企業組織にとって労働力計画に沿って，個々の従業員の職業経路（キャリアパス）の形成，職業能力開発をおこなってゆくことにある。

キャリア開発では，勤務企業以外でのキャリアアップとして，退職後の自営も視野に入れられており，企業内「共同体」のコミュニケーションへの参加よりも，自らの能力開発に意識や時間も大きくとられる傾向がある。例えば，藤沢薬品では，F（藤沢薬品）以外のキャリア開発として，藤沢薬品退職後の薬局の開業などをあげ，早い時期から「終身雇用型」以外のキャリア形成を考えるように仕向けている。また，居酒屋経営の飲食企業の中には，サラリーマン店長をフランチャイズ店の自営店長に抜擢するキャリア制度を設けている企業もあり，サラリーマン店長の大きな目標となっている。

また，日本企業のキャリア開発制度として広がった制度に，「社内公募制度」がある。社内公募制度は，成果主義賃金制度導入の当然の帰結として生まれた制度であると言える。成果主義賃金制度では，成果・業績によって個別に評価され，それが賃金に反映されるわけではあるが，新規開拓分野などの「利益があがりやすい事業部門」と産業構造的に「利益があがりにくい事業部門」のどちらに所属しているのかなど所属している事業部門・課によって，個別の成果・業績も大きく異なる。それゆえ，企業内において，従業員側にも一定の社内における異動の希望や自由を認める必要性があり，できた制度が「社内公募制度」であると言えよう。

「社内公募制度」は，①企業内の各部署が必要とする人材の職務要件（スキルやキャリアなど）を電子掲示板などに公開し，②個々の従業員は公募の職務

条件と自らのスキルやキャリアなどを見比べ職務を選択し応募をおこない，③各部署が応募者より適任者を選抜する制度である。

　社内公募型異動制度は，新規開拓分野などの「利益があがりやすい事業部門」と産業構造的に「利益があがりにくい事業部門」との間に，人材の偏りが生まれ，企業内「共同体」を支えてきた全社的な同質的・同調性を崩す形となる。もしも，優秀な人材が，「利益のあがりやすい部門」に集中し，「利益の構造的にあがりにくい部門」からは，優秀な人材が流出し，同一の会社内でありながら，優秀な人材の事業部門とそのような人材が流出した事業部門にわかれ，事業部門ごとに，従業員の意識や給与に大きな格差が生まれる可能性がある。

③　裁量労働制の導入

　裁量労働制は，使用者が業務の遂行方法などについて具体的に指示をせず，対象者が自由におこなう制度である。日本では，研究・技術開発部門の技術者を対象とした専門業務型裁量労働制と企画，立案，調査などをおこなう従業員を対象とした企画業務型裁量労働制が導入されている。

　「裁量労働制」と「通常勤務」を自由選択制にした富士通では，目標管理制度下において最初から高い評価を受けることが想定される社員は「裁量労働制」を選択し，高い評価が得られないことを自覚している社員は「通常勤務」を選択することとなった。これは，高い評価を得られることが想定される社員は，裁量労働制を選択し時間外残業手当てを失ってもそれを上回る賞与アップが期待できたからである。また，上司も裁量労働制を選択した社員を，通常勤務の社員よりも，成果・業績に関わらず，自分のために「滅私奉公」でがんばる社員として高い評価をおこなった。結果，裁量労働制を選択した社員は，高い評価を受け，高い賞与と昇格がはかられることとなったが，多数の通常勤務社員は，低賃金・低評価に据え置かれることになった。富士通では，このような裁量労働制の自由選択のもとでの社員の二極分化は，通常勤務社員の不満を増大させ，企業内「共同体」としての「まとまり」を喪失させるばかりか，低賃金・低評価に据え置きによって社員の無気力化を広げる結果となってい

る[6]。

　また，富士通では，裁量労働であるかといって実際，対象者が裁量で仕事をおこなえる自由は無く，残業手当のカットとしての意味しかなかったと指摘もある[7]。これは，富士通以外の多くの日本大企業においても見られる実態であり，チームで一人の業務を担当するスタイルの人員配置をとりながら，職務設計上，存在しない個人の裁量を与えたとして，代わりの長時間の残業手当をカットするのである。

　反対に，裁量労働制で，対象者が，研究・技術開発や企画立案等で自由裁量が認められ，それと成果主義制度が結びついた場合，これまでチームや集団として研究・技術開発や企画立案を進めることで，企業内「共同体」の主体となるコミュニケーションが無数におこなわれてきたのに対して，個人としての研究・技術開発や企画立案等が優先され，企業内「共同体」の機能や存続・再生産が難しくなろう。

　④　福利厚生制度の変化

　福利厚生制度は，成果主義人事制度の下で，カフェテリアプランに大きく変化している。

　福利厚生制度は，基本的には，過度の労働強化による労働力過多によって労働者が働き続けることができなくなることを避けるために導入された「資本合理的」な労務管理施策である[8]。いわば，福利厚生制度は，企業が労働者とその家族の健康と生活を維持させることによって，労働力を維持し，かつ「企業が労務管理上の効果を増大」するために「労働者がその企業に雇われている労働者と家族に対して，任意もしくは労働協約や法的強制によって実施する，基本的労働条件以外の経済的・文化的・娯楽的諸施策の総称」である[9]。

　そして，日本大企業の旧来の福利厚生制度の諸施策として，今日では，1．医療・健康対策（人間ドック費補助，差額ベッド代補助，医務室の設置など），2．安全・衛生・業務通勤対策（業務・通勤災害に対する法定外補償，私傷病の欠勤・休職制度など），3．財形・貸し付け制度（財形貯蓄，社内預金，住宅融資制度，奨学金制度）4．住宅管理制度（社有社宅制度，借り上げ社宅制度，独身寮，

単身赴任者住宅など)，5．共済会・互助制度（共済会制度，団体定期生命保険制度，慶弔金，災害見舞金など)，6．生活援護制度（介護・看護休職制度，遺族・遺児育英年金制度，社会保険料の使用者負担など)，7．施設利用制度（保養所・リゾートクラブの利用，施設利用補助，慰安旅行など)，8．衣・食関連制度（事務服・作業服の供与，職場給食など)，9．定年・高齢者対策（退職準備プログラム，退職後の医療保障制度，定年退職者記念品贈呈など)，10．母性保護対策（産前産後休暇制度，育児時間，通院・つわり休暇制度，育児休業制度など）など多岐に及んでいる。

　日本企業が，これまで福利厚生制度を実施する大きな理由は，「人材の確保・定着」と「従業員の労働意欲の向上」にある[10]。すなわち，日本企業は，福利厚生制度の実施を通して，「協調的」な労使関係の構築化・安定化をおこない，人材の確保・定着をはかるとともに，福利厚生制度の増進によって，「企業意識」の内面化をはかり，従業員の労働意欲の向上や企業への忠誠心の確保をはかることで，企業内「共同体」の存続・維持をはかってきたと言える。いわば，日本企業において，福利厚生制度は，「日本的経営」を支える重要な人事管理技法として，定着してきたと言える。また，日本企業の福利厚生制度は，本来，国の社会保障制度の中でおこなうべきことを，制度が未整備かつ不十分である点を，企業が肩代わりしておこなってきたという点がある。

　しかし，前述してきたように日本経済の成長パターンの変化や円高，日本企業の海外進出による産業空洞化等によって，雇用をめぐる状況は厳しさが増し，従来からの福利厚生制度を見直す動きが，日本企業に広がり，旧来の福利厚生制度からカフェテリアプランに移行しつつある。カフェテリアプランでは従来の企業から提供する画一的なプランから従業員が自由に選択するプランに変更するものである。カフェテリアプランの目的は福利厚生費の削減にある。日本企業において実施されている多くのカフェテリアプランでは，従業員の変更できないコアメニューと変更可能な選択メニューにわけられている。特に，変更できないコアメニューは，法定福利厚生制度と経費の負担が大きい「住宅関連」である。

この「住宅関連」の変更は，企業内「共同体」に与える影響は大きい。従来の日本企業の「住宅関連」の福利厚生は，企業自らが運営する社宅や独身寮に住むこと（社有社宅制度，社有独身寮制度）にあったが，カフェテリアプランでは，社有の社宅や独身寮を売却し，ハウスサポートと称して，住宅費補助に切り替えることが多い。社有社宅制度，社有独身寮制度は，同一企業内の従業員が住まいを共にすることを通して，労働生活のみならず，地域生活，家庭生活の面でも，企業内の人間関係を軸として生活が営まれることでより濃密で企業秩序に沿った企業内「共同体」の形成・強化に役立ってきたが，カフェテリアプランにみられるハウスサポートでは従業員は社宅や独身寮に縛られず，別個に様々な地域にわかれて暮らすため，それを崩すものとなっている場合が多い。

(2)　成果主義による企業内「共同体」変容の背景

　また，前述してきた1990年代以降の成果主義賃金制度導入と企業内「共同体」の変容・崩壊の背景としては，先に述べた総人件費抑制以外に，IT化，若い従業員の意識変化，正規雇用の絞り込み，労働・労働組合の停滞・衰退などがある。

　日本企業の組織改革では，IT化による情報システムの高度化を基礎として中央集権的なピラミッド組織構造から情報的特性を生かした開放的で柔軟な自律分散型構造への転換がはかられた企業も現出している。閉鎖的な情報管理から電子ネットワークによる情報の共有化，日本的な稟議制度・集団責任制度からグループウェアを伴った電子稟議制と成果主義人事制度の自己裁量制度，個人責任制度への転換がはかられている。企業内の情報ネットワーク的関係は，情報の効率性・合理化の面から従来の縦の階層性から個別化を基礎とした開放的な有機的共有化が進展している。このような日本企業のピラミッド関係構造から自律分散型関係構造への転換は，企業経営に，企業内人間関係（「企業内共同体」）を基礎とした社会的統合からIT化による情報システムの高度化を基礎とした情報ネットワーク的関係による社会的統合への転換をはかっているこ

とが考えられる(11)。

　ただ,情報システムが高度に導入され,企業内人間関係(企業内「共同体」)を基礎とした社会的統合からIT化を基礎とした社会的統合への転換をはかれている企業は,21世紀の初頭の日本において量的に見ても出現しはじめたという段階にあり,すべての日本の民間大企業がそうなったわけではない。

　また,1999年の諸意識調査によれば,若い従業員の意識変化も顕著であり,同じ会社で定年まで働きたいという意識が低下し,「終身雇用」の意識が希薄化しつつある。また,「年功制」に関しても,能力主義・業績主義に対して肯定的な傾向が見られ,年功序列制は意識上崩壊しつつあると言える(12)。

　また,日経連の報告書『新時代の「日本的経営」』に代表される正規雇用層の絞込みと派遣労働者,パートタイム労働者をはじめとする非正規雇用層の拡大が,正規雇用層を中心とした企業内「共同体」の変容・崩壊を加速させている。1995年2月と2001年2月を比較すると日本の雇用者総数は,218万人増大して,4千986万人となっているが,正規雇用層は,140万人減少し,その反面,パートタイム労働者や派遣社員,契約社員,臨時的雇用者などの非正規雇用層が357万人増大し,1千346万人となっている(13)。

　1998年の労働者派遣法の改正に,その対象業務が原則自由・例外禁止となった派遣労働者は1000人以上の大企業で導入が大きく拡大し,1999年で106万7千949人と100万人を超えている(14)。

　また,日本の企業内「共同体」の機能は,「労使協調型」労使関係の維持であったが,労働・労働組合運動の停滞・衰退の中,集団的な労使交渉によらない,成果主義賃金制度による「個別的」労使関係への移行が,労使の力関係の中で経営者側が可能となってきたと判断している点がある。2000年6月30日の単一労働組合の組合数は3万1千185組合,労働組合員数は1153万8千557人であり,99年と比較して,労働組合員数は28万6千36人減少している。そして,雇用者に占める労働組合員数の割合である推定組織率は,前年より0.7%低い21.5%で過去最低を更新続けている(15)。

2 成果主義導入による企業内「共同体」の変容仮説

(1) 企業内「共同体」の変容の成果主義導入の類型別仮説

　成果主義賃金制度は，個別民間企業において，その形態や内容が，職能別資格制度と異なり，統一的な形態がなく，様々である。その分類別類型については，第2章において，述べてきたが，導入される成果主義の諸類型によって，日本の企業内「共同体」も，変容から崩壊まで様々なバリエーションを見せることとなっている。ここでは，どのような成果主義賃金制度（広くは成果主義人事制度）の導入によって，企業内「共同体」が，どのような変容・崩壊の類型を見せるのかについて，筆者独自の企業に対するヒアリング調査[16]をもとに，3つの仮説をたてて分類を試みることにしたい。

　本研究では，企業内「共同体」変容させる要因を，規定要因と媒介要因にわけて考えている。規定要因として「成果主義人事制度の導入」とし，媒介要因として，「人員削減『リストラ』」としている。成果主義制度の類型化において論述したように，①職能資格制度の能力主義管理強化型，②アメリカ型成果主義，③日本型成果主義などの人事制度の内容や導入方法は企業内「共同体」変容の規定要因となる。それらの人事制度構築の内容や導入方法とともに，人員削減「リストラ」の内容がこれらの人事制度導入の媒介要因であるとともに，導入される人事制度とこの人員削減「リストラ」との組み合わせが，企業内「共同体」変容を大きく規定することとなる。

　① 企業内「共同体」の崩壊型

　企業内「共同体」の崩壊型は，外資系企業によって買収や多額の有利子負債を抱えた日本大企業が，銀行や政府の圧力による大きな人員削減「リストラ」によって，アメリカ的なHRM（人的資源管理）に基づく成果主義もしくは日本型成果主義を導入することで，それまで存在してきた企業内「共同体」が崩壊するパターンである。日本大企業において，男性従業員の企業内「共同体」は，企業側もしくは従業員の主体的な様々な人間関係諸活動を通して形成さ

れ，長期雇用の保証や昇進・昇格と引き換えに，企業内「共同体」への高いロイヤリティを維持してきた。しかし，これまで比較的中核層として雇用と昇進を保証されてきた男性従業員のこれら企業内「共同体」が崩壊することが考えられる。アメリカ的なHRM（人的資源管理）に基づく成果主義もしくは日本型成果主義人事（中核には賃金）制度の導入には，チームワーキング等の集団的生産や改善・合理化活動などの職場の「共同体」化を必要とするのかどうか，もしくはホワイトカラーを中心とした金融，証券，商社などの大企業であるかなどの労働力構成にも大きく関係している。この企業内「共同体」の崩壊仮説に関しては，第5章において解明をおこなっている。

② 企業内「共同体」の半崩壊型

企業内「共同体」の半崩壊型は，上の年代の世代（50代・40代）には企業内「共同体」が形成されてきたものの下の若い世代（10代・20代・30代）には企業内「共同体」は形成されず，上の世代の企業内「共同体」も次第に崩壊しつつある状況のパターンである。この企業内「共同体」の半崩壊仮説に関しては第4章において解明を試みている。

③ 企業内「共同体」の存続・維持型

企業内「共同体」の存続・維持型は，職能資格制度に見られた「競争」と「共同」の並存をはかるような職能資格制度の能力主義管理強化や成果主義人事（中核には賃金）制度を導入し，企業内「共同体」をより「利益共同体」に再編し，競争関係の強化をはかりつつも，より人間関係活動や福利厚生制度を充実させるなど時代の趨勢に逆行したような人事政策をとることで，旧来型の企業内「共同体」の凝集性の低下を補強することで，企業の競争力を確保しつづけることである。

そのような場合，企業内「共同体」の存続・維持のパターンでは，賃金上昇圧力の下，賃金そのものに関して成果主義をとりながら，それ以外の諸制度をはかることで企業内「共同体」の維持をはかってゆくパターンが考えられる。「市場の論理」による経済合理性から日本企業は，成果主義賃金による総額人件費の抑制と人材の戦力強化をはからざるをえないが，経営者の経営理念によ

って，賃金制度以外の人間関係活動や企業内福利厚生制度等を残すことで，企業内「共同体」を維持させようという動きもある。企業内「共同体」の存続・維持仮説に関しては，第6章において，若干の解明をおこなっている。

(2) 成果主義導入の諸類型と企業内「共同体」変容の仮説の関連性

本章で前述した成果主義の類型と企業内「共同体」の変容・崩壊等のパターンとは関連性がある。外資系企業，外資系企業に買収された日本企業やベンチャー企業などでは，アメリカ型の成果主義や日本型成果主義制度が導入され，日本の企業内「共同体」が崩壊したり，日本の企業内「共同体」が成立しないこととなる。そのような成果主義人事制度では，年功は無視され，世代・年齢に関係なく実力に応じて役職が任命され，貢献に応じて，すべての従業員の年俸が決定されることとなる。個別業績管理が徹底され，日本企業において見られてきた旧来型の「共同体」的な人間関係が重視されなくなる。新入社員から管理職昇進前までの社員の基本給を一律として定昇を廃止した日興コーディアル証券などがこの代表例と言えよう[17]。このような人事システムのもとでは，日本の企業内「共同体」の成立要件が存在しない。また，大きな人員削減「合理化」を前提として，「日本型」成果主義人事制度を導入し，企業内「共同体」を意図的に崩壊させることを通して，人員削減「合理化」を一層進める日本大企業もある。

(3) 成果主義導入による従業員階層化にともなう企業内「共同体」変容仮説

成果主義の導入は，日経連が『新時代の「日本的経営[18]」』において提示した企業内の従業員の階層化を一層進展させ，同一企業内であっても，階層化された従業員層によっては，企業内「共同体」がより一層，凝集性をもって形成されたり，反対に解体されたりすることが仮説として想定される。

日経連が『新時代の「日本的経営」』によれば，従業員の階層化は，大きく分けて，長期蓄積能力活用型グループ，高度専門能力活用グループ，雇用柔軟

型グループの三層にわけられる。長期蓄積活用型グループは，経営役員候補層であり，長期雇用を前提としている。それゆえ，この層では，企業内「共同体」がより凝集性を高めていることが想定される。この層は，ホワイトカラーの管理職を中心として形成されている。高度専門能力活用グループは，中期雇用層であり，その層の企業内「共同体」は解体に向かうことが考えられる。高度専門能力活用グループの代表的職種は，ブルーカラーの熟練技能者やホワイトカラーの技術者，会計・法務等の専門職層である。また，雇用柔軟型グループは，短期雇用層であり，この層の企業内「共同体」も成立が困難になりつつことが考えられる。この層は，不熟練・半熟練層層であり，また，一般事務職層である。

成果主義導入による従業員階層化にともなう企業内「共同体」変容仮説に関しては，第4章のO社を事例とした調査研究において解明をおこなっている。

(注)
（1） 守屋貴司「日本大企業の経営管理改革と人事・労働：雇用の多様化・所得格差拡大の背景」平澤克彦・守屋貴司編著『国際人事管理の根本問題─21世紀の国際経営と人事管理の国際的新動向─』八千代出版，2001年，参照。
（2） 遠藤公嗣『日本の人事査定』ミネルヴァ書房，1999年。
（3） ヘイコンサルティンググループ編『インセンティブ制度による成果主義賃金導入マニュアル』日本能率協会マネジメントセンター，1999年，101ページから102ページ。
（4） 日経連特別教育委員会編『エンプロイヤビリティの確立を目指して─「従業員自律・企業支援型」の人材育成を─』日本経営者団体連盟出版部，1999年。
（5） 奥林康司編著『入門 人的資源管理』中央経済社，2003年，100ページ。
（6） 城繁幸『内側から見た富士通「成果主義」の崩壊』光文社，2004年，72ページから79ページ。
（7） 城繁幸，前掲書，74ページ。
（8） 伊藤健市『アメリカ企業福祉論─20世紀初頭生成期の分析─』ミネルヴァ書房，1990年，7ページ参照。
（9） 長谷川廣「福利厚生管理：management of employee service」経済学辞典編集委員会編『大月経済学辞典』大月書店，1984年，805ページ。
（10） 兵庫県立労働経済研究所『福利厚生制度のあり方に関する調査研究報告書』平成8年3月，参照。
（11） 重本直利『社会経営学序説─企業経営学から市民経営学へ─』晃洋書房，2002年，136ページから161ページ。

(12) 「99年度新入社員の意識と行動」『労政時報』第3416号，1999年10月8日。
(13) 総務省『労働力調査特別調査』2002年2月。
(14) 厚生労働省『労働者派遣事業の1999年事業報告の結果について』2000年。
(15) 厚生労働省『労働組合基礎調査2001年版』2001年。
(16) 2001年から2002年にかけて，労働組合団体組織，経営者団体，労働組合等の専従担当者，民間企業8社の人事担当者を担当者に対して，成果主義人事制度と企業内「共同体」の変容をテーマとしてヒアリング調査をおこなった。
(17) 「嫉妬の給与格差」『週刊ダイヤモンド』2000年12月16日。
(18) 新・日本経営システム等研究プロジェクト編『新時代の「日本的経営」』日本経営者団体連盟，1995年。

第4章　成果主義人事導入による企業内「共同体」の半崩壊とその特徴

　2000年から2003年にかけておこなった筆者オリジナルのヒアリング及びアンケート調査研究から日本の中堅製造企業への成果主義賃金制度の導入による企業内「共同体」の変容（主として半崩壊）について考察をおこなうことにしたい。

1　調査対象企業概要

　中堅製造企業O社を研究対象として選定した理由については，本書の序章の2において論述している。ここでは，調査対象企業の歴史的経緯について論述することで，研究対象とした理由についても明らかにしたい。
　そして，O社の調査企業概要等に関しては，2000年から2003年にかけてのO社への聞き取り調査に基づいている。

(1)　調査対象企業の歴史的経緯
　調査結果について報告する前に調査対象企業の歴史的経緯等の概要について報告をおこないたい。
　調査対象企業O社は，1950年に創設され，すでに社歴は54年に及んでいる。O社は，従業員数250名程度の中堅製造企業であるが，その内部を見ると典型的な日本的経営家族主義に基づく会社であり，日本企業社会的生活価値を有している。O社が，日本企業社会としての企業意識を全社員が共有しかつ経営家

族主義的企業風土を有するのは，O社の立脚する産業と従業員構成と関係している。

O社の所属する産業は，真空機器製造産業である。真空機器製造産業は，核融合，宇宙開発などの先端産業分野から鉄鋼，繊維，化学，自動車などの一般産業分野まで需要基盤とする技術産業である。それゆえ，従業員構成も，エンジニアを中心とした大卒エリート技術者集団層と製造現場を支える高卒ブルーカラー層，それに大卒の営業職層，総務・経理職にわかれている。これは，大企業のトヨタ自動車製造や松下電器産業などの同じ従業員構造であり，O社はそれら日本製造大企業のミニチュア版であるとともに，日本の中堅製造企業によく見られる経営家族主義から経営近代化への転換と中国への生産の移転期が重なり，調査研究対象としては興味深い企業であり，この点もO社を研究対象として選定した理由である。

しかも，製品が真空機器という受注生産品であるため，製造現場において，熟練技能を有する中卒・高卒技能者集団を抱えている。そして，これらの技能者集団は，社長自らが新卒採用で採用をおこない，技能者にそだてていった層であり，仕事と工場に強い愛着心とモチベーション（やりがい）を有している。また，現社長が航空機エンジニア出身だけに，工場に於いて一人一人の従業員に声をかけ，「現場主義」をいまだ色濃く残している。

そして，これら多様な従業員をカリスマ的な社長であるB氏が，「経営家族主義」的にまとめあげている。エンジニア出身であるB氏は，長年，中堅製造企業の枠を越えて，夢とロマンある研究開発・製造とそうした新規開発製品のパイオニア的販売をおこなうことで，多様な従業員層にも「やる気」・「やりがい」を与えてきた。いわば，実質的創業者であるB氏は，半導体産業の小さな「本田宗一郎」である。

戦後における日本製造企業の社会的統合の一類型として，経営者のもつカリスマ性によって，様々な従業員層を統合する形態がある。カリスマ的支配とは，ウェーバーの正統的支配の三類型の一つであるが，非支配者が特定の個人の持つ非日常的資質（カリスマ）への信仰からみずからすすんで服従すること

である[(1)]。O社の場合，研究開発者である社長の新しい技術開発力にカリスマ性を信じ，大卒の研究開発者も，現場を担う熟練労働者も，すすんで服従・協力してきたと見られる。

　この経営者のカリスマ性による命令—服従関係は，命令権力の実績や実力・才能が示されることで，関与者たち（ここでは従業員）がこの命令に服従するのである。すなわち，命令権力（ここでは経営者）の物理的，経済的，文化的，知的な実力が実績をもって顕示され，それに対して関与者たちはそれを「非日常的資質」であると感じ，その命令に従う（服従する）のである[(2)]。

　この際，命令への服従と関与者（従業員）の自己利益の均衡関係が必要になる。O社の場合のみならず，研究開発型のカリスマ経営タイプの企業では，カリスマ経営者の指導の下，従業員が経営者の示す高い研究開発の目標にコミットする命令に服従することで，それが従業員自らの能力開発と達成感に繋がり，ひいては従業員のボーナスアップや昇進・昇格を現出させることで，命令への服従と（従業員）の自己利益の均衡関係がはかられてきたのである。また，研究開発型企業の経営者がカリスマ性を身につけるのは，新製品開発を通して，従業員との協業関係をおこない，結果，新製品開発と新製品のヒットを生み出した実力・才能と実績に対して，従業員が「非日常的資質」を感じるからにほかならない。研究開発による新製品開発とその新製品のヒットという一連の経営活動が，経営者にカリスマ性を保有させる「儀式」として機能しているのである。そして，研究開発による新製品開発とその新製品のヒットという一連の経営活動という「儀式」を通して経営者は，権力の正統化をはかるのである。

　このようなカリスマ経営者の企業の企業内「共同体」は，後で論述するが，コア（核）には，カリスマ経営者を中心とした様々な「共同体（擬似共同体組織)」が存在することになる。

(2) 作業現場改善活動による日本企業社会的統合

　O社では，高卒ブルーカラー労働者のモチベーション（やる気）向上や「能

力」を引き出すために, 5S活動を実施してきた。5S活動は, 現場レベルにおける自主的な作業現場の改善活動であり, 整理, 整頓, 清潔, 清掃, しつけを意味している[3]。

O社の5S活動は, 当初, 社員教育を目的としたものではなかったが, 活動の定着にともない5S活動そのものが, OJTを促進させる機能があったことを確認している。そして, 5S活動を介した教育活動が結果的に工場の管理水準を高め, 生産性の向上をもたらしている。

O社の5S活動をはじめとした自主的な作業現場の改善活動も,「日本企業社会」としての性格を中堅製造企業でありながら具備していることを意味している。それは, 非エリート層である高卒・ブルーカラーに対しても, 5S活動を通して, 積極的に「やる気」や「能力向上」を生み出しているからである。また, 近年では, 生産革新運動を実践し, ムダやロスをなくし, 生産性の向上に努めている。

そして, O社の興味深い点は, O社傘下の工場が, 新鋭技術タイプの八王子工場・名張工場と旧来技術タイプの堺工場にわけられる点にある。新鋭技術タイプの八王子・名張工場の生産現場は, 技術者やME対応の技能者を中心とする作業集団となっているのに対して, 旧来技術タイプの堺工場では, 熟練技能者を中心とする作業集団である第1棟と機械加工組み立ての第2棟, 第3棟が並存して存在している。また, 新鋭工場である名張工場では, ISO[4]を取得し品質管理の向上をおこなっているのに対して, 堺工場は取得を目指しているにすぎない。このように, 二タイプの工場は, 明確な異なるコントラストを描いているだけに興味深い研究対象と言える。

(3) O社の成果主義賃金制度導入の経緯と経営協議会の役割

O社では1970年代以来, 職能資格制度を維持してきたが, 従業員の平均年齢の高齢化, 売上高の低下などを背景として, 2001年, 成果主義賃金制度の導入を試みようとしている。

O社の成果主義導入に対しては, 役員会, 経営協議会においても, 反対, 賛

成にわかれて討議がなされてきた。

　まず，役員会レベルの賛否を見てみよう。実質的創業者の一人であるB氏・社長（80歳代）の懸念は，第一に，成果主義導入によって，現在，一応の「まとまり（いわば経営家族主義的「共同体」としての「共同性」の保持）」を見ている従業員の間で，同年齢間の給与格差などが広がり，従業員間のゴタゴタ（労使紛争）が生じ経営家族主義的「共同体」としての共同性の崩壊への懸念，第二に，旧来技術タイプのS工場におおく配属されている熟練技能者が，成果主義賃金導入によって，給与が引き下げられ退職してゆくのではないかと言う懸念であった。特に，社長は，熟練技能者を集めるのに，かつて苦労した経験があり，かつ創業当社から経営家族的に苦楽をともにしてきただけに熟練技能者の扱いには慎重であった。

　これに対して，役員会レベルにおいて，積極的賛成論を展開し，成果主義賃金制度導入をはかろうとしているのが，社長の息子である副社長・C氏（40歳代）である。副社長は，O社に入社以前は，都市銀行に勤務し，経営理念としてアメリカ的な経営の合理化・近代化主義をもっている。その副社長が成果主義賃金制度導入をはかろうとしている意図は，第一に，O社の従業員の高齢化が進む中で，同一産業内他企業の同年齢の給与よりもO社の給与が低い現状にあり，優秀な人材が他企業に引き抜かれる懸念が生じており，優秀な人材に対しては成果主義賃金の導入を通して他企業並みかもしくはそれ以上に支払いたいと言う点がある。実際，最近，二名の若手技術者が中途退社をしている。第二に，成果主義賃金制度の導入を通して，一人一人の従業員が「自立的」に経営判断し，責任を持って職務を遂行できる人材に育てたいという点にある。第三には，社長から副社長への世代交代に備えて，中堅社員層を昇進させ，企業組織の刷新をはかる。第四に，生産拠点を海外に移転することによる国内工場のリストラをおこなう，ことにある。

　ただし，成果主義賃金制度導入には，副社長自身も，迷いもある。それは，第一に，大企業のように成果主義賃金制度導入と並行的に40歳代，50歳代の従業員の大量人員削減を実施できるほど，O社は従業員があまっていないという

点にある（原資と人材の問題）。これは，人件費の原資が限られている中で，成果給を配分するために，大企業は，40歳代，50歳代層の人件費の切り下げや人員の削減によって，20歳代，30歳代の成果給をアップし，早期の昇進を可能とすることができる。しかし，中堅製造企業のO社では，人材面からもし主力である40歳代・50歳代に退職金制度などを適応した場合多くの優秀な人材が流出するなど懸念が高い。そこに大量人員削減と成果給を大企業のように連動して導入できない日本の中堅製造企業共通の経営的問題点がある。

第二に，成果主義賃金制度導入における「人事評価」の問題である。成果主義賃金制度では，成果の数値化が求められるが，短期的成果の数値化のみの評価で良いのかという問題がある。

O社では，労働組合が存在しないかわりに，各職場から選出された代表と経営者側が話し合いを持つ「経営協議会」を開催している。経営協議会は，工場移転などのリストラ策に対する労働者の不安・不満を緩和するために構築されたものであり，労働組合と異なり，労使の情報交換や話し合いの場ではあるが，団体交渉のような決定・妥結機能は有していない。

この経営協議会設立においては，O社では，各職場代表を管理職とせず，非管理職の労働者を職場選挙で選出することにしている。それは，中間管理職が自分の都合の良い情報しか流さない，もしくは経営協議会も管理職に占められると支配・命令系統という管理組織と労使協議組織が二重になり，一般労働者の発言の機会が失われるからである。そして，各職場の労働者代表を経営協議会にださせることで，労使全体による納得と一体化をはかろうとしたのである。しかし，このような狙いに対して，各工場の労働者からの反応としては，労働者の集団の中で主導的な非管理職の年長の労働者はあえて経営協議会のメンバーとならず，非管理職の若手の労働者がメンバーに選出されている。これは，長年，作業現場にいる主導的な労働者は，経営協議会に参加することで，経営側主導の改革に賛同せざるをえない立場に追い込まれるのを避けようとしている。

この経営協議会において，賃金等の事項が話し合われている。成果主義賃金

導入に関しても，新鋭工場である名張・八王子工場の職場代表が積極的であるのに対して，旧来型である堺工場の職場代表は，成果主義賃金導入によって賃金が引き下げられるのではないかと懐疑的であった。さらに堺工場の製造製品は，国際競争の中，中華人民共和国の上海に工場をつくり製造することが決まっており，人員削減リストラの現実もある。

上記のような役員レベル・経営協議会レベルの「意識の錯綜」の中，O社では賃金制度の専門家を外部講師として招き，役員層を含む全従業員に対して，「成果主義賃金制度」について企業研修を実施し，役員・全従業員に「成果主義賃金導入」に関する問題意識をもってもらうようにしている。

この企業研修でも，従業員層から「成果主義賃金導入」への厳しい質問が相次いだとのことである。特に，強い関心を持って，質問をしてきた層が，管理職層であった。O社の管理職層は，40歳から55歳の年代であり，課長から部長級にあたる。そして，成果主義賃金制度が導入された場合，最も大きな影響を受ける層であるとも言える。それだけに，企業研修では管理職層から以下のような質問がでた。

＊人事査定が，直属の上司との相性やえこひいきによってなされないか。
＊生産部門や開発部門，経理・総務部門の評価はどのようなものになるのか。
＊儲からない部門に配属された人は低い評価になるのか。
＊役員の成果についても硝子(ガラス)張りにし，聖域扱いにしないでほしい。

また，役員層に対する成果主義人事に関する研修でも，成果主義人事に対する反対意見と賛成意見にわかれている。

反対意見としては，

＊成果主義にすると短期的視野におちいり，長期的視点が欠如する。
＊職能資格制度でも，運用方法の改定で対処できる。

＊万一，少数の従業員が賃上げになったとしても，大半の従業員が賃下げになった場合，従業員全体の士気が下がる。

などの点が指摘されたのに対して，成果主義人事に対する賛成意見としては

＊ゼロサム経済の中で，企業が生き残るためには，能力がなく賃金が据え置かれる層と優秀で企業に貢献できる層を優遇するのはしかたがない。
＊賃金が下がる層は，本来，仕事に対して賃金を支払いすぎてきた層であり，賃下げはやむをえないのではないか。

　以上のような「意識の錯綜」の中にあっても，O社では副社長が社長の了解をとりつけ「成果主義賃金制度の導入」を2003年に実施した。社長の見解が変化したのは，成果主義賃金制度の導入の方法が，O社に適応した方法を副社長が模索していることがわかり，「従業員とのゴタゴタ（労使紛争）」が発生しないと判断した点とO社が赤字に転落した点にある。その大きな要因は，第一にO社にあった成果主義賃金の導入を提案したことと，第二に，導入を提唱している副社長が，導入当初は，賃金格差を広げず（実質的に当初はボーナスでのみ3割程度格差付けをするにとどめ），評価に対する従業員の満足感が得られてから段階的に月給にいたるまで賃金格差を拡大することを提唱したことにもある。
　上記に述べてきた事柄の中にも，O社のみにとどまらず，日本の企業に共通する成果主義人事制度導入の問題点と課題を見てとることができる。

2　成果主義人事導入への意識と企業内「共同体」

　前述してきたように職能資格制度は，厳しい内部淘汰的競争に生き残ることを条件として，「終身雇用」と勤続年数に応じて一定範囲の「年功序列賃金」が保証されてきた。そして，職能資格制度の査定内容は，全人格的内容に及ん

でいる。渡辺治氏の主張する「日本企業社会」では，職能資格制度に見られる昇進・昇格構造の一本化＋査定制度が，「終身雇用制度」，「年功賃金」，企業内福祉などがセットになって，強い従業員の凝集力が生まれてきた。そのような日本企業社会の基礎的条件となってきた職能資格制度が，成果主義人事制度に改変されようとしている。

果たして成果主義人事制度の導入を前にしてもしくは導入後，日本企業の労働者の意識はどのように変化するのであろうか。また，どの労働者の層の意識が，成果主義人事制度を肯定する近年の風潮を先取りしているのか。反対に，どの労働者層が，現状の維持を望んでいるのであろうか。

また，成果主義導入による労働者の意識変化によって企業内「共同体」はどのように変容するのであろうか。O社は，先述したように社長を家長とした「経営家族主義的共同体」の性格を色濃く有している。それが，成果主義賃金制度に代表されるアメリカ的経営近代化によって，そのような「経営家族主義的共同体」がどのように変容するのか，また崩壊するとすればどのような「新しい企業主義的統合」を生み出すのか，生み出せないのかを解明することにしたい。

(1) アンケート調査結果と企業内「共同体」の変容

次に，アンケート調査の結果から企業内「共同体」の変容の類型を提示することにしたい。

① O社の社員の意識

一般的なO社の特徴しては，

  定年に関しては良いことだと思う 59％

  会社や職場の一体感を持つことは良い 90％

  仕事に対する張り合い感がある 65％

などの「日本企業社会」に見られる価値意識を多数の人が有している。

また，成果に関する意識に関しては，

  成果賃金のほうが年功賃金よりも良い 54％

年功賃金のほうが良い　23%
　　努力よりも実績が良い　48%
　　必要な人が必要なだけ受け取るのは良くない　50%
　　同じ職位なら同じだけ支払うことは良くない　54%
　　社会的地位・成功の条件　実績　1位　60%
　　社会的地位・成功の条件　努力　2位　54%
　　社会的地位・成功の条件　必要な人　4位　52%
　　社会的地位・成功の条件　誰にでも平等　4位　47%
などから，成果や実績に応じて社会的地位や成功，賃金がさずかるべきであると考えている。
　また，生活実態としては，
　　時間をかけている順位　一位仕事　二位家庭生活　三位自由時間
　　充実している順位　一位家庭生活　二位自由時間　三位仕事
　　今後重点をおきたい順位　一位家庭生活　二位自由時間　三位仕事
と回答しており，充実・重点を家庭生活におきたいと思いながら，仕事におわれる「日本企業社会的」生活をおくっていることが理解できる。また，夜勤・残業による家族への不満が「ある」59%，「ない」41%と「ある」が「ない」を上回っている（アンケートの詳細に関しては本書の巻末を参照）。

②　成果主義導入による世代別企業内「共同体」の変容仮説の検証

　このO社のアンケート調査ででてきた特徴的内容について述べれば，成果主義に対する意識には，工場・部門や年代によってやはり大きなバラツキが存在することが明らかになった。そして，このアンケート調査とヒアリング調査とを重ねあわせて，成果主義導入による企業内「共同体」の共同体の世代別の差異を見ることができた。

　世代間の差異について述べれば，O社では先行意識調査と異なり，20歳代・30歳代より，40歳代・50歳代の方が成果主義賃金制度への期待度が高い点にある。20歳代では，33%が成果主義に期待しているのに対して42%が不安を感じている。また，30歳代では，30%成果主義に期待しているのに対して40%が不

安を感じている。これに対して40歳代では，40％が成果主義に期待しているのに対して不安はこれより少なく33％となっている。50歳代では28％期待しているのに対して，33％が不安を感じている。

これは，40歳代の多くが管理職で，人事考課権があり，成果主義賃金導入によって，賃金アップへの期待感の「あらわれ」と言える。これに対して，20歳代・30歳代は，人事考課される側であり，人事考課の恣意性や評価への不安感・不満感が高く，成果主義賃金制度の導入によってより恣意性が高まると考えている。いわば，一般的な成果・能力による評価への賛成と実際の導入への期待となると「評価する側」と「評価される側」によって差異が生じることが理解できる。すなわち，一般的な感覚として「能力主義であるべきだ」という意識は，20歳代・30歳代も高いが，実質，導入前には，それは逆転現象を生じ，人事考課される側に不安が強まる傾向にある。また，50歳代は年金受給年齢を前にして人員削減の対象となるとの意識があるだけに，期待よりも不安が強いことがわかる。

50歳代・40歳代では，意識的な企業からの企業内クラブ活動の推進や飲み会など様々な人間関係諸活動による取り組みによって，仲間意識的な企業内「共同体」意識が醸成されてきた。50歳代・40歳代では，企業の成長期の採用グループであり，人数も多かった。また，50歳代・40歳代は，好景気を背景とした労働力不足から賃金的インセンティブ以外の方法によって従業員を企業内部に確保しておく必要もあり，企業側によって人間関係諸活動が奨励され意識的に企業内「共同体」が形成されたと言える。これに対して20歳代・30歳代は，平成不況後の採用であるため人数も少なく，かつ外部労働市場から容易に人材を中途採用できるため企業側も意識的に企業内「共同体」の形成・維持をおこなってこなかった。また，40歳代・50歳代の層が高卒熟練労働者層であったのに対して，20歳代・30歳代が大卒・技術開発者層であり，かつ仲間意識に関する世代意識もかなり異なっている。結果，20歳代・30歳代には企業内「共同体」が形成されておらず，また，上の年代（40・50歳代）の企業内「共同体」に所属しようとしない。これに対して，40歳代，50歳代では，旧来からの同世代の

企業内「共同体」に所属してきたが,それが成果主義の導入による給与の引き下げ等により,自主退職者が増え,旧来の企業内「共同体」が縮小しつつある。

③　成果主義導入による従業員階層別企業内「共同体」変容仮説検証

八王子工場・名張工場の技術者(大卒),八王子工場の製造・品証・サービス担当者(大卒)では成果主義のほうが良いと考える割合が多く,9割が賛成している。大卒ホワイトカラー技術者の20・30代層には成果主義のほうが良いという考えが主軸を占めている。これに対して,堺工場の技術者は,成果主義のほうが良いと答えたのが5割にとどまった。さらに,堺工場の製造・品証・サービス担当者で24%が年功賃金のほうが良いと答え,47%が成果主義賃金のほうが良いと回答している。名張工場の製造・品証・サービス担当者では,反対に,40%が年功賃金のほうが良いと答え,20%しか成果主義賃金方が良いという回答がなかった。営業担当者では,50%が成果主義賃金のほうが良いと回答し,年功賃金のほうが良いが18%であった。各工場・事務スタッフは,年功賃金のほうが良いと答える比率が比較的高かった。

次に,前述したアンケート調査と後述するヒアリング調査の両方から成果主義導入への受け止め方の両方から従業員階層別に企業内「共同体」への意識について見てみたい。

ⓐ　大卒ホワイトカラー技術者層(技術開発者)とブルーカラー熟練技能者

工場労働者層においては,名張工場・八王子工場のCAD,CAM[5]などを扱い大卒ホワイトカラー技術者層(技術開発者)と堺のブルーカラー熟練技能者(製造・品証・サービス担当者)の間には企業内「共同体」への所属意識に差異がある。

この成果主義に対する「意識」の差異は,労働市場性が高く新鋭の工場で働くCAD,CAMなどで設計をおこなう大卒ホワイトカラー技術者層に「成果主義」への期待感が強く,同時に,企業内「共同体」意識が希薄であり,旧来型の企業内「共同体」に所属していない。反対に,旧来型の工場であり,今後,縮小・移転が考えられる堺工場の熟練技能者層に年功賃金のほうが良いとする

「意識」が強くかつ従来からの企業内「共同体」の保持と強い連帯意識を保有している。これは，CAD，CAMを使うホワイトカラー設計技術者は，労働市場の流動性もあり，それだけに労働市場でも給与も高い水準にある。それを，設計技術者は，特に大学の同窓会等で知り，高賃金への期待から「成果主義賃金制度」導入への期待となっており，共同性より競争重視の意識となり，企業内「共同体」の解体を早める要因となっている。

これに対して，特に堺工場は，O社の中期事業計画の中で，名張への縮小・移転や第一棟の熟練技能者中心とする業務の外注化が検討されており，50歳代の旧来型のブルーカラー熟練技能者を中心として「成果主義賃金制度」への不安感と企業内「共同体」の解体への否定的意識が強いことが垣間見られる。

ⓑ **規格生産担当半熟練技能者**

また，名張工場では，規格品という量産品を製造しており，将来，中国での生産が考えられている。労働内容も半熟練的内容となっている。そのためO社の中で年功賃金のほうの支持が一番高い結果となっている。そして，O社のアンケート調査における最大の不満項目が賃金であった（「不満である」と回答する人が78％もいる）。特に部門別には，名張工場の製造・品証・サービス担当者（ブルーカラー半熟練労働者）の90％が不満を抱いている。不満数値が一番高い名張工場の製造・品証・サービス担当者は，中国への移転を迫られる一方で，ISOの導入などによって品質管理がより厳しい要求されており，人不足と改善改革活動による長時間残業とあいまって，仕事の過重と評価への不信感から「年功賃金のほうが良い」と回答しながら，賃金は仕事に比較して，他社とよりも安いと不満を抱いている。名張工場には，地元出身者を中心として企業内「共同体」は形成されているが，堺工場のような歴史と強固な連帯意識は無い。堺工場の共同体がクラフトユニオン的な技能者を核とした共同体であるとすれば，名張工場は，ISO活動や5S活動による企業側から形成された企業社会的な企業内「共同体」であると言える。堺工場の熟練技能者は，年功序列意識と同時に熟練技能者としての能力主義意識も有しているのに対して，名張工場の半熟練技能者は，会社から離れて独立して技能者とは独り立ちできないため，

年功賃金意識がより強いが，反面，企業によって形成された企業内「共同体」であるためそれを従業員側から積極的に維持・継続していくことへの意識は乏しい。結果，名張工場では，企業内「共同体」は解体しつつある。

　ⓒ　営業職

　このような工場労働者に対して，事務・経理・営業などの事務スタッフや営業職ではどうであろうか。

　まず，O社の営業職は，担当売上高が数値であらわされやすく，成果が反映され易い職種であるにもかかわらず，成果主義のほうが良いとする意見が50％であった。これは，開発製造中心の企業であり，営業サイドの意見が製品に反映されず，製造サイドが開発した製品を売らざるをえないと言うこの企業の性格から，個人の営業能力だけでは成果を出しにくいという限界性から成果主義支持が半数にとどまったという点がある。また，このような企業の特色から競争意識の高い営業マンが離職し，社長中心とした経営家族主義的社風に適応した営業マンだけが残ったという経緯がある。営業事務職では，年齢層の高い50歳代では共にお酒を飲みに行く（ノミニケーション）ことを通しての企業内「共同体」意識が高かめたが，現在はその意識も低下し，あまりにお酒を飲みにも行かなくなったとしている。

　ⓓ　事務・経理・営業などの事務スタッフ

　事務・経理・営業などの事務スタッフは，営業と異なり，業績が数値化しにくいため，成果主義導入よりも年功賃金を望む意識が高い。特に，事務・経理・営業などの女性従業員は，成果主義に懐疑的でこれまでの年功的賃金のほうが望む声が高かった。アンケート調査でも，26％が年功賃金のほうが良いと回答している。これに対して，同じ事務・経理・営業などの事務スタッフの男性従業員，特にその中でも管理職は，人事，資金，財務などの経営トップの補佐業務を担当しており，経営者，特に近代化を推進する専務（社長の息子）と同じ意識共有しており，成果主義への期待が高い。次期社長である専務を核とする企業内「共同体」が，事務・経理・営業などの事務スタッフの男性従業員によって形成されている。

(2) ヒアリング調査と企業内「共同体」の変容

ヒアリング調査は，2002年の8月から9月にかけて，O社を対象としておこなったものである。ヒアリング対象者は，大阪営業部課長クラス3名，東京営業部課長クラス3名，堺工場5名，名張工場5名の16名に及んでいる。

① O社の学閥「共同体」

O社では，社長がA大出身であるため創業時から社長の出身ゼミの後輩等を積極的に技術開発者として採用してきた経緯がある。その結果，社長を核としたA大出身者を中心としたA大閥が形成されている。A大出身者は，社長，現名張工場長，現八王子工場長，旧堺工場長など主要技術系役員を独占している。A大出身者がO社の役員層の多数のメンバーとなると同時に，A大出身役員層が非役員のA大出身管理職グループを統制することで，学閥「共同体」が形成されている。A大学閥「共同体」は，理工系出身者ばかりであり，社長の研究開発の夢を具現化する母体ともなってきた。A大閥「共同体」の性格は，他大学出身者への排他性と同じ大学出身同士の競争序列意識にある。そのため，同じA大出身者で競争から落ちこぼれたと見なされる場合，極端に低い評価が与えられ，そのレッテルが退職までつきまとうこととなっている。

A大閥形成はO社の創業の経緯にも深く関わっている。戦前，A大学の航空原動学科助教授だったT氏が，戦後，航空原動学科閉鎖に伴い，民間に転進し，昭和25年に，T氏のもとにA大学のT氏のゼミの教え子が集まった会社がO社の前身であった。そして，昭和26年にT氏が退職した後，O社の現社長であるB氏が就任することになったのである。

O社をこれまで成長させてきた企業内「共同体」の核は，この学閥「共同体」と後述するブルーカラー熟練労働者によるクラフトユニオン的企業内「共同体」の連結によって達成されてきたと言っても過言ではない。すなわち，A大出身の技術開発者層が研究開発した製品を，高度な熟練を持つ熟練技能労働者が製造してゆく協業関係によって，O社は成長してきたのである。A大出身者の技術開発者の持つ開発力と長年鍛錬によって形成された熟練技能者の熟練技能という相互能力への信頼性と創造性によって，O社の企業内「共同体」は

異なる層でありながら，共同性を保持してきた。

そうしたA大学閥「共同体」も，O社の経営不振にともなって，偏差値の高いA大からの採用が困難になるとともに，成果主義人事の導入による能力主義化によって，A大以外の大学出身者の役員や管理職への登用が進み，A大学閥企業内「共同体」も半崩壊しつつある。

② 近代派「共同体」

前述したA大学閥「共同体」やクラフトユニオン型「共同体」などの研究開発製造志向型の企業内「共同体」に対して，二代目の専務を中心とした計数統制型志向のグループが存在する。計数統制型志向のグループは，非A大卒の文系の営業，事務担当の管理職を中心としている。A大学閥「共同体」が理系で，A大卒以外の大卒に対して排他的である傾向に反発して，二代目の専務を中心に，経営の近代化を支持するグループとして「まとまり」を持ち，研究会や学習会，飲み会などを頻繁におこなっている。

③ O社のクラフト「共同体」

ここではO社の「棟共同体」の形成を堺工場の第1棟に勤務するAさん（55歳）のヒアリング調査から見てみたい。Dさんは，O社の内部養成によって育成された溶接熟練工である。Dさんは高校卒業後，O社に1965年に入社，現在は無い大阪工場で研修を受けた後，堺工場に配属され，一貫して溶接工・組立工として生きてきた。Aさんの独白から棟共同体形成のストーリーを見てみよう。

入社当時のO社は，技能者養成に力を入れており，溶接工としての資格取得なども奨励し，大切にしてくれました。そして，O社の棟の仲間（棟共同体）をつくったのは，野球部です。本社の関係からなにわ地区の社会人野球連盟に加入し，会社対抗で野球の試合をおこなうほか会社内でも職場対抗で野球の試合をしました。試合後は，飲み会で，今から思えば高度経済成長を背景として古き良き「仲間（共同体）意識」の時代でしたね。この野球部を核とする棟の仲間づくり（共同体意識）で培った信頼関係は現在も継続し，第一棟の団結力

の基盤となっています。第一棟の仕事は，一点ものと呼ばれる大きな機器の受注生産品で熟練技能者の技を必要とする職場です。それだけに，溶接でつくり，機械で削り，組み立て，検査という工程における「協働性」といった横との連携やコミュニケーションや「あうん（阿吽）」の呼吸が必要で，その基礎が野球部で培われた仲間意識（共同性意識）ですね。創業期ですから社長も，芦屋の家に食事会としてよんでもらい，奥様の手料理を頂いたりして，本当に家族のような関係でやってきました。その食事会は今でも続いていますが，80歳になる奥様の手料理をよばれるのはちょっと悪い気がしますねん。家からの帰りには奥様がタクシー代までだしていただいて，ほんま感謝しています。

その後の野球部を基礎とした仲間づくりは今の40歳代までです。その理由は，第一棟をはじめとした熟練技能者の老齢化が進み，その後，後継者となる人材を会社が入れなかったからです。いったい会社はこの第一棟をどう考えているのでしょうかね。まあ，若手がおらんので，野球部は，自然，解散となり残念なことです。

私は若い頃から祭りが好きで，最近，また地域の祭りの寄り合いやらに積極的に参加するようになっています。最近じゃ，生きがいが，そっちになっていますね。

Dさんが独白した棟共同体も，堺工場の名張への移転・集約計画の中で崩壊しつつある。堺から名張に移転するのであれば，歳だし，会社の状況も良くないので身を引くという形で離職者があいついでいる。また，O社は堺工場の第一棟以外でも，社長の家父長的なキャラクターとあいまって，経営家族主義的色彩の強い企業内共同体を形成してきたが，それが今日の経営近代化とそれに付随する成果主義賃金制度によってかわりつつある。

④　共同体から取り残された世代

次に，③の棟共同体に代表される50歳代・40歳代の若い時代，野球部などを通して，共同体を形成しえた世代と，反対に，30歳代・20歳代は採用人数も減少し，共同体が形成できず，3人から4人の趣味を同じくする職場の仲間が集

まって，会社とは関係なく「魚釣り」などの社交体を形成している。そんな世代の代表として，堺工場のEさん（39歳）はヒアリング調査からそんな世代の考えをみてみよう。

　私はH工業大学を卒業後，O社に入社しました。そして，技術開発関係の仕事をずっとやってきました。O社に不満は賃金が他社に勤める同世代よりも低いことです。また，現場のブルーカラー労働者と我々のようなホワイトカラーが単線型の賃金構造になっているのが納得いきません。また，同じユーザーから仕事を受けた場合でも，現場の作業者には残業手当をつけるのに，我々，技術開発者には残業手当をつけないというのは不公平です。できたら，職種ごとに賃金体系をわけてほしいです。
　我々の世代は人数が少ないですから，2人から3人で趣味が同じ仲間が集まって，車であそんだり，釣りにいったりするぐらいですね。あまり，上の世代とはつきあいがありません。50歳代の上司とは一般的に話があいませんね。20歳代，30歳代で転職がこの会社多いんですが，その理由として，上司と意見があわないというのがあります。50歳代の上司と20歳代，30歳代の部下の方針がぶつかって離職というのも多いですね。
　それに，この会社では配置転換で他部署や他地域に移されそうになって退職する人も多いですね。私の場合も，八王子から配置転換されて，堺工場で一人ですね。ですから，やる気が持てませんよ。

　Eさんの意見の中に，ホワイトカラーとブルーカラー労働者の処遇を別にしてほしいとの意見が見られたのは興味深かった。遠藤公嗣氏は，人事査定制度の導入にあたって，労働組合が反対しなかった一つの理由として，ブルーカラー労働者とホワイトカラー労働者の処遇を企業内で平等にするという強い要求の実現があったと指摘している[6]。Eさんの意見は，ホワイトカラーとブルーカラー労働者の共同性の基礎であるシングルステータス（同一処遇）を戦前の形に戻る発想である。このような意見があらわれたのは，不況と人員構成上，

上の世代が多いため、昇進・昇格が進まず、大卒なのに、高卒並みの「賃金」であるという不満が、ブルーカラー労働者の処遇と同じという点にむかったと考えられる。このようなEさんのような意識も、企業が成果主義賃金制度を導入する基礎としている点でもある。結果、会社への貢献度によって、賃金の処遇が決定されるため、必要とされるCADなどを使うEさんのようなホワイトカラーの技術者の賃金は引き上げられ、熟練技能者であるブルーカラー労働者であるDさんの賃金は引き下げられる形となる。Eさんが主張した賃金の複線化ははかられないが、成果主義賃金制度の導入を通して、職務による賃金格差が拡大することになる。

　このようなヒアリング調査が示唆する企業内「共同体」の変容の一つの特徴は、旧来の「クラフトユニオン的共同体」が50歳代から40歳台の熟練労働者である従業員に形成されているが、30歳代・20歳代の中堅・若手従業員層には形成されず、かつ上の世代の「クラフトユニオン的共同体」に若手が所属していないため、50歳代から40歳台の熟練労働者の従業員が定年・早期退職や成果主義人事（中核的には賃金）制度の段階的導入を通して、「クラフトユニオン的共同体」が徐々に崩壊していっているということである。

(3) 小　　結

　成果主義導入による企業内「共同体」の半崩壊パターンについて見てきた。このパターンは、戦後日本の経済発展を支えてきた製造企業や経営者の世代交代に見られる一つの一般的パターンではないかと考えている。それは、戦後、日本の製造企業の創業者となる社長が「ものづくり」を行う上で、熟練労働者の獲得・定着が困難であったため、熟練労働者の獲得・定着のために終身雇用・年功序列を基礎とした「クラフトユニオン的共同体」を積極的に形成し、今の50歳代・40歳代後半の熟練労働の従業員の内部への抱え込みをおこなってきた。熟練労働者の従業員も労働組合の職場組織などに結集し、自らの諸権利の向上のために「クラフトユニオン的共同体」を強化してゆくこととなった。それが次第に、生産の自動化の進展、生産の外注化、更に海外生産へと進み、

日本における熟練労働者の内部への抱え込みが不必要となると同時に，企業の成長期に採用した50歳代・40歳代後半の従業員全体に占める高比率と人件費の拡大が経営を圧迫することとなった。また，一方で，若手の20歳代・30歳代が人件費面からあまり採用できず，20歳代・30歳代の熟練労働者としての育成が進まず，かつ若手の20歳代・30歳代の意識の変容がすすむ結果，「クラフトユニオン的共同体」に若手の20歳代・30歳代が所属せず，企業内の「クラフトユニオン的共同体」を継承する層が存在しなくなった。また，創業社長から二代目の後継者への経営の移行期となり，二代目経営者による50歳代から40歳代の従業員の早期退職勧奨と成果主義人事（中核的には賃金）制度の段階的導入やリストラによる海外への工場移転等による「（クラフトユニオン的）共同体」の解体と経営家族主義の脱却が進むこととなるのである。

　中堅企業が経営者の世代交代（多くは父子相続）を通して，「経営家族主義」からアメリカ的な「成果主義」へドラスティックに変貌する場合に，企業内の「クラフトユニオン的共同体」等の崩壊への過渡期として，この半崩壊状況がおこると考えられる。

　また，O社の企業内「共同体」を中久郎氏の分類をもとに類型化してみると，O社を創業時から引っ張ってきたA大学閥企業内「共同体」や「クラフト的共同体」は，「共続感情」や「われわれ感情」に帰せられる「合意態」である。そして，このような「合意態」が成果主義による解体と同時に形成されてきたのが，共同の利害関心を集合的・包括的に充足しあう近代派「共同体」である。近代派「共同体」が「同意態」と位置づけることができよう。そして，A大学閥企業内「共同体」や「クラフト的共同体」，近代派「共同体」にも包摂されない若い従業員層は，数名の同好の趣味でのグループを形成しており，「社交態」と位置づけることができる[7]。

　O社の実態調査を通してわかることは，日本企業の企業内「共同体」は，企業側から意図的に人間関係諸活動を通して，企業の社会的統合強化，労働者統括や熟練労働者の確保を目的として構築されながらも，その構造は，社長のカリスマ的統合を核としながらも，A大学閥企業内「共同体」やクラフト的「共

同体」など多様な性格の集団の集まりとして成立している点がある。そして，成果主義導入を通して，企業内「共同体」を構成してきたA大学閥企業内「共同体」や「クラフト的共同体」が変容・縮小し，その従業員集団への社会的規制力を弱め，近代派「共同体」や数名の同好の趣味でのグループが中心となりつつあると位置づけできよう。

(注)
(1) M. Weber, "Religionssoziologie", *WirtschaftundGesellshaft,* 5Aufl., 1976.（武藤一雄ほか訳『宗教社会学』創文社，1976年）
(2) 原田保『場と関係の経営学──組織と人材のパワー研究』白桃書房，2001年，136ページ。
(3) 森本隆男編『現代の人材開発』税務経理協会，1998年。
(4) ISO（International Organization for Standardization）とは，スイス・ジュネーブに本部を置く非政府組織の国際機関でかつ国際連合の諮問機関の定める国際規格のこと。1947年に発足し，現在は世界138カ国以上が参加し，工業製品からサービスに至る様々な国際規格を決めている。認証をうけるには，企業が「品質保証体制」を構築することにより，品質レベル向上，業務革新の推進によって企業の優位性を確保することが必要である。
(5) コンピュータを使ってデザインや設計図をつくるCAD（Computer Aided Design），CAMは，機械などでの製図に用いられている。
(6) 遠藤公嗣『日本の人事査定』ミネルヴァ書房，1999年，132ページ。
(7) 中久郎『共同性の社会理論』世界思想社，1991年，44ページから45ページ。

第5章　成果主義導入と企業内「共同体」の全崩壊とその特徴

　次に，成果主義導入による企業内「共同体」の全崩壊について明らかにすることにしたい。成果主義導入によって，外資系に買収された証券大企業・生命保険大企業や合併を余儀なくされた総合商社などでは，主たる従業員は，営業職であり，個別業績管理が容易であり，管理・事務スタッフも含めた形でのアメリカ的なHRM（人的資源管理）に基づく成果主義人事（中核には賃金）制度もしくは日本型成果主義制度の導入がはかられ，個々人に定められた目標達成のみに従業員は専心し，企業内「（男性ホワイトカラー）共同体」は解体される方向にむかっている。また，企業内「共同体」の崩壊事例としては，外資系企業によって買収や多額の有利子負債を抱え，銀行や政府の圧力によって，大きな「人員削減」リストラをおこなわざるをえなかった総合商社などの大企業では，アメリカ的なHRM（人的資源管理）を組みかえた日本型成果主義人事（中核には賃金）制度を導入することで，それまで存在してきた企業内「共同体」が崩壊する事例がある。
　ここでは，総合商社を調査対象として，大規模リストラによる企業内「共同体」の全崩壊の調査について論述することにしたい。総合商社に関しては，総合商社上位8社（三井物産，三菱商事，住友物産，トーメン，ニチメン，日商岩井，丸紅，伊藤忠商事）を対象としたい。そして，その中でも，特に人員削減リストラの激しく，その後，ニチメンと合併する運命にあった日商岩井を中心として分析をおこないたい。

1 総合商社の成果主義賃金導入と人員削減「合理化」

(1) 総合商社における人員削減「合理化」

　バブル経済の崩壊と総合商社の機能低下を背景として，総合商社では，人員削減「合理化」と成果主義人事の導入がはかられている。

　人員削減「合理化」は，中高年の従業員を対象とした早期退職制度と出向・転籍制度として現れている。早期退職制度は，自主志願を原則としているものの経営側によって目標削減総数が決定され，それを労働組合はつきつけられることとなった[1]。このような人員削減を目的とした人事制度に対して，もはや充分な抵抗を労働組合が行なえないケースのほうが多い。例外的に，三井物産では，従業員が支店ごとに，新人事制度導入への意義申し立ての署名運動をおこない，その署名を受理した組合が議論のすえ総意とするような事例もあったが，それは例外的な事例である。その場合でも，新人事管理制度そのものをはねかえすだけの力は有していないし，会社側からの巻き返しがおこっている。

　ただ，総合商社の労働組合の場合，経営者側も，労働者がホワイトカラーで「裁量労働」に依拠するだけに，労働者のモチベーションの維持を配慮して，人員削減も新人事制度導入もできるだけ労働者が経営状況からその理由を合理的に納得できるように説明している。この点は，他の日本製造大企業とは異なる点である。

　総合商社の労働組合が，人員削減や新人事制度導入に反対できない労働組合に変質したのは，経営者側の労使関係管理によるところが大きい。経営者側の労使関係管理は，管理者によって職場レベルの組合役員選挙から干渉をおこない企業の「労使協調路線」を支持する役員を選出するようにしむけているのである。総合商社の労働組合の専従役員が管理職前の従業員から選出されており，役員（幹部）候補生として，労使交渉を通して経営の主要な問題や経営分析を学び，かつ鍛えられる経験の場となっている。その結果，労働組合の専従役員は，総合商社の経営に最も精通することになり，能力も向上し，自然と役

員への出世コースにのる形となる。

(2) 総合商社への成果主義人事制度導入

また，1990年代から2000年にかけての総合商社の成果主義人事導入としては，資格制度の改編による職務給制度や職群制度の導入などがあげられる。

例えば，1997年4月より，ニチメンや日商岩井では，新たに職務給を導入し，それまでの資格給制度を一新し，職務給と資格給の二本立てによる賃金体系を構築した。この新賃金制度の狙いは，会社の恣意的な職務のランキングづけによって，個々の従業員の賃金格差を拡大し，総人件費の削減と能力主義管理の強化をはかるものである。職務給の評価は，職務を通して会社にどれだけ貢献したか，会社にどれだけの利益を与えたのかを査定するものである。それは，職務評価という客観的基準によって隠蔽されているが，内実は会社側の恣意的判断が混入している。そして，ニチメンでは，男女雇用機会均等法の改定や男女差別賃金に対する訴訟の増大に対応して，職務給の導入を機会に，前述したような批判のあったコース別雇用管理制度を廃止し，コースの一本化を図っている[2]。

また，三井物産の職群制度は，現在担当している職務の重要性によって5つの職群によって区分し，処遇を決定することを基本としている。職群制度の狙いは，それまでの人事制度のような年功的要素を排除し，現在，担当している職務の重要性と発揮される能力の顕在性によってのみ決定していこうとするものである。

日商岩井でも，1999年，資格等級制度を廃止し，「期待役割・期待成果」に基づく職群制に移行している。そして，従業員に対する評価を「成果評価」に一本化し，新たに目標管理制度を導入している。この職群制度のコアとなるものが年俸制度である。年俸は，職群を基準とする基本年俸と成果年俸ができている。基本年俸は，これまでの月給にあたる部分で比較的安定的に支給されるが，成果年俸はその年の成果によって毎年，大きく変動することになる。成果年俸の支給額は，最低0円から標準年俸の2倍まで設定されている。同年齢，

同職群であっても,成果の差異によって,数百万円の差が生まれることになった[3]。

職務給や職群給制度のこれまでの人事管理制度(職能資格制度)との大きな違いは,給与の固定部分(基本給)が年功的要因を加味して決定されてきたものを,職群(職務の重要性)によってのみ決定しようとしている点にある。この「職群制度」では,担当の職務の価値によって「職群」が決定され,所属する「職群」内で発揮された能力・成果によって個人の処遇が決定されるのである。このような総合商社の成果主義賃金制度は,単なる給付水準の変更ではなく,賃金システムの全面的な改革であった。

それは,賃金支給の対象を「勤続年数等の俗人的要素」から担当している「職務(職群)」に切り替えることで,制度的に勤続年数を無視して担当している「職務」によって,給与を引き上げたり,引き下げたり自由にできるようになったからである。すなわち,勤続年数の長い中高年従業員をその担当している職務の価値が低いといって引き下げることもできれば,勤続年数の短い若い従業員の担当している職務の価値が高いといって大きく引き上げることも制度上,可能となったのである。

このような総合商社に導入された「職務給」や「職群制度」は,それまでの「年功格差」から「職務別格差」への地殻変動であった。実際,企業側からその職務(職群)の重要度が低いと判定された職群の労働者は,これまで積み上げてきた年功による賃金の積み上げが無視され,大幅な賃金の引き下げを受けることとなった。この企業側からの「職務の重要度」の客観性が,欧米的な職務分析によってなされるものでなく,企業側による一方的な判定によるものであり,そこに恣意的な尺度が入ることが充分に入るものであった。

そして,職群制度導入の会社側の最大の目的は,固定化されてきた人件費を,営業利益や売上高に応じて自由に変更することができるようになる点にある。これによって,経営者側は,総人件費の管理を営業利益の変動に応じて,自由に変動させることが可能になったと言える。

総合商社の成果主義人事制度は,欧米のコンサルティンググループが構築し

たものであり，第1部で述べた日本型成果主義と位置づけることが出来る。

(3) カンパニー制度・持ち株会社化と成果主義人事制度

また，前述した日商岩井の1999年に管理職に2001年には一般社員にも導入された新人事制度は，カンパニー制，そして，その後の持ち株会社化を睨んで導入されたものであった。そして，日商岩井は，持ち株会社化以降，ニチメンと合併し，双日となったのである。企業内「共同体」崩壊型の成果主義人事制度導入された大企業の多くが，この持ち株会社化のパターンが多い。

独占禁止法の改正による持ち株会社化も，人員削減「リストラ」とともに，企業内「共同体」の崩壊・解体の媒介要因といえる。持ち株会社化は，各事業部が持ち株会社化されることによって，事業部会社単位での他社への売却や他社の事業部会社との合併が可能になり，事業のリストラクチュアリング（再構築）を容易にした。その反面，持ち株会社化は，第一に，従業員にとって，事業会社単位で分断化され，経営トップの判断でライバル会社に売却されたり，合併させられることとなり，企業への凝集性や統合性が弱まり，企業内「共同体」を解体させる方向に働くこととなる。また，持ち株会社化は，第二に，事業会社単位で，事業会社の収益の差によって大きな給与格差が生じる可能性があり，そのなった場合，同一企業という事での同質的・同調性をはかることで凝集性を保持してきた会社組織や企業内「共同体」が，事業会社ごとにバラバラになる可能性がある。実際，この点は，日商岩井の成果主義人事制度の場合，持ち株会社後，従業員は日商岩井から各事業会社に転籍し，その後，各事業会社の業績をより強く反映した賞与決定システムになるとともに，月例給に関しても，各事業会社の業績と事業特性に応じて決定されるようになっている[4]。

このように，カンパニー制度から持ち株会社制度への移行にともなう成果主義人事制度の変化を見ると，同一企業として，従来，統一的同じ制度が適用されてきたものが，採用，賃金といった成果主義人事制度の中核をなすものが，個別事業会社単位で変更される形となり，企業グループ全体として共通的に残

される人事制度は，福利厚生制度などに限定されることになるのである。

(4) 公募型異動プログラムへの移行

　総合商社では，「年功賃金制度」や子会社や関連会社に出向することで部分的に守られてきた「終身雇用制度」やそれに支えられてきた企業内「共同体」が崩壊し，それに変わるモチベーション等を維持するシステムが必要となってきている。その一つの手段が，前述した「成果主義」であるが，企業内の生き残り競争を激化させ，賃金によるインセンティブだけでは，社会的統合を維持・向上することは難しい。また，配属された部署の運・不運によって「成果」が決まる要素があるため，企業内の異動を本人の意思と能力にまかせる自由度を保証しなければ，収入格差に対する不満が生じることとなる。その結果，生まれてきているのが，若手抜擢人事や組織のフラット化などの動きと若手男性社員・中堅男性社員への公募型異動プログラムである。

　1990年代後半以降，総合商社各社では，大幅な人員削減「合理化」によって，役員以外の50代以上の社員を早期退職や子会社・関連会社に出向・転籍し，40代・30代が主力となっている。総合商社では，これらの40代・30代の社員に，「年功賃金」と「終身雇用」の保証をせずに高いモチベーションを維持・向上させるために，組織改革によって組織のフラット化や抜擢人事をおこない，大きな自由裁量を与えると共に，組織の風通しを良くして各部署内の情報開示をすすめている。

　そして，もう一つの動きが，企業内公募制度である。総合商社各社では，各種の企業内公募制度を設立している。三菱商事では，電子掲示板を利用した「チャレンジ・ポスト制度」と「ジョブ・リクエスト制度」おこなっている。「チャレンジポスト制度」は，1985年にできたもので，求人型の公募制度である。そして，1990年代以降，総合商社各社に成果主義と連動して広がってきたのが，社員の求職型の公募制度である。三菱商事では，1994年に求職型公募制度である「ジョブリクエスト制度」を設立している[5]。

　三井物産でも，1999年10月から社内のコンピュータ・ネットワークを利用し

た社内組織が人材を求める「社内求人」と社員が異動希望の「社内求職」をする「人事ブリテンボード（掲示板）制」を実施している[6]。この三井物産の「社内求職」では，部門・本部が新規事業を始める際などに，必要な能力や適性を持つ人材をネット上で公募するものである。また，「社内求職」は，入社4年目以降の社員に資格があり，毎年一回，自分の能力を生かせる部署や子会社・関連会社への異動の希望をだすものである。希望する部署や子会社・関連会社と希望する社員のニーズが合致すれば，これまで働いていたしがらみに捕らわれず異動が可能になる。これまで，鉄鋼部門に配属された社員は，ずっと定年まで鉄鋼部門でキャリアを形成してきたが，これからはより成果のあがりやすい部門へ能力を認められさえすれば，鉄鋼部門の社員も異動が可能になるというものであり，画期的な改革と言える。

住友商事でも，1999年7月，「社内求人制度」のポストチャレンジ制度と「社内求職制度」としての課長級向けのフリーエージェント（FA）制度と若手社員向けのキャリアチャレンジ制度を導入している。

このような公募型異動制度の問題は，第1に，新規開拓分野などの「利益があがりやすい部門」と産業構造的に「利益があがりにくい部門（例えば繊維部門等）」との間に，人材の偏りが生まれる可能性があるという点である。もし，優秀な人材が，「利益のあがりやすい部門」に集中し，「利益の構造的にあがりにくい部門」からは，優秀な人材が流出することになるという問題が生じることになる。第2に，優秀な人材の異動は，同時に，優秀でないと烙印を各部門で押された従業員の居場所を失わせ，敗者復活の機会を喪失させることになりかねない。いわば，総合商社が，余裕のない会社となり，スタンダードとはいえないがユニークな発想をする社員の居場所を失ってしまう可能性がある。短期的には優秀（すぐに企業に利益をもたらす発想と行動）とは言えないが，長期的には，ユニークな新しいビジネスを生み出すような社員が，総合商社にはこれまでたくさんおり，そのような人材が，環境や風力発電といった今日の総合商社の利益の一翼を担うビジネスを育ててきたのである。

(5) 総合商社の従業員数の変化

次に，総合商社の大規模従業員削減「リストラ」の実態について見ることにしたい。

9大総合商社の従業員総数は，各社とも1975年前後に最大規模に達する。その後，各社とも減少局面を迎えている。1990年代に入り，わずかな上昇が見られたもののまた減少に転じている。総合商社の従業員総数は，日本経済の景気変動に連動するように，その総数を変化させている。

1999年度から2003年度にかけての総合商社の全従業員数の変化を見ると，9大総合商社ともに，著しく減少している。三菱商事が，1999年度の7,982人から2003年度には5,852人，三井物産が，1999年度の7,354人から2003年度には6,264人，住友商事は，関連企業を含めた連結ベースで2000年度の33,067人から2003年度には31,589人になっている。また，丸紅が，関連企業を含めた連結ベースで2000年度の31,342人から2003年度には24,829人に激減している。伊藤忠商事は，関連企業を含めた連結ベースで2000年度の40,683人から2003年度には39,109人に減少している。ニチメンが，1999年度の1,816人から2003年度には909人，トーメンが，1999年度の2,397人から2003年度には693人に，日商岩井は，関連企業を含めた連結ベースで2000年度の18,446人から2003年度には11,597人になっている[7]。

次に，男女別に従業員数の変化について見ることにしたい。男性従業員数は，1980年代前半に最大規模に達し，その後，横ばい状態となり，1990年代前半には増大している。これに対して女性従業員数は，1975年前後まで，増大したが，その後，一貫してその絶対数と比率を減少させている[8]。90年代前半では，男性従業員数は増加するのに対して，女性従業員数は，横ばい状態となっている。そして，90年代後半には，男女従業員数ともに，著しく減少するに至っている。特に，トーメンでは，94年の従業員数を100とした場合，98年には男性従業員数で22.3％，女性従業員数で23.7％も減少している。また，男女社員比率も，94年から98年かけて，女性の社員比率が，2％程度低下している。

90年代の女性従業員数の減少は，OAをはじめとした機器の導入と組織改革

による分社化・組織の削減によって行なわれ，残存された女性労従業員に対する仕事量の増大による労働強化として現れた。

次に，総合商社の国内地域別労働力推移について見ることにしたい。1970年代から1990年代の総合商社の国内労働力推移の特徴を見ると，大阪本社の人員数の大幅な減少に比して，東京本社の人員数が著しく増大している。これは，大阪の本社機能が形骸化し，実質的な権限が東京本社に集中するとともに，管理機能の大半が東京本社に集まっていることを意味している[9]。

(6) 総合商社の女性労働の変化

総合商社では，多くの日本大企業と同じく，一般事務労働は，女性労働者によって担われている。そこで，総合商社の一般事務労働の変化を通して，総合商社の女性労働の変化について言及することとしたい。

総合商社の一般事務労働は，コンピュータの導入・展開により，注文の発注や財務管理のマニュアル化がすすみ，判断労働がなくなり，より労働の無内容化が進んでゆく。その結果，新卒の女性労働者の採用数が削減され，労働力の省力化がすすみ，一般事務労働者数が削減されるとともに，さらに一般事務労働以外の労働までもが一般事務労働を担ってきた女性労働者に担わされ，女性労働者のひとりひとりの労働強化が図られた[10]。

また，前述したように総合商社の女性労働は，コース別雇用管理の導入以来，より厳しさを増している。例えば，ほとんどが男性社員によって構成される一般職コースの賃金とほとんど女性社員によって構成される事務職コースの同年齢の賃金を比較すると，コース別雇用管理導入以前よりもその差が大きくなっている。更に，一般職コースと事務職コースの賃金格差は，年齢・職位が高くなるほど大きく開く形となっている。

例えば，ニチメンにおいて，同年齢のほとんどが男性によって構成される一般職とほとんどが女性によって構成される事務職の賃金を比較してみると，25歳の時点では，女性事務職の賃金は男性・一般職の賃金の80％であるが，45歳，同年齢の男性・一般職と女性・事務職を比較すると，事務職の賃金は男

性・一般職の賃金のわずか52％にしか過ぎない[11]。また,「商社に働く女性の会」の調べでは,日商岩井の場合,均等法以前の1983年と均等法後の95年の比較において,男性45歳の賃金を百とした時の女性の賃金は1983年に53％であったのは,95年には51.7％にダウンしている。

しかも,総合商社の女性の担当する事務職の労働は,経験年数を経てベテランとなると多くの定型的事務労働のみならず,経営データの作成・分析,与信枠管理などの男性労働者と変わらない頭脳労働までもが担わされることとなっている[12]。

また,総合商社には,事務職から一般職への転換制度はあるが,きわめてわずかな人数しか転換できていない。例えば,三菱商事の場合,女性労働者が事務職から一般職に転換できた人数は,制度実施以来,1994年8月までで13名にすぎない。他の総合商社でも,同じような結果となっている。

また,前述したコース別雇用管理制度を廃止し,職務給制度を導入したニチメンにおいても,男女の賃金・昇格差別の構造は温存されている。ニチメンでは,コース制度を廃止したかわりに,職層資格制度を導入し,従業員を,導入層,基礎層,担当層,中核層,経営層の5層に分類している。ほとんどの女性労働者が,基礎層,担当層に固定化され,中核層,経営層は,ほとんどが男性社員によって占められている。また,ニチメンの職務評価は,属人的要素を排除するとしながらも,女性労働者の担当する職務を,その職務内容から検討をはじめず,職務分析の当初から補佐職,補助職として位置づけている。この点について,総合商社の女性は,女性のヴォランタリアソシエーションをベースに学者・弁護士を巻き込んで,総合商社の女性労働者の職務が,従来,男性がおこなってきた多くの職務を内包している現実を無視するものであると組合を通して主張している。

1990年代後半の女性労働者の大きな問題は,分社化・子会社化による出向・転籍の問題である。総合商社では,すでに論述してきたように国内レベルにおいても,地域法人化や持ち株会社制度への移行が進んでおり,女性労働者も,出向・転籍がおこなわれたり,提示されたりしている。例えば,1999年,住友

商事においても，北海道支社の地域法人化が提示され，会社側から支社閉鎖にあたり，「総合職（男性）は出向，一般職（女性）は転籍」という説明がなされた。これに対して女性従業員は，「一般職のみが転籍するのは女性差別である」，「私たちは住商の社員でいたい。まったく支社がなくなるなら，出向もしくは転勤あつかいにしてもらいたい」と会社側と団体交渉をおこない，会社側から女性に限って「退職，転勤，転籍」の三者択一の提示を勝ち取っている。そして，ここでは，女性従業員全員が，当然，「転勤扱い」を選択している。この女性従業員の労働条件の不利益変更阻止の労使交渉は，女性の企業内のヴォランタリアソシエーションを基礎とした団結力のおかげであり，総合商社の女性のヴォランタリアソシエーションの役割の大きさを示すものであった。では，なぜ，総合商社の女性従業員が，成果主義導入，転籍・出向問題に，企業内のヴォランタリアソシエーションを基礎として立ち向かえたのかについては，本書の「補章2」において詳細に検討することにしたい。

(7) 総合商社の男性ホワイトカラー労働者の労働変化

バブル経済崩壊後の1990年代，総合商社の男性ホワイトカラー労働者も，人員削減，新しい能力主義管理である成果主義管理の導入によって，より過酷な労働を強いられるようなっている。まず，新入社員の段階から新人研修期間が短縮され，即戦力となることが要求されるようになっている。また，人員の削減，部署の削減・子会社化などの「合理化」は，企業全体の人員配置の余裕をなくし，海外経験や能力育成などの余裕ある人材育成を困難にし，利益優先の労働を，男性ホワイトカラー労働者に強いる形となっている[13]。

そして，総合商社の過度の人員削減「合理化」は，経営活動にも歪みを生み出し，業務引き継ぎ期間の短縮による問題の発生や従来からあった商圏さえも充分にカバーできなくなるという問題を引き起こしている。

しかし，厳しさが増す中にあっても，ヒアリング調査においても総合商社の男性ホワイトカラー労働者は，異口同音に「総合商社の仕事はおもしろい」「仕事が好きです」という答えを返してくる。それは，総合商社の仕事が大き

な裁量を委ねられた「裁量労働制」であるからである。

(8) 総合商社の中高年管理者の労働変化

総合商社では，中高年管理労働者の比率が高い。ここでは，主として，日商岩井を事例として，総合商社の中高年者の労働変化について見ることにしたい。

1996年，日商岩井では，非管理職（課長代理以下）のホワイトカラー労働者1,662名に対して，管理職（課長以上）は2,177名となっている。その結果，日商岩井では，系統的に早期退職制度を運用し，管理職の削減を行なってきている。1981年から1994年の14年間に，1,400名が早期退職制度に追い込まれていっている。

そして，日商岩井では，1996年度から1997年度にかけて，経営者側によって，550名に及ぶ管理職の大幅人員削減目標が掲げられ，1997年には目標者数を上回る削減を達成している。さらに，1999年1月19日，日商岩井では，2001年度末までに1,000人に及ぶ人員削減計画を発表した。1,000人の削減案の中心は，管理職である。1999年に4,200人の従業員数を3,200人に圧縮する計算なので，実に4人に1人が削減されることとなるのである。

特に，削減対象とされた管理職は，営業職の管理職であった。関連会社に出向できる管理職は恵まれたほうであり，多くの管理職は，早期退職制度を自主的に選択させられ，自力で仕事を探すことを会社より求められている[14]。日商岩井の1,000人削減計画でも，約300人程度の管理職が日商岩井グループ（子会社・関連会社）において雇用切れを迎え，余剰人員の引き受けが可能となるが，残りの700人は退職を迫られることになる。

2 総合商社の成果主義導入と男性従業員を中心とした企業内「共同体」の全崩壊

ヒアリング調査によれば，総合商社では，企業側から意図的に推進する人間

関係諸活動（社内クラブ，歓迎会，懇親会等）とともに，企業内部の派閥や先輩・後輩関係などの人間関係を基盤とした学閥・派閥「共同体」を編みあわせる形でタテ・ヨコ・ナナメの人間関係的ネットワークを有する企業内「共同体」を成立・発達させることで，企業組織への凝集性を高めるとともに企業への反抗や抵抗を弱めてきたと言える。反対に，総合商社の成果主義制度や人員削減リストラでは，この企業内「共同体」におけるコミュニケーションを寸断（すなわち疎外）することによって，辞職に追い込む方向で人員削減リストラをすすめている。総合商社の男性従業員の企業内「共同体」は，「男のプライド」を認め合うという相互尊重と「できる者」同士（多くは上下関係）の「恩義と恩返しの債権・債務関係」によって成り立っており，上司から成果主義制度によって低い評価を与えられ，かつその結果，人事部から「退職勧奨」を受けるとまず，「あいつはダメな奴」との烙印を企業内「共同体」の中でも受けることになる。退職勧奨を受ける人物は，裁量労働下の目標管理において自分の掲げた目標を達成できないケースが多いので，上司の低評価，人事部の退職勧奨，そして企業内「共同体」からの疎外は，総合商社の男性従業員にとっての「心のよりどころ」を消失させ辞職を余儀なくされることとなる。このような成果主義による低評価を規定要因とし，「人員削減」リストラを媒介要因として，企業内「共同体」の構成メンバーである50代から40代後半の大半が，総合商社を退職することで，企業内「共同体」がその構成メンバーの大半を失い物理的に成立しなくなったのである。

また，「職務給」や「職群制度」などの成果主義賃金制度の総合商社への導入は，まず同じ部署であっても賃金を引き下げられる職務（職群）と賃金を引き上げられる職務（職群）を生み，同じ職場内での企業内「共同体」の解体をすすめている。特に，2003年，日商岩井では，ニチメンとの合併を前にして，ボーナスも全面カットされ，かつ月給までもが，成果主義によって，これまでの勤続年数を無視して，格差をつけられるため，「意識」面から企業内「共同体」としての凝集性が失われ，これまで新入社員から全従業員に至るまで統合されてきた企業社会的統合が解体しつつある。特に，日商岩井では，部署ごと

に利益計算をおこない，その中での人件費の分配をおこなうため，ゼロサム的に誰かの賃金アップは，だれかの賃金ダウンとなり，険悪な状況が生まれる要因となった。

また，成果主義賃金制度の導入は，収益をあげている部署と収益をあげていない部署で，大きな賃金格差を生み出すことになり，総合商社の部署間を越えた凝集性や提携が弱まり，総合商社全体の企業内「共同体」が解体されつつある。総合商社は，本来，学閥，派閥などの集団が編み合わされた企業内「共同体」を基礎とした網の目のような部署間を越えたネットワークによって，公式，非公式に情報交換や仕事が構築されてきただけに，このような部署間での大きな賃金格差による企業社会的統合の解体をどのように社会統合するかが，大きな経営課題と言えよう。

総合商社における企業内「共同体」の全崩壊は，①企業内「共同体」の核となる中高年世代が大幅な人員削減され，企業内「共同体」メンバーが大幅に減少することによって，物理的に企業内「共同体」が崩壊し，②不公平で従業員の満足できない人事評価とそれに基づく大きな賃金格差によって，「われわれ」意識・「わが社」意識が喪失され，意識面で企業内「共同体」が解体したと言える。

3　小　　　結

以上，大規模「人員削減」リストラと成果主義導入によって，男性従業員を中心とした企業内「共同体」が解体されることを確認した。このことは，日本の企業社会が男性従業員を中心に形成された男性中心社会であり，男性従業員を中心とした企業内「共同体」の解体は，企業社会の解体をも意味している。

このような企業内「共同体」の崩壊・解体は，第2章において論述したように，バブル経済崩壊以降，日本資本主義が本原的に抱える矛盾の更なる深化を深めた日本経済を，成果主義をはじめとした「アメリカ的経営方式」を促進することで産業再生を押し進め，かつ，過剰債務，過剰設備と資本の側から見た

「過剰雇用」の廃棄を国家保証・法的改正の下で遂行し，日本資本主義の危機を体制主導の構造改革で強制的に遂行しようとした点に理由がある。

　また，企業内「共同体」の崩壊もしくは解体がおこっている大企業では，企業間の吸収・合併が盛んにおこなわれている。特に，持ち株会社制度の解禁以降，各事業部が分社化され，事業子会社間の系列を超えた多くの合併がおこなわれるようになってきた。企業内「共同体」は，「わが社意識」を醸成し，企業内構成メンバーの結束を強くするものであるが，反対に，ライバル企業への敵対心や排他意識を生むものであり，企業間合併において，その残存は大きな障害となりうるものである。企業内「共同体」を残したまま合併すると，同一企業に二つの企業内「共同体」が存続し，二つの企業内「共同体」間の派閥争い的な人的抗争が残ることとなる。それだけに，厳しい成果主義導入を軸とした大幅な「人員削減」リストラによってまずそれぞれの企業内「共同体」を崩壊・解体させ，その後，企業間合併をおこなうことは，企業の社会統合をはかる上で，重要な必要性があると言える。この点を分析すると，企業内「共同体」は，企業側の必要性から間関係活動の推進が図られ意図的に構築され，企業間合併という状況においては，その不必要性から解体・崩壊させられると考えられる。

　しかし，企業内「共同体」が解体され，二つの大企業の合併後，企業の新たな社会統合がはかられない場合，合併した新会社そのものへの凝集性がなくなり，大きな人材流出がおこる場合がある。例えば，事例としてとりあげた日商岩井とニチメンの合併会社である総合商社・双日では，この2003年から2004年にかけて，約300人の若手社員が他企業に転職している。双日は2002年から希望退職を募り，同年9月末の従業員約2万1800人（連結ベース）を2004年3月末までに約1万6000人まで削減している。こうした希望退職者に一部含まれるものの35歳以下の若手社員が，1年間で約300人も自主的に辞めていくことは企業の凝集性の低下にほかならない[15]。

　また，企業内「共同体」が解体・崩壊にさらされている企業の産業群がこれまで国家の保護と統制の下におかれてきた銀行，生保，損保，証券，商社など

の産業群である点にも着目しておく必要があろう。特に，護送船団方式と呼ばれる国家の統制・保護を受けてきた銀行では，都市銀行を中心として，厳しい選別・淘汰に生き残れば，準公務員と言える「終身雇用」が約束されてきた。それだけに，銀行マンにとって，企業側が推進する人間関係者活動やそれによって生まれた社内団体等に積極的に参加することで，主体的に企業内「共同体」に参加し，企業内での人脈を広げることは，企業で選別・淘汰に生き残るためにも，昇進・昇格のために重要であった。企業側も，労使関係管理面でも，企業の機密情報の漏洩を防止する上でも，企業内「共同体」の人的ネットワークと相互監視機能が有用であったと言えよう。

(注)
(1) 総合商社では，早期退職者の拡大のために，特別年金加算制度を実施した。例えば，丸紅では，転職・退職をためらっている中・高年従業員に対して，退職後の給与補填額を25％から60％上積みすることによって退職を促進した（宮坂義一『総合商社』二期出版，1994年，132ページ)。
(2) 滝田誠一郎「企業探訪第23回—ニチメン・管理職を対象に職務給を導入—」『賃金実務』No.790，1997年4月。三井物産の職群制度に関しては，藤原隆信「三井物産株式会社の人事制度改革」『総合商社は，今』2000年2月，同「三井物産株式会社の人事制度改革：職群制度にみる賃金の時価主義化」平澤克彦・守屋貴司編著『国際人事管理の根本問題—21世紀の国際経営と人事管理の国際的新動向—』八千代出版，2001年，参照。
(3) 「岐路に立つ総合商社抜本改訂した3社の新人事制度」『労政時報』第3471号，2000年12月8日，6ページから18ページ。
(4) 笹島芳雄監修『成果主義人事・賃金Ⅳ』社会経済生産性本部生産労働情報センター，2003年，124ページ。
(5) 「三菱商事の求人型『チャンジポスト』制度と求職型『ジョブリクエスト』制度」賃金実務』1999年9月1日号，20ページから23ページ。
(6) 「異動ネットで公募，総合商社が脱・年功序列」『朝日新聞』1999年11月13日。
(7) 2003年度の3月の総合商社9社の『有価証券報告書総覧』（大蔵省印刷局）を参照。
(8) 1970年，1975年，1980年，1985年，1990年，1995年，1997年，1999年，2000年，2002年，2003年の3月の総合商社9社の『有価証券報告書総覧』（大蔵省印刷局）を参照。
(9) 例えば，住友商事を例にして見ると，大阪本社は，1980年に1,027人いた従業員数が，1999年には537人に減少している。これに対して，東京本社は，従業員数が，1980年の3,045人から1995年には3,283人に増大し，その後1999年には，人員削減で

2,793人になっている。
(10) 総合商社の女性労働者に対する「聞き取り調査」による。
(11) 陳暁春「総合商社のコース別雇用管理」『立命館経営学』第37巻第1号，1998年5月，参照。
(12) ペイ・エクイテイ研究会『商社における職務の分析とペイ・エクイティ』1997年3月；仙田幸子「一般職としての女性活用の再評価：総合商社を例として」『日本労務学会第29回全国大会研究報告論集』1999年，参照。
(13) 総合商社の組織改革の労働者への影響に関しては，守屋貴司『総合商社の経営管理』森山書店，2002年の第4章，また，総合商社の人員削減と海外労働の問題に関しては，本書の第2章を参照。
(14) 日商岩井労働組合『NISSHO IWAI KUMIAI NEWS』NO. 28-31, 1996年2月26日。
(15) 「ニチメン・日商岩井，双日，若手社員300人逃走」『夕刊フジ』2004年8月6日。

第6章 企業内「共同体」の
存続・維持とその特徴

1 企業内「共同体」の存続・維持を図る成果主義導入

　成果主義導入による「企業内共同体」の存続の事例としては，成果主義賃金制度の中に個別的業績評価以外に，チームワーク業績評価等の所属集団別の業績評価を加えたり，年功的要素を加味することで，アメリカのHRMとは異なる日本的な成果主義賃金制度を導入したり，再雇用制度の充実をはかることで長期雇用の維持を標榜したり，人間関係諸活動を強化したり日本企業がある。
　この企業内「共同体」の存続の事例は，中小企業や成熟産業で利益率が低く外部労働市場から賃金的優位性で容易に人材を獲得できにくい中小企業や集団的な協業を必要とする高度な集団的熟練を必要とする日本製造大企業の事例や一定の秘密の保全が必要な会社の事例など，企業組織の社会統合において一定の企業内「共同体」を必要とするケースに見られる。

2 企業内「共同体」の存続・維持を図る仮説検証

(1) 年功要素を残した成果主義賃金制度

　成果主義賃金導入にあたって年功的要素を残して企業に導入することで，競争関係と協調関係の融和をはかる事例もある。この場合，成果主義賃金と言うよりも，職能資格制度の進化形態とも位置づけられる内容であり，結果として

企業内「共同体」の維持・存続がはかられることとなっている。

例えば,不二サッシでは,課長層には年俸制を導入しながら課長以下の組合員には給与の八割以上を占める基本給は年功給が約七割,職能給が約三割という比率で構成しているが,これを年功給約五割,職能給約五割の比率に改める方向で労働組合と交渉し,改定している。管理職に到達するまでの比較的他社に移りやすい若い従業員層に対して,年功的部分を残すことで,生活保障をのこすことで定着化をすすめ,他社への異動が困難な中高年層には年俸で競わせることで,より組織へのロイヤリティと貢献を高めようとする方法である。

(2) 人事評価の中に協調性

また,人事評価要素の中に協調性等の項目を入れることによって,競争と強調の相克の緩和をはかることで,企業内「共同体」の存続・維持をはかる場合もある。2000年から導入された東急百貨店の管理職新賃金制度では,行動考課着眼点として,チームワーク,コミュニケーションをいれ,協調性を大きな考課着眼点として位置づけている[1]。特に,コミュニケーションの項目では,「感情的でない,部下の人間性を尊重した厳格な指導・判断・行動」,「部下の意見に耳を傾け,要望・困っている点について適時・スピーディーな対応」,「組織の抱えている課題解決のため,自由に議論ができる雰囲気の醸成」など上司と部下の共同性の促進に注意をはらった項目となっている。百貨店は労働集約型の小売業であり,「人」が中心の企業である。そして,顧客を百貨店に呼び込むためには,店全体の集客力をあげる必要があり,そのためには各フロアの協同性・共同性をよりきめの細かい接客をおこなう必要がある。そのためにも,考課項目に,コミュニケーションやチームワークが入ったと考えられる。

また,生産における協同を必要とする製造大企業では,チームによる業績評価をおこない企業内の共同性を維持し,企業内「共同体」の存続・維持につとめている。チームによる業績評価では,チームでインナーシェアアップ,クレーム低下,顧客満足向上などの目標を決める。人事考課では,チームと個人の

成績の比重を，一定範囲で決める場合が多い。チームによる業績評価では，個人レベルの評価とチームレベルの評価の二本立てをおこなうことで，チームでとびぬけて業績をあげる者に対しては個人レベルで高い評価を与えることで，チーム内において給与面で個人別に差がつかないチームレベルの評価の補完をおこなっている。そして，チームによる業績評価では，チーム内での協調性とともに，チームメンバーが自己の役割を的確にこなしているかが重視される[2]。

（3） 再雇用制の拡充をはかる企業 ―横河電機を中心として―

　企業内「共同体」の基礎である「終身雇用」を廃止する企業も見られるようになった反面，厚生年金の支給開始年齢の引き上げを受けて，65歳まで働けるように，再雇用制度を拡充する企業も見られる。その代表的企業が，「終身雇用制」維持を標榜する横河電機である。横河電機では，1975年に再雇用制度を制度化し，再雇用者の受け皿会社，横河エルダーを設立し，現在まで継続している。横河エルダー設立の理念は，「高齢者のユートピアとして職場を提供すること」としている。処遇は，一律月額10万円プラス年間2.5カ月の給与となっている。横河エルダーの従業員は約300人で，平均年齢64.7歳で，最高年齢は83歳となっている。横河電機では，再雇用制以外にも，成果主義賃金制度の中に個別的業績評価以外に，チームワーク業績評価等の所属集団別の業績評価をくわえるなどをおこない企業内「共同体」を存続・維持させる成果主義人事への工夫をおこなっている[3]。

　同様に，再雇用制度を導入し，結果として企業内「共同体」の維持・存続をはかっている大企業が有る。例えば，三洋電機では再雇用者に定年前の仕事を継続してもらうとしている。三洋電機では，熟練技能者や好成績をあげてきた営業マンなどのやる気と能力がある従業員に残ってもらう制度となっている。年収は200万円を下限とし，能力主義で賞与に反映させるとしている。また，島津製作所は，55歳到達時に定年以降の再雇用について，就労コースを選択できる制度を開始している。

2000年におこなわれた労働省の雇用管理調査では，調査対象企業（5,380社）の13.8％が勤務延長制度を，46％が再雇用制度を導入している。そして，再雇用後，勤務延長後の処遇を72.4％の企業が変化をさせると回答しており，賃金が下がると勤務延長の場合で50.5％，再雇用で72.9％が回答している。また，仕事に関しては，勤務延長で72.4％，再雇用の場合で，64.9％が変らないと回答している。勤務延長制度・再雇用制度の適用は，「特に必要と認めたものに限る」とするのが，勤務延長制度で44.1％，再雇用制度で52.1％となっている。

すなわち，この再雇用制度では，単純に社員全員の定年を65歳まで延長されるのではない。会社側としては，会社側が必要する熟練労働者や成績の良い営業マン等の必要とさせる従業員層に対してのみ賃金を引き下げる形で再雇用制度を適用するという「従業員の選別淘汰」と「専門能力労働力の確保及び処遇の引き下げ」の上実施している。従業員としては，再雇用制度に適用されるために，定年の日まで，従業員間競争をおこなわなければならないのである。

日本では，成果主義人事導入する一方で，「終身雇用」維持を標榜し，再雇用制度等を構築するなどして，結果として企業内「共同体」の存続・維持によって，企業の社会的統合を維持しようとしている大企業が見られる。いわば，このような日本企業は，年功的要素を低下させる反面，終身雇用の保障面は，制度化し，必要と認める人材となるように競わせることで，企業内「共同体」の存続・維持がはかられる事例である。

(4) 柔道「共同体」―ダイコロの事例―

また，日本の中小企業における「企業内共同」維持の事例としては，卒業アルバムのトップメーカーである大阪コロタイプ印刷では，柔道部の学生を優先的に採用し，入社する全員が寮に入り，入社後も全員柔道をおこなうようさせている。いわば，企業内「柔道共同体」が形成される。更に，結婚して寮をでる場合は，会社から30分以内の家の物件を紹介，低利子の融資，会社近くの家を購入した社員へのお祝い金100万円を支給している[4]。

これは，経営者が柔道部出身で，経営理念として，社員の「柔道を通して団

結・人間的成長」をもっているとともに，企業内に柔道部を維持する経営的メリット（経済的合理性）がある。高校・中学の体育の先生には，柔道をしている教員が必ず一人はおり，大阪コロタイプ印刷の名前（通称・ダイコロ）は，「社会人柔道界」では知られている。そこで，柔道部出身の営業マンが，柔道をしている体育教員に的をしぼって営業活動をおこなうことで，その教員を介して卒業アルバムの受注が受けることができるのである。また，会社近くの家を紹介し，かつ低利子融資，お祝い金も，近くの家であれば交通費が少なくすみ，かつ会社近くであれば，すぐに呼び出せ，かつ結婚後も企業内「共同体」意識の醸成にメリットがある。

(5) 人間関係諸活動の強化 ―トヨタの事例―

次に，日本の巨大企業を代表するトヨタの事例を見ることにしたい。

トヨタは1997年9月にトヨタとトヨタ労働組合の間に「21世紀に向けた望ましい働き方と労働条件のあり方に関する労使検討委員会」を設置し，2000年に賃金制度の変更をおこなっている。2000年の賃金制度の変更点は，以下のようになっている[5]。

① 事務・技術職は，年齢給を廃止し，職能基準給と職能個人給の二つとなり，それぞれの割合は50％となっている。2000年の変更によって，事務・技術職の賃金は事務・技術職の賃金体系から年功的要素が消え，成績査定と能力・成果によって賃金が決定されることとなっている。

② 技能職は，職能給と基本給が廃止され職能基準給と職能個人給という形となっている。その結果，賃金体系での割合が，職能個人給と職能基準給がそれぞれ30％，年齢と生産給がそれぞれ20％となった。これによって，資格や能力などの成績査定によって決まる割合が拡大したのである。

③ 資格が上がるごとの昇給額が増額され，昇格意欲を誘う機能を強めた。

④ 一時金に関しても，これまでの一時金の割合が，資格に対する配分が40％，賃金に比例係数をかけた部分が60％であったが，これに成績査定で加算する部分が加えられた。

また，2003年2月19日，トヨタとトヨタ労働組合の間で「賃金・期末手当に関する第一回労使協議会」がおこなわれ，これ以降，賞与，退職金についても見直しがおこなわれることとなった。

　2004年の賃金制度の変更点は以下のようになっている[6]。

① 技能職の年齢給が廃止され，習熟給と役割給が資格別に設けられ，技能職の賃金体系が二つに分かれた。習熟給は，年齢に関係なく勤続を軸とした経験の積み重ねによる能力向上を反映する賃金項目である。役割給は，与えられた役割・職務や成果に結びつける過程での難易度を処遇に反映させることを目的に設けられたものである。

② 生産給を，職場単位の集団能率給から全社単位に変更した。

③ 一時金においても加算部分の原資が一人1点から1.5点に拡大させ，加算部分を増額できるようにしている。

④ 退職金をポイント制にし，ポイントは勤続，資格，成績査定で付与し，その累積によるものとした。

⑤ 技能職に関して，役割給の新設により昇格を意識化させる仕組みができ，能力主義管理の強化をはかっている。

　トヨタでは，このような新しい人事制度の導入や非正規雇用を拡大しつつも，人間関係諸活動を強化することで，企業内「共同体」の存続・維持をはかっている。

　これまでのトヨタの人間関係諸活動を支える社内団体組織として，ポストごとに7つにわかれた「職制七会」と，高卒や大卒などの出身別に八つに区分した「豊八会」の二つがあげられてきた[7]。

　職制七会は，職位の上位から下位に次のような構成になっている。

* 部長会（基幹職1，2級）1,800人
* 幹の会（基幹職3級，課長クラス）4,700人
* 巧会（技能基幹職3級）350人
* CX（チーフエキスパート）会（生産現場の工長クラス）2,200人
* 翔の会（上級専門職＝係長クラス）6,900人

＊　SX会（組長クラス）8,000人
　＊　EX会（班長クラス）1万4000人

　それぞれの会は定期的に役員会，懇親会のみならず，春には新入会員歓迎会，夏にはフェスティバル，秋・冬にはスポーツ大会等を開催し，交流を深めている。そして，主要な場には役員や人事担当者が出席し，社員の要望とともに社員の情報を聞き出し，人事管理情報を蓄積している。

　また，豊八会を組織された順番に列挙すると，下記のようになっている。
　＊　豊養会　7,000人

　豊養会は，トヨタの企業内訓練校である「トヨタ工業技術学園」出身者で構成されている。中学卒業した時点から育成される職人集団であり，トヨタへの忠誠心が最も高く，企業内「共同体」の中核を構成している。豊養会の学園OBは，現場の中核技能者として，早くから経営者側の提唱するトヨタの「労使相互信頼路線」推進において重要な役割を果たしてきた。そして，トヨタでは，養成所・学園OBを多くの職場に配置し，会社の方針や重点事項の共有化・意識付けをおこなってきている[8]。

　トヨタの工業技術学園はトヨタ自動車設立（昭和12年8月）の翌年には，その前身である技能養成所が設立され，トヨタの歴史とともに歩んできたといっても過言ではない。トヨタの工業技術学園は，1970年（昭和45年），トヨタ技能養成所を，職業訓練法改正を機に名称，変更したものである。そして，1975年（昭和50年）には，全寮生に移行している。

　近年において，トヨタでは，技術的・組織的必要性からもこの旧・豊養会メンバーの育成に力をいれている。例えば，1990年代前後からの機械設備のメカトロニクス化（高度化・自動化水準の向上）に対応して，トヨタでは，メカトロニクス技術に秀でた直接作業者や保全工を養成するために，企業内教育に力を傾注し，1990年にトヨタ工業技術学園・専門部を新たに設置している。そして，トヨタ工業技術学園では，将来，製造現場の中核技能者になることを嘱望されている学園生に対して，体系的なカリキュラムの下で，非常に長時間にわたる設備保全教育をおこなうとともに，トヨタ社員としての結束力やトヨタへ

の忠誠心を人生の早い時期から育成に努めている。トヨタ工業技術学園の教育の目的は、『良きトヨタマン』の育成にある。

* 豊生会（高卒の正規新入社員）2万4,000人
* 豊進会（大卒，院卒）3,700人
* 豊隆会（中途入社組）3,900人
* 豊栄会（自衛隊出身者）1,800人
* 整豊会（自動車整備学校卒）5,200人
* 豊泉会（高専卒）900人
* 豊輝会（短大卒）400人

この豊八会は2002年末までに結束の固い豊養会（現在は「翔養」と改称）を除いて発展的に解消している。それは，トヨタにおいても，労働力政策として，派遣社員や期間工等の非正規雇用者が増大し，世界的な巨大企業に発展するにしたがって，出身別に社内団体を形成することが困難となったためである。実際，トヨタ自動車の製造現場の現業従業員総数に占める期間従業員数の割合は，1997年の月別データで13％程度であったのが2003年11月時点で30％に急増している[9]。

そのため，豊八会の代わりに，トヨタでは，ヒューマンリレーションズ活動（HR活動）と呼ばれる社会活動を盛んにおこなっている。HR活動では，職場単位の行事の奨励をしたり，組内懇談会の実施を促進している。また，「トヨタクラブ」ではラグビー，硬式野球部，陸上，女子ソフトなど社会人大会に出場する本格的なクラブ活動をおこなっている。それとともに，トヨタでは，寮活動が盛んである。トヨタの「寮生会」はトヨタ本社のある愛知県豊田市に住む寮生たちの会で，定期行事だけでも寮生歓迎会，全寮リーダー自主セミナー，ビァパーティ，寮祭など盛りだくさんになっている。

トヨタでは，成果主義を導入しつつも，人間関係諸活動を強化し，今でも，一人の社員をいくつもの会に入らせ，縦・横・斜めの人間関係的絆で繋ぎあわせ，企業内「共同体」の存続・維持をはかっている。しかも，トヨタの場合，企業城下町を存続・維持している点も，企業内「共同体」存続・維持の上で重

要な機能を果たしている。

親もトヨタにつとめ，本人もトヨタに勤めているというトヨタマン二世がトヨタには多数いる。例えば，誕生から死までをトヨタと繋がったトヨタ二世社員の人生を想定すると次のようになろう。

「トヨタマン二世は，トヨタマンの父のもと，トヨタ記念病院に生まれ，21店舗あるトヨタ生活協同組合で買い物し，小・中学生になるとトヨタのさまざまな施設を見学し，高校になるとトヨタ工業技術学園に学び，トヨタに入社する。そして，トヨタ入社後は，トヨタ社内の人間関係の中で結婚し，トヨタの施設で結婚式を挙げ，トヨタからローンでお金を借り，トヨタの関連会社（トヨタすまいるライフ）で家を建てる。そして，自分の子供もトヨタに勤めることをすすめ，息子もトヨタ工業技術学園からトヨタへ入社。トヨタを定年後は，更にトヨタに再雇用される。晩年，老人保健施設「トヨタジョイスティ」に入居。最後は，トヨタ記念病院で死を迎え，「トヨタジョイスティ」の葬祭場でお葬式をする。」

これまで論述してきた点を整理すると，トヨタ自動車においても，国際競争に勝ち抜くためには，成果主義の導入も非正規雇用の拡大も必要であるが，それが企業内「共同体」の崩壊となるとトヨタ自動車独自の社会統合が解体されることになる。また，それは同時に，トヨタの情報管理・労務管理，労使関係管理の根幹をなす機能の大幅な低下も意味している。そのため，従来からあった人間関係諸活動を強化するとともに，企業研修やHR活動を時代に適応した制度に改変することを通して，社員を縦・横・斜めの人間関係的絆で繋ぎあわせ，企業内「共同体」の存続・維持をはかっているのである。

(6) **雇用維持の表明**—精密大企業の企業内「共同体」維持・存続—

電機大企業は，1991年のバブル経済崩壊以降，リストラクチュアリングとして，日本の国内工場の売却と生産委託，そして，人員削減をともなう雇用調整をすすめてきた。これに対して，キヤノン，リコー等の精密機器大企業は，生産委託をおこなわず，国内の工場を維持し，従業員の「雇用維持」を表明し，

企業内「共同体」の存続・維持をはかっている。

　キヤノンでは，ベルトコンベアーにもとづく流れ作業方式を撤廃し，セル生産方式を導入し，複数の工程を受けもつ多能工が，少人数で構成する「セル」で一つ一つの製品を組み立ている。この方式のメリットは，段取り替えが素早くおこなうことができ，多品種少量生産に適していると同時に，需要変動に対してもフレキシブルに対応できる点にある。また，キヤノンでは，セル生産方式に替えることによって，多能工が様々な工具や測定器の改良・製作などの改善活動を積極的におこなうようになった。このような多能工を重視する方針への転換が，育成した多能工の流出を防ぐためにも，長期雇用の保証となっていったのである。また，キヤノンの製品開発の力となっているのが，技術開発者の層の厚さと雇用保証による長期の視点からの技術開発力にある[10]。

　また，雇用保証・長期雇用を表明するキヤノンでは，生産委託をおこなわず国内の自社工場であくまでもおこなう方針にある。それは生産委託によって生産受託企業に生産のノウハウを伝えることになる危惧がある。最近は，生産受託企業も開発から独自商品の生産までもやり始めており，生産のノウハウを伝えることは将来において強力なライバルを生み出す結果となる。

　キヤノンの人事制度は，「実力終身主義」と呼ばれる部分的な成果主義と終身雇用の日本立てとなっている。キヤノンでは，2001年，職能資格制度に基づく管理職の職能を廃止し，新たに職務評価をおこなって職務等級を決めなおし，さらに目標管理制度を導入している。そして，2002年には，一般社員にもこの人事制度を適用している。新しい人事制度の導入によって，40代の年収格差は，二倍になっている。

　そして，キヤノンではこの新人事制度の運用をより的確におこなうために，2003年9月から12月の4カ月間，約1万二千人の一般社員に対して450回も「被評価者研修」をおこなっている。この被評価者研修では，キヤノンの新人事制度の重要性を若い社員に徹底的に教え込み，納得させるためにおこなわれている。具体的には，「上司の立場になったと仮定して自分自身を評価する」プログラムなどをおこない，多くの社員に「いかに上司に受け入れられる努力

第6章　企業内「共同体」の存続・維持とその特徴　129

をしてこなかったか」を痛感させている。これは，上司と部下の共同性を深める作用であり，これも成果主義という競争原理に中に共同性をビルトインさせる作業にほかならない[11]。

　雇用維持・雇用保証・長期雇用を達成するためには，日本国内の工場をいかに維持してゆくかに大きな鍵がある。同じく，精密機器大企業のリコーでは，生産の中で，研究開発や設計，生産技術などの付加価値の高い部分を日本国内に残し，単純な加工・組み立てを中国などの安い人件費の地域に委託している。この分業形態は，多くの製造大企業において見られるが，リコーの場合，最終組み立てを中国にシフトするかわりに，日本国内ではそれまで外注してきたデバイスやユニットを自社内で生産するようにした。しかも，精密かつ精巧で競争力の高い部品ほど内製化し，開発から生産まで自社でおこなう体制を確立している。これによって，リコーの国内工場は，キーデバイスやキーコンポーネントの主要な開発，生産の拠点となり，中国の最終組み立て工場とは質的に差別化をおこなうことで，国内工場の雇用維持・確保をおこない，「長期雇用」を社員に表明できるようになったのである。

3　小　　結

　以上，簡単ではあるが，日本企業社会における企業内「共同体」の存続・維持を図るケースについて見てきた。成果主義のもつ競争性と企業内「共同体」のもつ協調性という矛盾を，成果主義人事制度に年功的要素を加味したり，人間関係諸活動の強化，雇用保証，再雇用制など様々な手法でもって緩和させることによって企業社会的統合の維持をはかろうとしている。

　この企業内「共同体」の存続・維持を図る日本企業の事例では，①企業内「共同体」の変容の規定的要因である成果主義人事制度の中心（コア）的要因である成果主義賃金や人事評価制度に，成果主義の方向性（個別化，年功的要素排除，業績・成果一辺倒）に反する競争性を緩和し，協調性を重視する制度を成果主義の中にいれる方式と②企業内「共同体」を変容する成果主義人事制度

の副次的要因である人間関係諸活動，雇用維持・雇用確保，長期雇用の表明，再雇用制度などを，より強化・充実させることで，日本企業内の企業内「共同体」の存続・維持をはかる方式がみられた。企業内「共同体」の存続・維持を図る日本大企業では，①と②の方式を組み合わせて制度を展開している事例が多い。

　この企業内「共同体」の存続・維持をはかっているトヨタ，キヤノンをはじめとした日本製造大企業が，2004年度決算においても，高業績をあげ，その結果，トヨタ，キヤノンの人事管理方式に注目が集まるようになっている。また，顧客情報の流出があいつぐ中，企業内「共同体」が持つ労務管理・情報管理機能も見直されるようになってきている。それは，顧客情報の流出が一般社員によるものであり，この事態は，企業内「共同体」が有してきた一般社員間同士の相互監視システムと企業への忠誠心への低下にほかならない。

　そして，このような企業内「共同体」の存続・維持を図る日本大企業にとって，1990年代（バブル経済崩壊）以降の日本経済の大きな変動の下で，旧来型の競争と強調という矛盾したシステムをどこまで維持できるのかが大きな問題である。その際，核となるのが，集団的な協同を必要とする日本製造大企業が，日本国内にどこまで高付加価値製品の生産を残すことができるかにかかっていよう。その点，前述したようにトヨタなのように国内工場に高級自動車生産を残したり，キヤノンなどの精密機器大企業のように意図的に究開発や設計，生産技術などの付加価値の高い部分を日本国内に残している大企業では，日本国内の雇用を維持することができ，企業内「共同体」を維持することが可能である。

（注）
（1）　日経連出版部編『成果主義人事制度事例集』日経連出版部，2001年，250ページ。
（2）　武脇誠「チームレベル業績給の有効性について」『東京経大学会誌』第218号，2000年3月。
（3）　『日経産業新聞』2001年6月22日。
（4）　中牧弘允他『会社じんるい学』東方出版，2001年，58ページから60ページ。
（5）　トヨタの賃金制度の関しては，杉山直「トヨタの賃金制度（上）」『賃金と社会保

障」2004年6月上旬号，参照。
（6）　杉山直「トヨタの賃金制度（上）」『賃金と社会保障』2004年6月上旬号，29ページから31ページ。
（7）　トヨタの人間関係諸活動については，「第4章　企業内分化と労働者諸階層」小山陽一郎編『巨大企業体制と労働者　トヨタ生産方式の研究』御茶ノ水書房，1988年，『週刊現代』2004年7月17日号，参照。
（8）　トヨタ技術工業学園に関しては，小松史朗「日本自動車企業における技能系養成学校の現状」『立命館経営学』第40巻第1号，2001年5月，参照。
（9）　小松史朗「トヨタ生産方式における非典型雇用化がもたらすもの」『新しい職業能力と職業経歴動向に関する研究』基盤研究（B）研究成果報告書，2004年3月，238ページから239ページ，松永良典「非典型労働者問題に対する問題意識，今後の対応」『産研フォーラム―特集；非典型労働者―』NO. 57, 2003年2月，14ページから18ページ，参照。
（10）　「キヤノン，リコーが実証　中国が敵ではない」『WEDGE』2004年5月，26ページから28ページ。
（11）　「終身雇用と併用　キヤノン」『週刊　ダイヤモンド』2004年6月12日，42ページ。

補章1　日本の支配層の「閉じられた共同体」研究

1　日本の支配層の「閉じられた共同体」への分析視角

　日本の企業社会の構成要素として，労働者統括を支える企業内「共同体」とともに，官界，学界，財界，政界のネットワークに基づく様々な「共同体」が存在している。そして，それら支配層の「共同体」が集まり，支配層を形成している。その場合，婚姻関係で相互の結ばれた家族集団の拡大再生産という「血族共同体」方法をとる場合もあれば，相互利益保全のための利益集団という「利益共同体」という形をとる場合もある。
　日本の支配層の「共同体」問題は，成果主義導入による企業内「共同体」の変容という本書の中心課題とは離れるが，1990年代以降，日本企業社会がどのように変容しつつあるのかを解明する上で，重要な課題でかつ問題であるので，補論としてくわえることにしたい。
　ジョン・スコット氏は，日本の企業の指導者が，イギリスやアメリカ合衆国の場合よりも排他的社会背景の中から選ばれていると述べ，日本企業の指導者が，別の企業の指導者の息子が圧倒的に多いことを指摘している。実際，多くの日本大企業の事例において，企業の経営の世襲が，同一企業もしくは同一企業グループにおいて多く見られ，これのような世襲傾向が経営家族主義的経営を日本企業に長く根をおろす根拠ともなっている[1]。
　平氏や和田氏の主張によれば，日本の官界，学界，財界，政界のネットワー

クの中心として，東京大学，国家官僚体制，経営者団体が相互依存的な形（TYZ複合体）で機能してきている。東京大学が卒業生を国家官僚体制に送り込み，国家官僚体制の基礎を支えている。また，官僚は，行政指導を通して，利害調整や利害連結をおこない，大企業と深い結びつきをもっている。大企業の経営者は，国家官僚体制との結びつきを深めることで，国家の保護や助成をうけている。また，大企業の経営者は，様々な経営者団体のみならず政府の諮問機関，政策決定委員会の中枢の地位をしめることで，官僚との結びつきをより深めてゆく。このような形で，財界と官界は，公式，非公式のネットワークを形成している[2]。

このような日本における官界，学界，財界，政界のネットワークを背景して，様々な「利益共同体」や場合によっては「血族共同体」が形成され，相互に協力したり競争したりしている。このようなネットワークを背景とした官僚，経営者，政治家等からなる「利益共同体」もしくは「血族共同体」は，前述したように自己集団の「閉じられた特殊利益の保全目的」の「閉じられた共同体」となってきた。

しかし，バブル経済崩壊以降，巨大企業の倒産や不祥事とともに，官界，学界，財界，政界のネットワークを背景した「閉じられた特殊利益の保全目的」の「閉じられた共同体」に批判が集まるとともに，グローバルスタンダードに基づく企業評価の進展のもとで，「閉じられた特殊利益の保全目的」の「閉じられた共同体」の維持・拡大が困難になりつつある。この点について，総合商社を事例として，解明をおこないたい。

「閉じられた共同体」は，精神学者である岸田秀氏の造語である「自閉的共同体[3]」から着想を得て，筆者が命名したものである。「閉じられた共同体」の「閉じられた」の意味は，その集団がその集団の特殊利益の保全を第一優先とし，他の集団に対して排他的性格を持ち，他集団との「開かれた関係」にない点にある。また，「閉じられた共同体」の「共同体」の意味は，その形態において，血族関係を結んでいる場合もあるが，基本的には権力・支配維持のための「利益関係集団」であり，擬似共同体組織であると言える。本書において

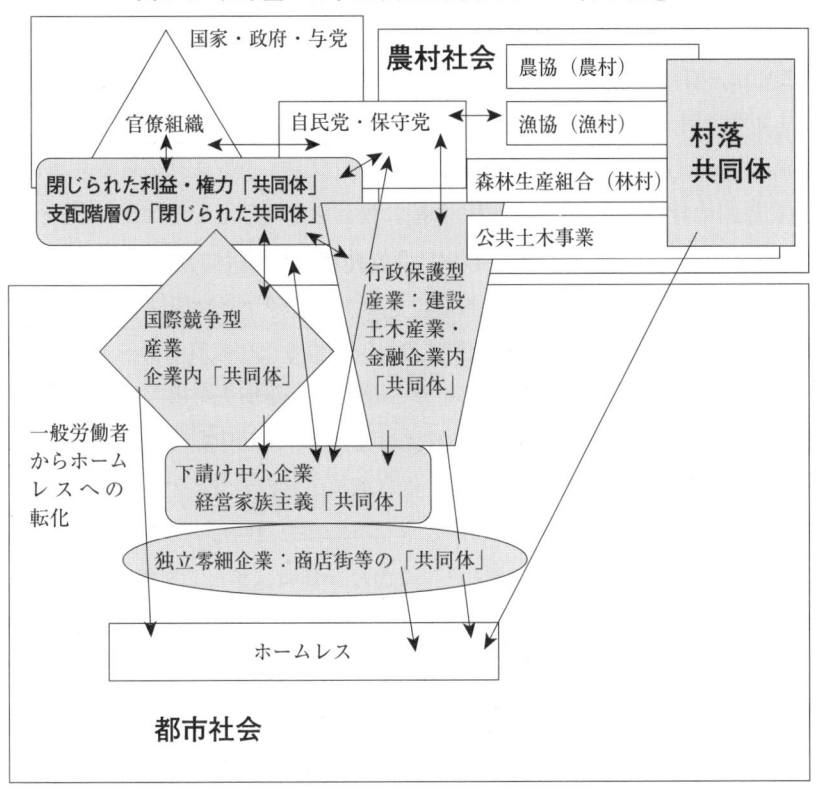

図 7-1 旧来型の日本企業社会を支えている「共同体」

- 国家・政府・与党
  - 官僚組織
  - 自民党・保守党
- 農村社会
  - 農協（農村）
  - 漁協（漁村）
  - 森林生産組合（林村）
  - 公共土木事業
- 村落共同体
- 閉じられた利益・権力「共同体」支配階層の「閉じられた共同体」
- 国際競争型産業 企業内「共同体」
- 行政保護型産業：建設土木産業・金融企業内「共同体」
- 下請け中小企業 経営家族主義「共同体」
- 独立零細企業：商店街等の「共同体」
- 一般労働者からホームレスへの転化
- ホームレス
- 都市社会

主として論述してきた企業内「共同体」と「閉じられた共同体」との関係は，図7-1のようになっていると考えられる。すなわち，「閉じられた共同体」は，本書において主として論述してきた企業内「共同体」の上部に位置し，企業内「共同体」を支配・統制しているとも言える。

2　総合商社の事例研究

日本企業社会を構成する大きな要素として，企業内「共同体」とともに，国家（官僚組織・政治家）・日本銀行・主要銀行との関係において結ばれた「閉じ

られた共同体」がある。

　「閉じられた共同体」の問題性が，特に顕在化するのは経営危機の時である。ここでは，日商岩井の事例から見ることにしたい。日商岩井の経営危機は，投資リスクに関する「情報公開」をおこたってきたことによる。ことの発端は，1998年9月25日，日商岩井が金融子会社のNIファイナンスへの債権放棄など1,610億円の特損を計上し，今期，無配に転落を発表したことによる。NIファイナンスのリスクを，親会社である日商岩井は隠し続けてきた。日商岩井は，NIファイナンスを休眠会社と説明してきたが，NIファイナンスは休眠会社ではなく，本体から移し替えられた株式や外国債券などの投資有価証券の含み損を消すために新たにデリバティブをおこない大きな損失を出していたのである。この発表によって，日商岩井の株価は急落し，100円さえわりこんだ[4]。

　この結果とウソに，格付け機関は，総合商社・日商岩井のリスク管理能力と投資リスクに関する情報の非公開に大きな不信感を抱いた。そして，9月25日当日，ムーディーズは，「Ba1」，さらに10月16日に，ジャンク債相当の「B1」に降格を発表した。「B1」まで引き下げられた日商岩井の衝撃は大きかった。なぜなら，これだけ降格されると社債やコマーシャルペーパーの新規発行は困難となり，市場からの資金調達がより難しくなった。

　このムーディーズの格下げが，更なる「日商岩井の危機」を深刻化させたと言える。この危機を救うために，三和銀行や第一勧業銀行など7行と朝日生命は，日商岩井に最大6千億円のコミットメントラインを設定した。資金需要が発生した際，前述8社から必要資金の融資を受けることができる協調融資の枠を設定してもらったのである。この協調融資枠の設定によって，日商岩井の株価は低い水準とはいえ持ち直した。

　この日商岩井危機から「閉じられた共同体」の問題性とその存在について分析することにしたい。この経営危機は，前任者の社長・会長が，おこなった経営失敗を隠蔽し，「損失問題の先送り」をおこなうことで，公表せざるをえない時には，とりかしのつかない事態をまねくケースである。1999年の日商岩井の経営危機の原因は，1989年以降社長に承認した前社長が強力に押し進めた財

テク路線の失敗に遠因がある。しかも,財テク路線の失敗が明確となった後も,前社長が1994年まで会長として日商岩井に君臨し,その結果,経営責任も問われることもなかった。しかもその後も会長体制が継続したため財テク路線が継承され,前社長が会長を退任した後もその財テク路線が継続されたのである。

　総合商社の役員は,各事業部の現場から社内の上下関係の縦の繋がりを軸として這い上がってきた人材であり,「閉じられた共同体」の構成員であり,上下関係にもとづく人間関係(恩義関係)であるので,前役員の経営失敗を後任の役員はオープンにすることをしない。その結果,損失が隠蔽されたり,問題が先送りされということになり,損失や問題をオープンにせざるをえなくなった時には,時期を逸して市場からの信頼を落とし,格下をまねいたのである。そして,そのツケを多くの一般従業員が人員削減(早期退職等)という形で支払わされている。このような総合商社の日本的経営風土は,総合商社ばかりでなく,多くの日本大企業に共通する問題でもある。

　日本企業社会では,総合商社のトップマネジメント層に見られる「閉じられた共同体」派総合商社に限らず,倒産した山一證券やそごうにも見られる[5]。例えば,そごうに長年君臨してきた水島会長は,日本興業銀行からの天下ってきた役員であり,資本家ではなく,一銀行官僚にすぎなかった。それが,子飼いの役員で役員会を固め,日本興業銀行を背景として,日本興業銀行からの融資枠の拡大命令に素直に従いつつ権限を拡大し,その結果,そごうを倒産にまで追い込んだと言える。そして,水島会長は,法廷において,「そごうの倒産は,日本興業銀行等の融資枠拡大の要請に従い,百貨店の進出にあたっては,そごう内部の審査に適合して行っており,自己責任はない」との答弁を続けている。

3　「日本的官僚制」メカニズム

　この「閉じられた共同体」原理は,「日本的官僚制」メカニズムであるとも

考えられる。

　日本的官僚制では，形式的集団合議手続きにとる義務と責任の不明確もしくは無責任体制，専門化に名をかりた縄張り主義，管理における隠れた「人格的支配」，役職者が自己の所属するグループのために行動，昇進は上司への忠誠によって決定などあまりに異なる実態があらわれてくる。

　すなわち，日本の官僚組織とそれに類似した日本大企業のトップマネジメント組織は，形式的には合理的であっても，実質的に非合理なのである。日本的官僚組織原理において，官僚の形式的合理性は，目的と手段を転倒させ，規則の運用を弾力的に解釈したり，規則のハードルを低くして合理的である判断を巧みに非合理的な判断にすりかえるのである。なぜ，合理的判断を非合理的判断にすりかえるのは，官僚の所属する「自閉的共同体（岸田秀[6]）」の利益や自己の現在の地位の保全と権限・権威の拡大のためである。

　ウェーバーの官僚制論では，この官僚機構のもつ合理性から非合理性への転嫁という欠乏点を看過している[7]。これは，ウェーバーが理念型の官僚機構を想定し，現実の官僚機構における官僚のエゴイズムや自己保全欲求に目を向けなかったからかもしれない。

　そして，このような日本的官僚組織原理を，行政統制型産業の日本大企業のトップマネジメント層への浸透を許してきた背景としては，第一に，行政（政府）や銀行等の支配関係にある組織から認可をうけていれば，自己保全のための誤った判断を続けていても，救われるという過信。第二に，行政からの保護のおかげで，国際競争にさらされることがなかったため，「自閉的共同体」の利益優先，自己の権限・権威の拡大や自己保全のための運営をおこなうことができた点。第三に，奥村宏氏が，法人資本主義[8]として指摘したように株式の持ち合いを通して，トップマネジメント層の更迭をおこなう株主総会が実質的に機能しなくなり，官僚的トップマネジメント層の「自閉的共同体利益優先」，自己保全型の経営を許してしまった点，第四に，国家官僚体制やトップマネジメント層に対する批判勢力である労働組合，消費者，国民の声がとどかない仕組みになっていたり，歴史的に脆弱な立場に追いやられてきたことに起因して

いる。

「日本的官僚体質」について更に考察をすすめることにしたい。

行政保護型・行政統制型産業におけるトップマネジメント層の日本的官僚制的体質は，最高意思決定者であるはずのトップマネジメント層が，受動型の「官僚的体質」を有してる点にある。

近代組織論では，経営者は，官僚制論で示された受動的な道具的な存在ではなく，一定の意思力・選択力を持つ主体的存在であり，外界からの情報を処理し，自己の行動を主体的に選択しうる能動的存在のはずである。本来，「能動的」「自律的」であるはずの経営者が，上位の日本の官僚組織（省庁）と銀行に対して，受動的な存在となる点に，大きな特徴がある。

行政保護型・行政統制型産業におけるトップマネジメント層の日本的官僚制的体質は，その日本的なコポレート・ガバナンス（企業統治）に特殊性にも大きく関わっている。日本的なコポレート・ガバナンス（企業統治）の特殊性としては，①社長に人事権を握られた取締役会，②実質的に社長に人事権を握られた監査役会，③大企業の株式持ち合い構造が生む経営者同士の相互承認システム，④経営監視のインセンティブをもつ唯一の存在としての銀行，⑤企業買収市場の未発展および外部監視の無機能，がある[9]。

すなわち，権限が社長に集中しているとともに，経営監視機能が銀行に限定されているのである。行政保護型・行政統制型産業の企業統治体制は，大蔵省が銀行を指導するとともに，銀行が融資先企業を監視するとともに，各省庁もその指導下大企業をコントロールすることとなる。

日本の企業統治は，社長に権限が集中し，監視機能が省庁と銀行に限定されている点に大きな特徴がある。それゆえ，社長と監視機能である省庁・銀行が強い結びつきを構築し，その間に「閉じられた利益共同体」が形成される時，日本的官僚制の大きな特徴である①「閉じられた利益共同体」優先，②形式的集団合議・監査による「無責任体制」，③形式的監査による「無監視体制」，④経営者の能動的・主体的意思決定機能の喪失，⑤トップダウン型命令機構の成立，などが生まれると言えよう。

大企業の「日本的官僚体質」の形成パターンとしては，1.主要融資先たる銀行から天下り者の社長就任による長期的な「日本官僚的支配」（例：そごう），2.指導省庁からの天下り者の社長就任による「日本的官僚制」の「企業」への注入（例：銀行），3.一部の社長を中心としたトップマネジメント層が，指導省庁や銀行と結びつき，「閉じられた利益共同体」を形成し長期支配体制を継続する点（例：山一証券）などがある。

　そして，日本大企業における日本的官僚制の諸規則は，資本家でもない一役員（機能的資本家）にすぎない経営者を守るための形式的存在であり，その諸規則は，彼らにとって都合よく常に解釈され，利用される存在なのである。そして，「閉じられた共同体」の中での彼らの守るべき規則は，決して，文章化されず，「暗黙の規則」として，現実の諸規則よりも優先して機能されることとなるのである。しかも，この「閉じられた共同体」は，公式的な一つの組織制度の中にとどまらず，政界，官界，財界とトライアングル的ネットワークをもって形成されているのである。

　すなわち，日本的官僚制では，形式的に規則への過剰順守に見せかけながら，個人責任が生ずることを回避しつつ，規則の解釈や運用を通して，「閉じられた共同体」の利益や自己権力の拡大をはかるのである。そこでは，一面，規則に従う「没人格化」が表面では演じられながら，「閉じられた共同体」や自己利害に反する組織構成員を排除し，自己権力の拡大のために服従する者はとりたてるといった極めて「人格的な支配」がおこなわれるのである。日本的官僚制では，「表面的な没人格化」と「本質的な人格的支配」が共存し，「形式的規則への過剰順守」したという見せかけと「規則を解釈によって骨抜きにし，恣意的な考えに基づく」行為が同時におこなわれるのである。

　そして，このようなトップマネジメントの特徴が，日本官僚制的特徴を帯びる理由の一つは，官僚による「利害の連結関係」が財界・官界にはりめぐらされているからである。企業統治の研究者であるジョン・スコットは，日本の「官僚は，早期の退職を余儀なくされるが，多くの官僚は利害の連結関係を生み出すため，ビジネスの業界に地位を得る。有力な企業の指導者は，経団連，

使用者協会，商工会議所，及び政府の政策決定委員会の中枢を占めており，こうした組織は重複した会員資格を通して互いに結び合わされている。こういった方法で，実業界と公務員は公式ならびに非公式のネットワークの形成を通して互いに結び合わされている[10]。」と指摘している。

4 小　　　結 ―日本支配層の「閉じられた共同体」の解体―

「閉じられた共同体」も外部からの格下げや外資による救済という企業への成果主義によってそれが解体されつつある。それは，「選別の時代」となり役員層の「閉じられた共同体」利益優先の経営が成立しなくなったからである。総合商社を例にとると，総合商社は，すでに日本企業ベースにしたビジネスにおいて過当競争状態であり，総合商社と取り引き関係にある日本製造大企業も，IT（情報技術）サービスや金融サービスによって，総合商社も選別されつつある。したがって，ITサービスや金融サービスの質を高めることが，総合商社の課題と言える。これは，取り引き関係における日本的商慣習の変化とも大きく関わっている。総合商社は，日本企業をベースとした大型問屋ビジネスなどが，先細りである以上，日本企業以外の外資系・外国企業間の提携仲介や取り引きの仲介などの形態枠を拡大してゆかざるをえず，役員層も質的に変化せざるをえないのである。

そして，日本の支配層の財界，官界間のネットワークを基礎とした役員層と官界もしくはメインバンク間に形成された少人数で形成された「閉じられた共同体」の問題性の露呈とそれた「閉じられた共同体」がグローバルスタンダードによって存立しつづけることが困難になりつつあることを論述した。この組織のトップ層によって形成された「閉じられた共同体」も，日本企業社会を構成する大きな要素であったが，これもまた解体もしくは変容を迫られている。

（注）
（1）　ジョン・スコット「現代企業の所有・支配・統治」ジョン・スコット・仲田正機・長谷川治清著『企業と管理の国際比較―英米型と日本型―』中央経済社，1993年，48

ページから53ページ。
（2） K. Taira and T. Wada, "The Japanese Business Government Relations", in M. Mizuruchi and M. Schwarz, eds. *Intercorporate Relations : The Stractual Analysis of Business,* Cambridge University Press, 1988.
（3） 岸田秀「皆の『偉い人好き』が国を誤る」『文芸春秋』1997年1月号。
（4） 日商岩井の危機については，「グローバル・スタンダード下の商社経営 ―日商岩井『嘘』とジャンクと間一髪」『週間東洋経済』1998年11月14日号，参照。
（5） 読売新聞社会部『会社がなぜ消滅したか―山一證券役員たちの背信―』新潮社，1999年，朝日新聞，2000年12月15日。
（6） 岸田秀「皆の『偉い人好き』が国を誤る」『文芸春秋』1997年1月号。
（7） Weber, M., 1956, Wirtschaft und Gesellschaft, 1. Aufl., Mohr.（ウェーバー，世良晃志郎訳『支配の社会学Ⅰ・Ⅱ』創文社，1960年，1962年）
（8） 奥村宏『法人資本主義―［会社本位主義］の体系―』朝日新聞社，1991年，同『会社本位主義は崩れるのか』岩波書店，1992年。
（9） 菊地敏夫・平田光弘編著『企業統治の国際比較』文真堂，2000年，参照。
（10） ジョン・スコット，仲田正樹・長谷川治清『企業と管理の国際比較』中央経済社，1993年，52ページ。

補章2　女性従業員のヴォランタリアソシエーション

1　女性従業員のヴォランタリアソシエーションの役割・機能

　日本大企業の労働力利用のあり方は，日経連の報告書『新時代の「日本的経営[1]」』に示されたように，中・短期雇用に限定された大多数の労働者（雇用柔軟型グループ）の固定化をも意味している。実際，財団法人家計経済研究所がおこなった追跡調査でも，所得階層の二極化し，固定化が進行していることが明らかにされている[2]。それは，これまで結婚・出産まで中短期雇用として利用してきた女性労働者の労働力利用の方法を，男性労働者にまで拡大することを意味しており，これまで形成されてこなかった中短期雇用の男性労働者のヴォランタリアソシエーションや中短期雇用の男女のヴォランタリアソシエーション形成の可能性が芽生えつつあることをも意味している。

　佐藤慶幸氏は，ヴォランタリアソシエーションの定義として，「メンバーの特質から言えば，①自由意思に基づく選択による参加と活動，②無報酬，③パートタイム的参加，④限定的関心，次にアソシエーションの側の要件としては，①非営利的，②没権力あるいは反権力的，③自律的，④目標の限定性，⑤組織活動の間欠性と非形式化の傾向，⑥理念的価値（cause）[3]」をあげている。そして，佐藤氏は，ヴォランタリアソシエーションを個人的レベルと集合的レベルにわけて考えるべきであり，「ヴォランタリアソシエーションと規定される組織においても，個人レベルではヴォランタリでない行動―例えば有給

スタッフの行動―が含まれうる」と指摘している(4)。

　ここでは，総合商社の女性従業員に芽生えたヴォランタリアソシエーション発展の歴史やその機能・役割の解明を通して，企業内「共同体」解体後の従業員によるヴォランタリアソシエーションの未来像を探ることにしたい。

　まず，総合商社の女性従業員のヴォランタリアソシエーションである「商社の女性の会」の機能・役割を，男性従業員中心の企業内「共同体」との比較からその機能・役割の差異について見ることにしたい。

　総合商社の女性従業員は，女性独自のフラットなヴォランタリアソシエーションに支えられて退職勧奨や転籍勧奨に対して「ノー」と答え，「人員削減」リストラに対抗している。男性中心の企業内「共同体」と女性独自の企業を超えたヴォランタリアソシエーションの果たす機能・役割の差異は，総合商社の男性従業員と女性従業員の形成する企業内「共同体」と女性独自の企業を超えたヴォランタリアソシエーションの性格の違いにある。男性従業員の企業内「共同体」は，企業体制と寄り添う形で形成され，企業内「共同体」の中心は，企業内「共同体」の中の企業内部の序列トップ（例えば，社長，専務，常務，部長など）が担うケースが多い。これに対して，女性従業員の企業を超えたアソシエーションは，男性中心の企業社会（更にそれを支える男性中心の企業内「共同体」）である総合商社から昇進や昇格において不当に排除された女性従業員たちが，相互扶助と親睦のためにつくられた人間関係であり，男性従業員の企業内「共同体」が仕事の円滑化や昇進のために形成された「貸し借り」関係を基本とするピラミッド組織であるのに対して，フラットなネットワーク型組織の形態をとっている。それだけに，男性従業員の企業内「共同体」にとって，人員削減対象者は脱落者もしくはメンバーシップ（「共同体」構成員たる資格）を失った者であり，これに関わることは，昇進をめざす企業内「共同体」の他のメンバーの利益に反することになる。

　女性従業員の企業内「共同体」にとって，人員削減にあってメンバーが辞職することは，大切なメンバーを失うことを意味するだけに，相互に励まし助け合うこととなる。この女性従業員のヴォランタリアソシエーションの在り方

は，今後の労働・労働組合運動や企業内「共同体」に代替する「多様な価値を共有しかつ自由で柔軟な組織」のあり方に大きな示唆を与えてくれるものであると言えよう。

そこで，次に，商社の女性従業員のヴォランタリアソシエーションがどのように形成され発展し，成果主義人事導入に対しても理論的に対応し，リストラによる転籍・出向にも対処してきたのかについて見ることにしたい。

2 「商社に働く女性の会」の歴史的軌跡

総合商社・専門商社において芽生えたヴォランタリアソシエーションである「商社に働く女性の会」がWWN（ワーキングウィメンズネットワーク）という企業を越えたヴォランタリなアソシエーション活動の継続とその発展への歴史的軌跡について，大阪地域における筆者独自のヒアリング調査をもとに述べることとしたい。

ここで，「商社に働く女性の会」というヴォランタリアソシエーションに注目する理由は，総合商社の男性の民主的な労働運動が早くにその凝集性を失っていったのに対して，この女性のヴォランタリなアソシエーション活動が，20年以上にわたって継続し，かつ社会的広がりをもった活動へと発展した理由は，何かという素朴な疑問にある。また，もう一つの注目理由は，「商社に働く女性の会」のメンバーが，「商社に働く女性の会」の活動や総合商社以外の世界と関わりをもつことを通して，人間的に成長をとげていくとともに，「女性差別」について広い世界的視野を獲得していくことに興味をもつとともに，排他的・同化主義的な日本の企業内「共同体」に変るヴォランタリアソシエーションの可能性の芽を感じたからである。

これから「商社に働く女性の会」についての私自身の調査結果について述べるわけであるが，調査の経緯については他のヒアリング調査と異なる経緯がある。「商社に働く女性の会」の調査をはじめた端緒は，1990年代に，総合商社における成果主義人事導入とそれに連動した大規模人員削減「リストラ」を対

象として「商社の女性の会」の主要メンバーと私が研究会をもったことに遡る。その「研究会」は総合商社研究会と名づけられ，総合商社の経営，組織，経理，人事，労働など多面的な角度から研究をおこなった。その過程で，「商社の女性の会」に私自身，招かれ，総合商社における大規模人員削減「リストラ」の性格や組織改革の問題点，成果主義人事制度の性格や基礎理論などについて話をおこない，交流を持った。その過程で，「商社に働く女性の会」が成果主義人事制度導入や出向・転籍などの問題に前向きに励ましあい，協力し合って対応する姿勢に，本来の職場レベルにおける「共同性」の姿を見出したような気がした。そこで，「商社に働く女性の会」の主要メンバーにヒアリング調査をおこない，ヒアリングデータとともに「商社の働く女性の会」に関わる資料を入手することができた。

(1) 「商社に働く女性の会」の結成

では，「商社に働く女性の会」の歴史的軌跡を語ることを通して，「商社に働く女性の会」の性格とその活動内容について見ることにしよう。「商社に働く女性の会」が結成された背景には，総合商社の労働組合の右傾化がある。1970年代，社会的高揚を背景として，ストライキなどをおこないはじめた比較的民主的な全商社傘下の労働組合に，総合商社の経営陣は脅威を覚え，総合商社の経営者側は，五社会を結成して情報交換をおこなうとともに，第2組合を形成したり，組合主導部を経営者側の意図をくみとる人物によって過半数を制するなど，労働組合を全商社からの影響から離脱させる右傾化工作をおこなってゆくのである。その結果，総合商社の労働組合は，次々と全商社を脱退するに至った。1974年に，住商，丸紅，トーメン，伊藤忠商事が，全商社から脱退し，日商岩井も，1981年に，全商社から脱退するに至る。

このような労働組合の右傾化と全商社からの労働組合の脱退によって，商社で働く男性・女性労働者は，全商社の機関紙であった「全商社ニュース」などが手に入らなくなり，商社全体の動向がわからなくなってしまった。そのため，大阪において，全商社の活動などに関わってきた有志の男性・女性労働者

によって，「商社の情報連絡会」がつくられることとなった。その中でも，母性保護等の女性労働者独自の問題があるということで，旧全商社で活動してきた女性労働者だけが結集して，情報交換の場として，1975年「商社婦人問題研究会」が結成された。これが，大阪における「商社に働く女性の会」の前身である。

「商社婦人問題研究会」が結成された1975年は，国連の世界会議がメキシコで開かれ1976年から1985年までを「国際婦人の10年」と定めた「国際婦人年」のスタートの年であった。この「国際婦人年」に触発されて，大阪においても草の根的に運動がはじまり，大阪市北区でも，「国際婦人年北区の会」が活発な活動を開始したのであった。「商社婦人問題研究会」のメンバーの有志にも，この「国際婦人年北区の会」に参加し，意識を大きく変えられた人もいる。

「国際婦人年」という世界的潮流をバックボーンにしながら大阪の「商社に働く女性の会」が発足する。その発足のきっかけとなったのが，1981年3月に，「男女差別賃金をなくす連絡会議」の結成大会に，商社グループとして参加したことであった。総合商社の女性労働者が，男女差別賃金を大きく意識させられたのが，1978年の日商岩井等における「呼称変更」の問題からであった。ことの発端は，三和銀行や第一勧業銀行の男女二本立て賃金の実態が，三和銀行・第一勧業銀行の女性労働者の申し立てで，労基法第4条違反であることが明確となり，銀行側は，三和銀行の女性たちに3億円，第一勧業銀行の女性たちには5億円のバックペイをおこなったことにある。この申し立て事件のあと，労働基準監督署が総合商社をはじめとした各日本大企業の実態を調査すると，男女二本立て賃金体系であることが明るみにでることとなった。これに対して，日本大企業は，この男女賃金差別を合法化するために，それまで一本の給与体系であったものを，「男女の職務の呼称」を，便宜上，わけることによって異なる職務だてにもとづく二つの給与体系にすることとなった。総合商社でも，すばやく「呼称変更」をおこない，一般職と事務職といった職務区分をおこなうことによって，男女の賃金の違いは，男女差別ではなく，職務区分であるというその後のコース別雇用管理制度に通じる人事制度改革をおこなっ

た。しかし，この改革は，その職務区分の定義づけがあまりに現実の職務の実態とかけはなれているとともに，同勤続年数の男女の賃金差があまりにも大きい問題を，総合商社の女性労働者にも意識させることとなり，「これからは男女賃金差別である」と決意させたのである[5]。

1981年から1982年まで，「商社に働く女性の会」では，弁護士や労働基準監督署の職員の協力を得て，各商社の就業規則を詳細に比較検討し，扶養家族手当などの女性にとって不利な扱いの是正を組合に申し入れたり，会社側と直接，交渉をおこない一定の成果を得ている。そして，「商社に働く女性の会」の大きな分岐点となるのが，1984年の採用から退職までの女性差別・賃金格差などを明らかにしたパンフレット『商社の女性は今』の発行であった。

このパンフレット作成の大きな動機は，1981年から1982年の弁護士や労基署職員との学習会を通して，総合商社（もしくは商社一般）の女性差別がひどいことに気づいたことにあった。「就職人気企業」や「世界に羽ばたく」といった世間一般の総合商社のイメージと実際の企業内でおこなわれている女性差別の実態の落差を，みんなに知って欲しいという気持ちが沸き上がってきたのある。「商社に働く女性の会」のメンバーは，当時について，『聞いて，聞いて，商社って，実は……』といった想いからこのパンフレットづくりは，はじまったとその発行のいきさつをふりかえっている。そして，また，「男女雇用平等法制定」に向けての熱い期待感をこめて，「商社に働く女性の会」のメンバーは，このパンフレットを世に送り出したのであった。ただ，このパンフレットを出す時，メンバーは「隠れキリシタン」の気持ちであったという。このパンフレットには，事実しか記載されていないが，会社側は，「会社批判として攻撃してくるのではないか」という不安があったのである。

このパンフレットは，マスコミにも大きく取り上げられ，男女雇用機会均等法を巡る国会審議でも引用されるなどの大きな反響を呼んだ。この社会的反響は，大阪の「商社に働く女性の会」に大きな自信とモチベーションを与えることとなった。

しかし，1985年に制定された「男女雇用機会均等法」は，「商社に働く女性

の会」のメンバーの期待を大きく裏切るものであった。そして，メンバーが「男女雇用機会均等法」の内容を検討すると，日本の「男女雇用機会均等法」は，日本も批准した女性差別撤廃条約の精神からほど遠いものであることを実感する。そして，この1985年，「商社に働く女性の会」の有志は，国際婦人年ナイロビ大会においてワークショップを持ち，大きな反響を体験し，帰国後，「世界に訴えよう」と考えるようになる。そこで，大阪の「商社に働く女性の会」は，1997年，女性差別撤廃条約の精神に違反している日本の男女雇用機会均等法を国連に訴えるために，国内版パンフレット（「CEDAWへの手紙」）とそれを英訳した海外版パンフレットを作成することになる。海外版パンフレットは，1991年，「商社に働く女性の会」のメンバーが国連のCEDAW（国連女性差別撤廃委員会）へ赴き手渡され，国連で草の根活動として注目されることとなった[6]。

　この第2回目のパンフレット作成では，「商社に働く女性の会」のメンバーの半数が実名を公表することとなった。これは，「もし，この活動をしていることを人や会社が批判するのならば，批判する人や会社がまちがっている」という確信を持つようになったからである。重要なことは，「商社に働く女性の会」のメンバーが，特定の価値観やイデオロギーに心酔して確信を得るのではなく，パンフレットの作成や世界大会などの社会経験を通して確信を得た点にある。社会経験を通して得た確信は，揺るぎないし，その反面，現実的柔軟性を有している。第2回目のパンフレットは，テレビ，新聞に掲載されたり，とりあげられ，またも大きな反響を生むこととなった。

　1987年以降，大阪の「商社に働く女性の会」は，コース別雇用管理にどう対応すべきか，また，男女雇用機会均等法を逆手にとって，大阪府婦人少年室に女性差別の現状を訴えるなどの女性労働者への支援といった国内活動と，国連をはじめ世界に日本大企業の女性差別の現状を訴える国際活動を展開し，国内・国外二本立ての活動をおこなうようになった。そして，1987年以降の大阪の「商社に働く女性の会」の大きな変化は，他地域，他業種とのネットワーキングであった。

(2) 「商社に働く女性の会」のネットワーキング
　　　―WWN（ワーキング・ウィメンズ・ネットワーク）発足への道―

　ここまで，主として大阪における「商社に働く女性の会」について論述してきたが，東京においても，自然発生的に「商社に働く女性の会」が結成され展開されてきていた。

　1989年には，東京と大阪の「商社に働く女性の会」が交流会を，また，1992年には，大阪，東京の「商社に働く女性の会」と名古屋の有志のメンバーによって全国集会がおこなわれ約二百人が参加するなど，「商社に働く女性の会」の全国的なネットワークが構築されるようになってきた。1992年3月には，名古屋にも「商社に働く女性の会」が結成された。そして，東京の「商社に働く女性の会」のメンバーの支援のもと，東京において総合商社の兼松を相手に女性賃金差別の訴訟が提起されるなど新しい展開がすすむこととなった。

　また，商社のみならず他業種の女性労働者との交流もすすんでいった。この業種を越えたネットワークのきっかけは，1990年からはじまった均等法ネットワーク講座であった。この均等法ネットワークでは，弁護士の先生を中心に業種を越えた学習と交流が積み重ねられていった。特に，大阪では，学習，交流とともに，行動が積極的になされていった。大阪において，「商社に働く女性の会」ばかりではなく，女性労働者の社会運動が継続した背景には，大阪独特の反骨精神と女性労働者の社会運動を支える学者，弁護士，組合といった層の厚さにも関係している。大阪独特の反骨精神が，「商社に働く女性の会」をはじめとした大阪の女性労働者のエートスとして働いてきたと言えよう。

　この均等法ネットワークの学習と交流を基礎として，男女差別の訴訟を支える組織作りの問題が，1995年に話し合われるようになった。そして，1995年には，北京女性会議に参加，ワークショップの開催を通して，大きな反響を得た。その感動を起爆剤として，住友メーカーの女性差別賃金裁判をサポートすることととなり，それをきっかけとしてWWN（ワーキング・ウィメンズ・ネットワーク）が発足することとなる。ここに，個人を基礎とした男女差別をなくすためのネットワークが日本ではじめて発足したのである。WWNの母体とし

ては,「商社に働く女性の会」以外にも,「国連婦人年北区の会」「男女差別をなくす大阪連絡会」「均等法ネットワーク講座」の女性四団体が連帯してできたものであった。発足当初は,関西を中心に200名足らずであったが,1999年には全国,世界中に600名の会員を擁する団体に成長している。

　ここで注目したいのは,WWNの発足が女性差別賃金裁判をサポートすることを一つの目的としてスタートした点にある。それまでのこのような裁判闘争の形態では,争議団を形成して支援をおこなっていく形態が一般的であった。争議団は,組合や様々な諸団体の支援を獲得して形成されるわけであり,多くの支援を受け入れるという大きなメリットがある反面,争議団は,まさに「団体(組織集合体)」であり,訴訟者個人よりも組織の原理によって動かされていく側面がある。そのような傾向にあって,「訴訟者個人の顔が見える裁判闘争を支えるということ」を,一つの目的としてWWNが形成されたことに,私は大きな意義を感じている。賃金裁判のWWNのサポート活動において,参加者に共感の和が広がる理由は,社会的義憤や社会的正義の達成といった側面よりも,普通の女性が巨大企業を相手に裁判をおこなっているという点への感嘆と裁判をおこさずには,いられなかったという思いへの共感という人間的側面によるものである。21世紀が,特定の単一的価値観から多様な価値観を享受する社会の方向へすすんでゆく中で,WWNのような裁判へのサポートの方向は,ひとつの大きな試みと評価できよう。

　また,「商社に働く女性の会」は,WWN結成の原動力のひとつとなったが,WWNに吸収され解散したわけではない。1995年以降も,「商社に働く女性の会」では,男女同一労働同一賃金を視野に入れた調査研究への協力や会社側が打ち出してくる新しい組織改革(持株会社制度など)や新人事管理制度に関して講演会や学習会をおこなっている。そして,1999年,大幅な人員削減,子会社・関連会社の整理・淘汰がすすむ中,それに対応して,「商社に働く女性の会」では,機敏に行動をおこなっている。

　また,WWNでは,2003年7月,国連CEDAWの日本政府第4次・第5次のレポートの審議にNGOとして参加し,日本の女性差別の現状をつまびらかに

している。この時，WWNからは8人の参加であったが，日本全体では16団体58人，政府からは坂東真理子男女共同参画室長を団長に16人の代表団での参加であった。

　その折，まず，男女共同参画室長より，「日本はコンセンサスを大事にする国なので，なかなか変わらない。間接差別については目下研究中で2004年春には結論が出る。パートは増える一方で，働く人の40パーセントとなっている。そして，仕事と家庭の両立支援に重点を置いているが，女性3人のうち二人は出産で退職し，かつ，女性の管理職が8.9パーセントで，女性政治家も少ない。2020年までにすべての分野で女性の比率を30パーセントまで持ってゆきたい。」といった30分間の基調スピーチがおこなわれた。WWNからは，WWNによる男女賃金格差の実態とそれをなくすための提案を提示している。国連CEDAWの委員からは，WWNをはじめとしたNGOから事前ブリーフイングを受け，日本政府に対して，「2001年になって，『間接差別』についてやっと取り組むというのは遅すぎであり，パート労働など圧倒的に女性が多いのは，間接差別に相当する。社会のコンセンサス重視というが，政府の認識よりも世の中は早く進んでいる。女性の地位や意識に関する調査は，年齢別に行うのがベストであり，若い女性の場合は，職場と家庭との両立などが関心事である。また，ポジテイブアクションも，整合性に欠けており，公共部門でいつまでに達成するのか，どれだけの女性を意思決定の場に処遇するのか。特に，問題であるのは，性別役割分担が固定化している点である。異なった雇用管理のカテゴリー（コース別雇用管理制度の導入）が，均等法の指針のもとで許されており，低い賃金，昇進が不利な分野に女性が集中している。これも，先進国では間接差別にあたる。」との質問・意見がなされた。そして，これに対して，男女共同参画室長は，「何故，こんなにスピードが遅いのか，我ながらフラストレーションいっぱいであるが，しかし日本は，日本であり，コンセンサスがないとすすまない。条約を批准して18年，育児休職，均等法の強化など，法律上の取り組みをやったが，結果はまだでていないのが現状である。日本は，いまだ，男女役割分担において夫が一家の生計維持者で，妻は専業主婦で家計補助という前提

にったった社会保障や税制，職場環境になっている。それゆえ，日本政府は，いま税制や厚生年金などを見直している。ポジティブアクションにおいて公共部門でいつまでに達成するのかという質問が出たが，日本政府では，公共部門で2003年に25％，2005年に30％とターゲットを決定している。間接差別への対応が長い間，定義が明確でないとしてきたが，新たに研究会を発足させ，何が間接差別の定義かの検討が始まっている。」という回答をおこなっている。

国連CEDAWでの日本レポート審議は3回目であったが，NGOが日本女性差別撤廃条約NGOネットワーク（＝JNNC）を作って参加したのは始めてのことであり，いわゆる政府とNGOと国連の委員との3者で，どうしたら日本の男女平等が前進できるか，問題がどこにあるのかといった「建設的対話」を実践できたのは，画期的なことであったと位置づけできよう。

また，WWNが支援してきた住友生命ミセス男女賃金差別裁判では勝利を納めている。この裁判は，2001年7月27日，大阪地裁において，住友生命の既婚女性に対する昇給，昇格差別について，これを違法とし，原告9名に対して，差別がなければ1988年（昭和63年）4月に一般指導職に昇格していたとし，また，原告12名全員について昇給差別があるとして差額賃金相当損害金と9名について300万円，3名について100万円の慰謝料の支払いを会社に命じたものである。この住友生命ミセス男女賃金差別裁判以降，2004年の昭和シェル石油の男女差別賃金裁判や芝信の男女賃金差別裁判において勝訴が続いている。

また，WWN支援の敗訴した男女賃金裁判を詳細に検討し男女差別賃金裁判そのものの批判や国際的な問題提起までもおこなっている。その際，WWNでは，男女差別賃金裁判において結論を左右するのが「裁判官のジェンダー意識」であることを指摘している。WWNでは，裁判官のジェンダーバイアスを正し，判例の流れをさらに一歩進めることの重要性を主張している。

そして，WWNでは，裁判の支援活動をおこなう過程で，積極的にテレビ，新聞，雑誌の取材に応じて，記事やテレビニュースにとりあげてもらうことで，日本の女性差別の現状を広く知らせるとともに，それに関連した講演会や学集会を積極的に展開し，女性の男女平等・女性差別撤廃に関する意識を醸成

してゆく活動をおこなっている。

3 「商社に働く女性の会」と労働組合

　別の角度から見れば,「商社に働く女性の会」の結成は,男性中心の労働組合へのアンチテーゼであったから存続意義があったとも言える。比較的民主的であった全商社加盟の労働組合の時でさえ,執行部（ユニオンリーダー）は男性によって占められ,男性中心の運営であった。この問題点は,日本の労働組合もまた「男性中心主義」からの脱却を必要としていることを示している。平澤克彦氏は,雇用者の約4割が女性であるにもかかわらず,女性のユニオンリーダーが極めて少ないといった「組合への女性の社会進出」が進んでいない理由として,組合活動の「負担」の重さを指摘している。既婚の女性労働者は,性別役割分業の中,家事・育児を担っており,さらに組合の活動を担うことは過重な負担となる。組合もまた性別役割分業を前提とした男性中心社会であり,組合を支える組合執行部の男性を支えて,家事と育児を担う専業主婦を必要としているのである。また,平澤氏は,日本の労働組合の体質にも問題点があることを指摘している。それは,70年代後半から役員選出の方法が変わり,組合執行委員が組合員の直接選挙によらず,大会代議員や支部代議員による間接選挙によって選出されるようになった事も大きいと指摘している。間接選挙で,執行部に選ばれることとなると,雇用者の半数が女性であっても,家事や育児の関係等から組合の活動がしにくい女性にとって代議員になることは無理なことであり,代議員は必然的に男性が多くなり,その結果,執行委員の大半は男性となるのである[7]。その結果として,平澤氏は,「『民主的』という組合でさえ,「女性部は組合の意思決定から疎外され,青年婦人部の場合,女性固有の問題を扱うために女性だけの組織が設けられるという状況なのである[8]。」と述べている。

4 女性差別構造と国家依存・行政保護型産業

　また，総合商社に見られた「女性差別」の傾向性は，政府の強い統制下におかれてきた金融産業，建設産業，基礎素材産業である鉄鋼産業，化学産業等に見られる。すなわち，企業内「共同体」が解体されつつある国家に強い依存関係を持ち，かつ政府の強い統制下におかれてきた金融産業，建設産業，基礎素材産業である鉄鋼産業，化学産業等では，財閥系を中心として，雇用上の男女差別が，国際競争力を維持した電器等の産業下の大企業より，「意識」の上でも，人事制度の上でも，より強い傾向があるという点が指摘できる。これは，日本における男女賃金差別訴訟の多くが，行政保護産業・行政統制産業である銀行，生命保険，総合商社，鉄鋼，化学，建設などの大企業を相手になされていることに端的にあらわれている。それは，行政保護産業や行政統制型産業の日本大企業では，旧来からの「男性中心原理」によって，この縦軸が，フォーマルにも，インフォーマルにもより強固に形成・維持され企業内「共同体」が形成されてきたのである。

　資本主義の原理では，産業の成熟化による消費者ニーズの多様化や女性の社会進出の拡大，国際競争の激化の中で，女性の労働力層も，低賃金層に固定化せず，より多様な労働力として，男女共々競争させたほうが，より経済的合理性を有している。それゆえ，日本の国際競争産業（自動車・電器・機械産業等）では，女性の戦力化が部分的にでも進んできている。具体的には，ホワイトカラーでは，少数とはいえ総合職への登用やマーケティングや商品開発部門への女性の登用などがはかられてきたし，また，ブルーカラーでは，男女混合ラインなどによって性差を越えた労働力利用がなされている。

　これに対して，行政統制産業や行政保護産業の銀行，生命保険，総合商社，鉄鋼，化学，建設，金融などの大企業では，男女の職務分担が，性差に基づいてより固定化し，女性の男性職務への進出やそのような考え方を受け入れる企業風土（集団意識，社会的規範）が存在しない。行政保護産業や行政保護産業

の大企業では，より強い縦軸でのトップダウン型の命令・服従関係が，男性を中心として形成され，女性がその命令系統（すなわち権力）から排除され，補助業務としてのみ位置づけられてきた結果，それが「常識」として認識され「男性中心」の企業風土（集団意識，社会的規範）が形成されたのである。

そして，より強固なこの「男性中心」の企業風土が，男性中心の閉鎖的・排他的サークルをフォーマル，インフォーマルな形で生みだし，企業内「共同体」を形成している。例えば，営業会議などの会議に補助業務の女性の参加をさせず，男性社員のみでおこなう。また，インフォーマルな派閥・学閥やフォーマルな企業経営者グループ（部長・役員層）などの企業内「共同体」の中心は男性のみで形成され，女性はあくまでの企業内「共同体」周辺に位置づけられその中心的な構成員としないのである。

まれに，行政保護産業や行政統制産業において，総合職への登用がおこなわれることがあったが，総合職の女性はフォーマルなコミュニケーションへの参加は認められたが，インフォーマルなコミュニケーションへの参加は認められない。そして，男性が圧倒的多数の集団の中に組み込まれた女性総合職は，特殊な存在として「シンボル化」され，かつ注目され，常にマジョリティを占める男性のプレッシャーを受け続けることとなる。特に，「男性中心」の企業風土の強い行政保護産業や行政統制型産業では，女性総合職は，鬼子であり，常に「好奇」と過度な「プレッシャー」をかけられてきたと言える[9]。

では，行政保護産業や行政統制産業での女性労働者は，ヒアリング調査からも限定された満足感（社会統合）しか得ることができない構造となっている。それは，1．基幹業務を担う男性従業員と補助業務を担う女性従業員の相互的コミュニケーションと2．補助業務を担う女性従業員間のコミュニケーションを通しての極めて限定された「やりがい」や「はりあい」しか得られない構造にしている。特に，1．基幹業務を担う男性従業員と補助業務を担う女性従業員の相互的コミュニケーションでは，リストラの中で女性の補助業務が本来男性が担当してきた計画立案や価格交渉などの高度な判断を有する業務をおこなうことで，仕事に対する充実感を感じている。また，基幹業務を担う男性従業

員から感謝されたり，認められることで，ある種の極めて限られた「はりあい」しか感じることができなくしている。

　社会統合の側面においても，女性労働者の「やりがい」が「はりあい」を極めて限定することで「やる気」を喪失せしめ，結婚退職や転職へと追い込むことで短期雇用実現し，女性労働者の低賃金労働者としての「固定化」をはかるのである。また，補助業務を担う女性従業員間のコミュニケーションは，男性と異なる職場レベルのヴォランタリアソシエーションの形成であり，企業・男性中心社会・職場への不満や様々な家庭や恋愛等々の問題を共有しあうことで，相互扶助的な機能を担い職場で働くことの「やりがい」に結びついている。

5　小　　結

　「商社に働く女性の会」がヴォランタリアソシエーションとして持続しえた理由の第1としては，外部にメンバーが積極的にでていくことによって，それによって意識を大きく変えられたメンバーを触媒として，それに啓発されて他のメンバーも，そしてグループ自身も変化をとげてきたことにある。このことは「商社に働く女性の会」が，積極的に「意識の変容したメンバー」を受け入れる受容性と外部の変化に対する好奇心を失わなかったことに起因している。異質メンバーによる触媒効果によって，グループ自身が，時代状況の変化に適応するするとともに，情熱を維持することができたと言える。

　日本企業社会の企業内「共同体」の特徴として，同質的均質性（同化主義）があるが，これは日本人の社会運動グループにもあてはまることで，同質的均質性による排他主義に陥りやすい傾向がある。同質的均質なグループは，化学変化をおこさない安定状態と同じであり，価値の統一やグループ・メンバー内の権威構造の維持には都合がよいというメリットがある。その結果，価値統一や権威構造の維持を優先するグループでは，メンバーの意識や価値観が変わることを受容することができない。そこでは，そのメンバーを排除するか，その

メンバーが元のグループの統一的価値にあわせることを迫られることになる。このようなグループでは，グループの維持が最優先され，その結果，外部環境の変化に適応できなくなり，崩壊するか，グループとしての魅力を失うことになる。日本企業社会の企業内「共同体」は排除と包摂の両面の機能により形成されているのである。

　「商社に働く女性の会」が持続できた理由の第2は，会の活動に協力してくれる学者，弁護士などの専門家との関係を持続的に維持できた点にある。これは，グループの中に社会的視野と学習機能を保持することにとって有効に機能してきた。この点は，NPOをはじめとしたグループ活動が，独善や偏見に陥らず，広い社会的視野を維持し，構成員の人間的成長を図っていく上で，学者や弁護士等の専門家との連携が大切なことを示していると言える。

　上記のように「商社に働く女性の会」が持続した理由について考える時，総合商社の男性労働者の労働運動・社会運動が持続しなかったのかについても考えさせられた。「商社に働く女性の会」の前身の1975年の「商社婦人問題研究会」が発足した時には，総合商社の男性労働者による情報連絡会も存在していたが，その連絡会は，「商社に働く女性の会」にような展開を，はかれていない。その直接的背景としては，1．全商社の主要な活動を担ってきた男性労働者が，地方（九州など）やインドなどの地域に配置転換されネットワークがズタズタにされたという点，2．労働運動を担ってきた総合商社の男性労働者も管理職に昇進し，労働運動から離れていったという点などがある。

　「商社に働く女性の会」からWWNへ発展する歴史的経緯から，より小さい自然発生的なヴォランタリーアクションの集合的表出が，既存の労働組合（特に連合系組合）などの構造化された集団にはない弾力性と有効性を発揮したと言えよう。

　また，問題は，ヴォランタリアソシエーションがアソシエーションである性格をすてて，官僚制的な強制的組織へ変貌するのではないかという問題である。

この問題点は，重要な点であり，「商社に働く女性の会」から生まれたWWN

などのヴォランタリアソシエーション（NPO，NGO）が社会的認知を受けるプロセスにおいて，政治権力（政府）や経済権力に取り込まれると権力による金銭的庇護や経済的利益分与等を受ける代償としてそのアソシエーションとしての性格を失い官僚制的官僚組織に変貌することが充分に考えられる。これは，日本の消費者運動が体制化し財政的援助と引き換えに官僚の天下りを受け入れていった事例においても説明がつこう。

　官僚制的な強制的組織へ変貌しないための条件とは何であろうか。ヴォランタリであるということは，集団運営がメンバーの自由な議論とコミュニケーションによる合意に基づく意思決定であることを意味している。そのため，ヴォランタリアソシエーションの組織の運営には①メンバーの自由な議論とコミュニケーションによる合意に基づく意思決定をうまくとりおこなえるリーダーの存在，②メンバーの主体性（明確な意思・主張と責任）③メンバー相互間の異なる意思を尊重する組織特質が必要である。また，組織運営には，非安定的な組織から安定的な組織へと志向する組織化への方向性とヴォランタリアクションの集合体としての自由かつ柔軟なヴォランタリアソシエーションの運動方向性という両面両者の相克を調整してゆく必要性がある。

（注）
（1）　新日本経営システム研究プロジェクト編『新時代の「日本的経営」―挑戦すべき方向と具体策―』1995年。
（2）　調査によれば，1993年の年収を聞いた対象者約550人を，所得別に上位から20％ずつ5段階にわけ，さらに8年後に，同じ人の年収をくらべて見ると，93年に最低ランクだった人たちの半分は，2001年の時点でも同じランクにとどまっている。（『アエラ』2004年8月9日号，18ページ。）
（3）　安田三郎・塩原勉・富永健一・吉田民人編『基礎社会学第Ⅲ巻　社会集団』東洋経済新報社，1981年，125ページ。
（4）　安田三郎・塩原勉・富永健一・吉田民人編『基礎社会学第Ⅲ巻　社会集団』東洋経済新報社，1981年，125ページ。
（5）　新修大阪市編纂委員会編『新修　大阪市史　第9巻』1995年3月，669ページから670ページ，参照。
（6）　総合商社の女性労働者に対する女性差別の現状に関しては，越堂静子「総合商社の働く女性」藤山恵美子・藤井治枝・渡辺峻編著『日本企業の働く女性たち』ミネルヴ

ァ書房，1998年参照。総合商社の女性労働者の女性差別への抵抗については，越堂静子「職場における男女平等ネットワーク」（基礎経済科学研究所編『働く女性と家族のいま1．日本企業社会と女性』青木書店，1995年所収）参照。
（7）　平澤克彦「女性労働と労働組合」（藤井治枝・渡辺峻編著『現代企業経営の女性労働―労務管理の個別化と男女の自立―』ミネルヴァ書房，1999年所収）参照。
（8）　藤井治枝・渡辺峻編著，前掲書，218ページ。
（9）　原ひろ子・大沢真理編『変容する男性社会―労働・ジェンダーの日独比較』新曜社，1993年，32ページから51ページ。

結章 ─成果主義導入と企業内「共同体」の変容の含意と残された課題─

　以上，日本企業社会における成果主義導入と企業内「共同体」に関して分析・解明をおこなってきた。本研究において，確認しえた点について整理しておこう。

　まず，本研究では，日本における企業内「共同体」形成について，製品市場の拡大期である高度成長期（1950年代から1960年代）には，終身雇用・年功序列に代表される労働者を企業内に確保し定着せしめる全従業員に対する「長期雇用保障（長期交換契約）」によって，日本の企業内「共同体」が形成された時期と位置づけた。また，外部労働市場の未発達と熟練技能者をはじめとする希少労働力不足から企業内部における技能向上とそれらの技能者の囲い込み（外部労働市場への流出阻止）のために，経営者側が，意図的に，企業内「共同体」を形成し，賃金以外のインセンティブをつくったと考えた。これらの企業内「共同体」の理念の一つとして利用されたのが経営家族主義であった。経営家族主義は，イエ共同体（血族的な共同体）の原理を企業に導入することで，共同体を擬似的に企業体の中に再現するイデオロギーである。経営家族主義は，今日，日本においても，一族経営を主体とする中小企業のみならず，大企業においても一族経営を中心とした展開されているケースもある。また，日本では，多くのベンチャービジネスにおいても，日本に於いて，一般市場から資金調達の限界性から経営者一族の出資を中心として創業され，経営家族主義的性格を残存するケースも多い点に論究した。

　また，本研究では，日本における企業内「共同体」の維持・再生産につい

て，高度経済成長期の終焉とその後の石油ショックによって，市場の拡大期から安定低成長期（1970年代から1980年代）となり，職能資格制度が「能力主義管理」として導入されたが，協調性等の「同質的・同調競争」をはかることで，競争原理と「共同性」を並存させることで，日本の企業内「共同性」をよりゲゼルシャフト（利益社会）的関係にしつつも，維持，再生産させてきたと位置づけた。

そして，バブル経済崩壊以降（1990年代から21世紀），長引くデフレ不況下においてグローバライゼーションによる製品市場の競争激化，海外への生産拠点の移転による内部空洞化（国内工場の廃棄）などを背景として，労働者を企業内部に抱え込むその経済合理性が低下し，その結果，企業側は「長期雇用保障」の建前さえなくし，協調性等の「同質的・同調競争」の基礎を提供してきた職能資格制度を，成果主義人事制度に大きく改変し，日本の企業内「共同体」が大きな変容・崩壊期に入ったと論究し，企業内「共同体」変容の大きな要因である成果主義の類型化をおこなった。そして，それら成果主義の類型化と企業内「共同体」変容のパターンの間に深い関連性があることを発見すると同時に，成果主義導入による企業内「共同体」変容の仮説を提起し，それを調査研究等によって解明した。

その事例調査研究から成果主義導入による企業内「共同体」変容について解明しえた点について列挙したい。

第一に，本調査研究では，成果主義導入による企業内「共同体」の半崩壊状況が経営家族主義的経営から成果主義的な近代経営への移行期におこっている。この点は，成果主義制度が経営近代化を意図して導入されるわけであり，必然と言える。そして，事例調査から成果主義賃金制度の導入が，旧来の経営家族主義的企業内「共同体」を更に掘り崩す結果となることが確認できた。経営環境から見れば，成果主義を入れざるをえない状況にあるが，原資が少なく，かつ所有と経営が分離していない中小企業の状況において，企業内「共同体」に代替する社会統合の手段の確立が困難であるため，成果主義導入による企業内「共同体」の完全解体には至らず半崩壊状況となっている。また，企業

内「共同体」の半崩壊現象は，世代別・従業員階層別におこることを確認した。世代別・従業員階層別の企業内「共同体」の半崩壊現象は，中小企業のみならず，大企業にもあてはまることが考えられる。また，本調査のみから，中小企業における経営家族主義から近代経営の移行期に，一般的に企業内「共同体」の半崩壊現象がおこりうるのかにいては断定できず，更なる研究が必要であろう。

　第二に，事例調査を通して，企業内「共同体」の全崩壊は，成果主義導入のタイプとともに媒介要因である個別企業の「人員削減」リストラ計画と深い関わりがあることが理解できた。それは，企業のリストラクチュアリング計画（中・長期事業計画）の中で必要とされる層は，成果主義賃金導入に対して従業員自体も期待度が高く経営者としても組織に囲い込むために，満足できる給与と部署を用意され個別的契約的関係性となる。これに対して，リストラクチュアリングを通して縮小・移転・廃止等を予想される部門や層の労働者（いわば大多数の労働者）は削減され，意識面でも人員面でも企業社会的な凝集性がなくなりバラバラにされる。そして，これらの層をも内包する企業内「共同体」は縮小・解体を余儀なくされている。そして，成果主義賃金制度は，前提として，経営戦略，中長期事業計画の中，必要とされる層の賃金を引き上げ，必要としない層を削減もしくは賃金を引きさげるという経営側の政策である。それゆえ，大規模な人員削減をともなうリストラを断行した日本大企業では，すべての層を高い凝集性で統合してきた企業社会，そして，それらの層をも内包してきた企業内「共同体」を解体させることとなっている。

　第三には，成果主義導入による「企業内共同体」の存続・維持としては，企業内「共同体」の変容の中心的要因である成果主義賃金制度の中に個別的業績評価以外に，チームワーク業績評価等の所属集団別の業績評価や行動プロセス評価において上司や同僚との連携性評価などを加えたり，企業内「共同体」変容の副次的要因である長期雇用の保証や最雇用制度の充実，人間関係諸活動などの強化することで，アメリカのHRMとは異なる日本的な成果主義制度を導入したりするタイプである。また，日本の中小企業における「企業内共同体」

の存続・維持では,経営者の考え方により持ち家制度などの企業内「共同体」維持政策が意図的にはかられる場合である。

　上記のような個別企業レベルにおける企業内「共同体」の半崩壊から全崩壊そして維持・存続の類型の展開は,個別企業の現代日本資本主義の構造の中での個別企業の位置に関係している。国家に強い依存関係を持ち,かつ政府の強い統制下におかれてきた金融産業,建設産業,基礎素材産業である鉄鋼産業,化学産業等では,多額の有利子負債,不良債権を抱え,成果主義人事導入を梃子として大規模人員削減「リストラ」を実施し,主として男性ホワイトカラー従業員の中心の企業内「共同体」を解体させている。これに対して,国際競争力を有し,チームワーク等の熟練労働力を必要する日本の製造大企業では,成果主義人事を導入する場合でも,チームワーク業績評価等の所属集団別の業績評価を加えたり,年功的要素を加味することで,アメリカのHRMとは異なる日本的な成果主義賃金制度を導入したり,再雇用制度などを充実させることで長期雇用の維持を標榜することで,結果として企業内「共同体」を存続させ,日本企業社会的な社会統合を維持させている[1]。

　このような成果主義導入による企業内「共同体」の変容の諸類型をみる時,日本企業社会が,従来のような単一の企業社会的価値観に基づく単層社会ではなく,組織によっては様々な価値観にわかれるモザイク型社会に移行しつつあることが想定される。企業内「共同体」が存続・維持される企業組織では,あいかわらず企業社会的価値観が再生産される反面,企業内「共同体」が全崩壊,半崩壊してゆく企業組織では,従業員個々人が多様な価値観を模索しつつある。

　そして,日本社会が,企業社会からモザイク社会への移行が1990年代のバブル経済崩壊期におこったことは,1990年代が日本資本主義の戦後経済の分水嶺期であったこととも深く関係しているかもしれない。イギリス資本主義の場合,製造資本主義から早い段階で金融・情報資本主義に移行した。これに対して,日本資本主義は,バブル経済期が製造資本主義から金融・情報資本主義への移行期であったかもしれなかったが,バブル経済の崩壊によって,その移行

に失敗し，製造資本主義にはとどまったが，その質を大きく変化させることとなった。それは，六大企業集団の再編，大企業間の合併・吸収にはじまり，あらゆる産業・大企業のリストラクチュアリングや成果主義の導入へとむかっていった。その点からも，日本社会の企業社会からモザイク社会への転換が日本資本主義の経済変動に規定された不可避的変化であるとも考えられる。

また，残された研究課題はモザイク社会の構成比率がどうなりつつあるのかを解明することにある。旧来型の日本企業社会的組織，新しい成果主義をとる組織，企業社会と成果主義の折衷的組織や組織に依存しない個人グループや企業社会的組織から脱出した人々によって構成される新しい共同体など，どのような組織，集団，個人，共同体が，どのような構成比率によって，モザイク社会は構成されるのかである。日本社会が，単一的な企業社会的価値観によって構成される企業社会からモザイク的な社会に変化しているとしても，日本社会の中核的な部分が，企業社会的組織や価値観によって，新しい形であたってしても再生・存続するならば，社会的な質的変化は限定的なものであると考えられよう。そのような日本企業社会の質的・量的変貌の解明が，今後の残された研究課題の一つである。

次に，成果主義導入による企業内「共同体」の変容・崩壊の問題を，四つの視点から分析をおこないたい。

一つは，組織行動論（経営側）からの視点である。日本の中小企業の旧来の経営家族主義的経営が企業内「共同体」による成員相互の高い協調性と協力関係を基礎として情報交換，コミニケーションをおこない生産作業，営業活動等をチームワークによって遂行してきた。それが成果主義賃金制度によって「共同体」を支える成員相互の協調性と協力関係の維持が困難になりつつある。このような成果主義賃金制度の持つデメリットを，経営的観点から克服しようと，近代的経営を志向する経営者側は，組織をフラット化し，個人的能力の伸長，目標の明確化，評価や命令を納得させる強いリーダーの影響力の強化，IT化による自律分散型組織化，IT化による人間的コミュニケーションによらない情報公開と情報共有を促進といったビジネスモデルの導入が模索されてい

る。このようなビジネスモデルでは，共同性を前提としないモデルであるが，このようなビジネスモデルの構築は，経営側自体の組織変革がおこなわれず単にIT機器のみが導入されたのでは成功する可能性は極めて低い[2]。それは，ITは単に情報ネットワークとデーターベースを提供するものであり，組織変革による経営の民主化や経営参加が達成されなければ，解体された企業内「共同体」や共同性がそう安易に再生されるものではあるまい。

　もう一つは，労働運動論・労使関係論と「共同体」の視点からである。成果主義賃金の導入は，労働者の共同体団結をも掘り崩すことになる。しかし，事例調査でも，成果主義賃金の導入に対しては，労働者のかなりの反発感が生じることがわかっており，全労連が提唱するように小集団による職場討論を通して，その反発意識を利用して労働者集団としての「共同体意識」をいかに醸成するかにある。すなわち，成果主義賃金制度導入による労働運動では，職場レベル，企業・組織レベルでの運動の活性化と企業を超えた労働組合共同体の再生にある。この場合，経営側は，成果主義によって評価が引き上げられる層（企業・組織にとっても今後，有効活用な層）と成果主義において低く評価される層（企業・組織にとって排除しようとしている層：年齢の高い層等）を差別分断的に対応してくる。これに対して，組合は，両方の層を団結させ，分断することのデメリット（モラールの低下や高く評価された層もいずれ低く評価されるのではという不安感を持ちモチベーションが低下する）を経営側に理解できる内容で語ることである。そして，組合こそが，旧来型の「官僚主義」・縦組織構造を脱して，組織変革による組合組織の民主化や組織参加を達成し，①WEBにおける徹底した情報公開と情報共有，②成員の意思決定への参加欲求を充足するWEB及びEメール上での十分な公開的討議とリアルタイムでの迅速な賛否投票の実施と公開，③マイノリティの意見を尊重し，議論を継続できる仕組みをWEB上でつくる，④組合員の生活欲求や共同欲求に対応した施策の討議と実施，といったITの民主的利用をめざすべきである。

　いわば，企業内「共同体」（経営家族主義的企業内「共同体」等）の崩壊に代替する「企業を超えた組合共同体」をIT化の利用して組織変革による組合組

織の民主化や組織参加を真に達成することを通して構築するのである。ここでの「企業を超えた」の意味だが，それは個別企業を超えたという意味と同時に地域社会や同じ産別・職種別組合との連携との視座を含んでのことである。生協や信用金庫などでは，組合は地域社会やNPOとの共闘を通して，生協や信用金庫に成果主義賃金制度が向くのかどうかの理解を求め，地域社会への貢献度の向上と成果主義賃金制度の目標設定の矛盾について広く理解の和を広げてゆく必要がある。そして，生協や信用金庫が地域社会やNPOと共通目標を有し，かつ利益にもつながる目標・使命（ミッション）は何かを明らかにし，それをスルーダウンして，目標とすることこそ，21世紀に求められる課題と言えよう。

そして，もし企業内「共同体」（経営家族主義的企業内「共同体」等）の崩壊に代替する「企業を超えた組合共同体」を構築することができなければ，成果主義導入の中，日本の労使関係はますます溶解し，労働組合の役割も低下せざるをえない状況に追い込まれよう[3]。

もう一つは，企業内「共同体」からネットワーク型のアソシエーション組織への移行の展望にある。

本書の補章2の事例調査で紹介した女性従業員のヴォランタリアソシエーションである「商社に働く女性の会」は，市民運動型ネットワーク組織・WWNに合流するに至って，小さなヴォランタリアソシエーションである「商社に働く女性の会」の枠を越えた「社会的広がり」と柔軟な「組織」を持つようになったと言える。1990年代は，日本にもインターネット時代の到来をつげる年代であった。インターネット時代の到来は，個人がホームページを立ち上げ，個人が世界に発進できるメディアを獲得させた。また，インターネット時代の到来は，あらゆる情報を獲得できる可能性を個人に与えたのである。このような時代の到来の中で，階層性を有し，情報を上部の執行部で独占し，下部のメンバーに情報をすぐに降ろさない組織は，組織構成員の支持を失うばかりか社会的信用も失う運命にある。その意味では，「商社に働く女性の会」やWWNは，時代に適応する組織であり，WWNに見られる組織のあり方が民主的な労働組

合改革に大きな示唆を与えるものであると言えよう。そして，このような時代の大きな変化は，これまで社会運動の担い手の一翼であった労働組合がその価値を問われるとともに，WWNのような市民運動組織の真価が問われることとなったのである。

　そして，このことは，いわば，日本社会これまで中心に位置してきた企業内「共同体」に代替するネットワーク型のヴォランタリアソシエーション組織の構築である。ネットワーク型のヴォランタリアソシエーション組織では，男女共生の視点に立つ「徹底した情報開示」と「フラットな組織（上下関係のない組織）」への変革が求められている。また，企業内「共同体」に代替するWWNなどの組織の課題は，個別の課題を持つWWNなどの運動組織が，大きな社会変革の課題（例えば，男女平等社会の実現や女性の家庭から労働市場への容易な復帰）のために相互連携や統一行動のためのネットワークを構築することができるのかという点である。また，WWNなどの市民運動組織のもう一つの課題は，組織拡大をはかってゆく際に，様々な欲求のメンバーの活動の自由を保証しながら，行動の統一をはかってゆけるかという点にある。この点についてのWWNメンバーへのヒアリング調査では，「総合商社の組織改革などを参考として，メンバーの活動欲求にあわせて活動の単位ユニットをつくり，大きな自由裁量を与えて自由に行動をしてもらいながら，適時，単位ユニットのリーダーに総会などで活動報告をおこなってもらい，自由討論などで軌道修正してゆく」といった組織運営方法を考えている。

　もう一つは，成果主義問題と共同体の崩壊による「個のバラバラ化」というアノミー化の問題である。前述した経営的課題が解決しても企業内「共同体」の解体による労働者の個のバラバラ化は促進されるし，労働組合運動の課題はその「官僚的組織構造」や「ピラミッド構造」，「組織防衛意識」の問題によって阻害され実現にはいまだ長く困難な道程が必要である。エミール・デュルケームは，歴史の進行とともに，「個人の尊厳」は基本的な価値として次第に定着する一方で，伝統的な共同体として二次集団から解放された個人は自由を獲得したが，しかし孤立した個人として欲望の肥大化した不安定な存在でしかな

いことを，くりかえし論じている。デュルケーム社会学の課題は，伝統的拘束から解放され自由になった個人が，原子化されバラバラになった個人をどのように組織化するかということであった[4]。事例調査を通して見られたあり方のパターンには，①日本家族主義的共同体から祭りなどを中心とする村落共同体への回帰，②日本家族主義的共同体から2人から3人による趣味活動を中心とした社交体への移行，③バラバラな個として浮遊などは見られた。

今後の共同性の有り様としては，労働者が「自由な主体として個人が自らの意思で結合する」というヴォランタリなアソシアシオン（アソシエーション）の観念がある[5]。本事例調査では，紹介できなかったが，アソシアシオンの観念に基づく新しい共同性の胎動として，日本企業から離職した層への支援と心の支えをおこなうNPO「働きたいみんなのネットワーク[6]」や，労働組合運動にも就労したいにもかかわらず就労できず不安定雇用になっている青年労働者層を中心に「首都圏青年ユニオン[7]」の結成・運動の展開などを見ることできるかもしれない。

これまで論述してきた点を，今一度，整理しておきたい。成果主義導入のインパクトによって，日本の企業内「共同体」は変容，もしくは場合によっては崩壊がもたらされるが，他面において労働組合においては「企業を超えた労働組合」を創出する可能性が生まれてきている。また，個人についても，一面，成果主義の日本の企業組織への導入は，バラバラ化，アノミー化をもたらしつつあるが，他面ではバラバラ化もしくはアノミー化した個人が「自由な主体としての個人」となり，それら「自由な主体としての個人」による新しいタイプの共同体やヴォランタリアソシエーションを生み出しつつある[8]。例えば，日本企業における企業内「共同体」の崩壊パターンによる個人（従業員）のアノミー化，バラバラ化の進行によって，企業から離職した人々が産業界以外の農業，漁業，林業等の分野に移り，地域社会の新しい活性化や安全な食のネットワークをつくる活動をおこないはじめている。例えば，バブル経済崩壊を教訓に，もう会社に頼ることは出来ない，自分でいきてゆくことが求められていると強く感じて，就農し，安全な食のネットワークとなるNPOをたちあげた人

などがその代表であろう[9]。

ただし，日本企業社会からモザイク社会への移行は，様々な個人の自立性拡大とそれを基礎とした新しい共同性の誕生させつつあるが，それはいまだ限定的なものであり，いまだ企業社会的統合原理が日本社会の中心として機能している。限定的・部分的なそのような新しい共同性の萌芽が今後，日本社会においてどのようになるのかについて探ることは，今後の研究課題としたい。

また，日本企業社会から新しい社会への変革を考える場合，教育・家族・失業・退職と労働市場の相互移動性などの社会モデルとの関係から考えることが重要であろう。

日本企業社会において，高校・大学教育を終えると，一部の大企業に就職できた労働者は，長期雇用が保証され，企業内福利厚生を受け，定年まで同一企業に勤め，最後，退職するという「教育修了後→同一企業勤務→退職」という「一方通行単線型」であった（図結-1参照）。福祉国家のように国家による福祉システムが脆弱であるため，女性（妻）が男性（夫）の収入に基づいて子供の保育や両親の介護の専従的な担い手になってきたのである。いわば，日本の生活保障システムは，夫である男性は，会社という「擬似的共同体組織」に内包され労働面から意識面までも統制され，妻である女性が家庭の家事・育児・介護労働に専念することで成立してきたのである。そして，「教育修了後→同一企業勤務→退職」という一法通行単線型では，一端，女性が結婚・出産を契機に家庭に入ると再び正規雇用として労働市場に戻ることは困難であるし，中高年男性が失業して長期的失業となると労働市場にて正規雇用で再就職することは困難となる。

しかし，バブル経済崩壊以降，日本経済の変貌に伴なって，人員削減リストラによって，大量の失業者が生まれるようになったし，女性は結婚・出産退職後，経済的理由から再び働く必要が出てきている。その意味では，「教育修了後→同一企業勤務→退職」という「一方通行単線型」の線が細まり，日本の旧来型の社会保障システムは機能不全におちいったと言えよう。日本企業社会に代替する社会モデルでは，結婚・出産後，長期休職しても再び復職したり，正

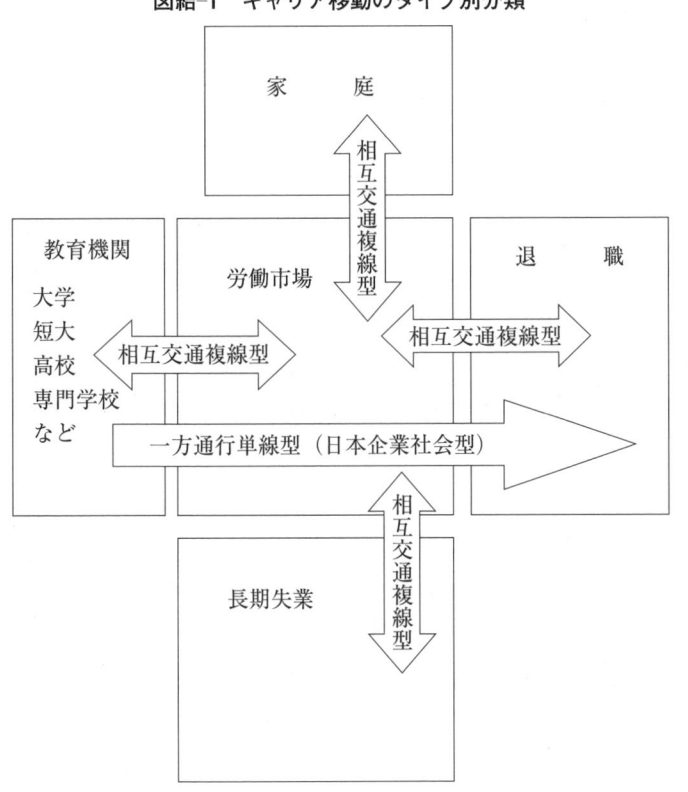

図結-1　キャリア移動のタイプ別分類

```
         ┌─────────────┐
         │   家　　庭  │
         └──────┬──────┘
                ↕ 相互交通複線型
┌────────┐ ┌─────────┐ ┌────────┐
│ 教育機関│ │ 労働市場│ │ 退　職 │
│  大学   │↔│         │↔│        │
│  短大   │ │ 相互交通│ │相互交通│
│  高校   │ │ 複線型  │ │複線型  │
│ 専門学校│ │         │→│        │
│  など   │ │一方通行単線型（日本企業社会型）→
└────────┘ └────┬────┘ └────────┘
                ↕ 相互交通複線型
         ┌─────────────┐
         │  長期失業   │
         └─────────────┘
```

規雇用の職を保証しながらフルタイムとパートタイムを相互選択できるようにしたり，失業や退職しても大学・大学院等に戻って学位等の資格の取得によって再び労働市場に戻れるような「相互交通複線型（図結-1参照）」が望まれるようになっている。企業内「共同体」は「教育修了後→同一企業勤務→退職」という「一方通行単線型」の中で形成・再生産されたものであり，新しい社会モデルでは，前述したWWNや「働きたいみんなのネットワーク」，「首都圏青年ユニオン」などのNPO・NGO（ヴォランタリアソシエーション）が，長期失業者や家庭の専業主婦から労働市場への参入，更には一時退職後，大学・大学院に戻りその後労働市場の参入を希望する人などの支援・援助が求められてい

る。そして,更にはNPO,NGOや社会的企業がそのような長期失業者,家庭の専業主婦や一時退職後,大学・大学院に戻った人の雇用やキャリア形成の場となることが必要になってきている[10]。

　「一方通行単線型」から「相互交通複線型」への社会モデルの転換は,「職務のあり方」そのものも変える必要性がでてくる。労働市場から家庭へ,家庭から労働市場への復帰,労働市場から教育機関へ,教育機関から労働市場への復帰といった「相互交通」をより容易にするためには,「労働の代替性」が必要になってくる。いわば,個人の自由な移動を可能にするためには,ある個人が労働市場から退出した「職務の穴」を労働市場に復帰を希望するある個人が容易に埋めうることが大切になる。しかし,日本では,職務範囲や職務内容が限定されるどころか,「自分しかできない仕事」をつくりだすことで高い評価を受ける人事・労務システムとなっている。その結果,家庭・教育機関・失業・退職者と労働市場との相互交通性が困難になっている。企業側にとっては,雇用契約を就業規則による集団的契約にし,個別に職務範囲や職務内容について個別契約をおこなわないことは,配置転換を容易にし,少ない人数で仕事を弾力的に割り振る上で有用である。しかし,このような日本の職務のあり方は,前述した日本企業社会的な「一方通行単線型」の社会保障システムを前提としており,企業としてメリットが高くても,社会としてはその社会保障システムの機能不全を広げる形となる。それゆえ,企業の利益よりも個人の労働市場からの退出・復帰を容易にする「労働代替性の高い」職務設定が,日本社会の社会保障システムの機能回復につながり,企業社会から新しい社会への転換を進めるモメントとなろう。

　そして,「一方通行単線型」の企業社会から「相互交通複線型」の新しい社会への転換は,1998年度のノーベル経済学者のアマルティア・セン,ケンブリッジ大学教授の提唱する「潜在能力の平等化」と「発揮の自由の平等化」に一歩近づける試みと言えよう[11]。「相互交通複線型」の新しい社会では,一端,労働市場に出ても,教育機関に容易に一時退職して戻れ,再び教育の修了後,労働市場に復帰できるので,「潜在能力の獲得」が人生のあらゆる時期に可能

になる。また，教育機関，家庭や長期失業から労働市場に容易に復帰できる「相互交通複線型」は，「発揮の自由の平等化」を保障することとなる。「相互交通複線型」の新しい社会に関する議論は，「新しい福祉国家論」として展開されてきている。

例えば，イギリスでは，18歳から24歳で６カ月以上失業している若年者を対象に，３カ月の綿密なカウンセリングの指導の後，１．民間企業での就労（使用者には６カ月間週60ポンドの補助金支給）２．資格取得を目的とするフルタイムの職業訓練，３．環境保護活動での６カ月の就労，４．ボランティア活動での６カ月の就労の４つのプログラムのいずれかを選択させている。この選択の拒否は罰則が課せられこととなっている。また，英国財務省による「中高年（主として50歳以上）労働者の就業調査」によれば，1999年において，55歳から65歳の男性の40％が就労しておらず，早期退職を強いられる場合が多いことが指摘されており，このため，若年者の教育・訓練プログラムを中高年者に拡大している。イギリスでは，３．環境保護活動での６カ月の就労，４．ボランティア活動での６カ月の就労などのNPO，NGOでの就労を通して，失業者の労働市場への復帰を促進させているのである。

また，今後の日本社会の動向を想定してみると，前述したようなモザイク化した日本社会の中で「一方通行単線型」の企業社会の占める比率は小さくなり，日本社会の社会保障の機能不全が深まることが想定される。その中で，NPO，NGOや社会的企業などが，「労働市場⇔家庭・長期失業・退職」の間に「相互交通複線型」の「橋渡し」をおこなっていけるかが大きな課題となる。

（注）
（１）　平澤克彦・守屋貴司編著『国際人事管理の根本問題』八千代出版，2001年，参照。
（２）　重本直利『経営社会学序説―企業経営学から市民経営学へ―』晃洋書房，2002年，参照。
（３）　石田光男著『仕事の社会科学―労働研究のフロンティア―』ミネルヴァ書房，2003年，214ページから215ページ。
（４）　*E, Durkheim, Le La division du Travail Social,* 1893, p55, *E, Durkheim, Le suicide : etude sociologie,* 1897, p416. デュルケーム社会学に関しては，佐藤慶幸『生活世界と

対話の理論』文真堂，1991年，272ページから273ページ，参照。デュルケームは，道徳現象について，分業を結合原理とする組織社会も，全体的な統合や連帯実現のために，その社会固有の道徳による秩序づけにあると考え，現実の社会関係の特徴が道徳的秩序の欠如にあるとしている。そして，個人の自立化が近代の分業関係とともにすすみ，近代の道徳的統合原理も，個人主義的価値を前提としたものとなると主張している（中久郎『共同性の社会理論』世界思想社，1991年，255ページから283ページ，参照）。
（5） 柴田三千蔵『近代世界と民衆運動』岩波書店，1983年，321ページ，参照。
（6） 山口純子「企業中心社会とネットワーク型組織―企業社会の超克をめざして―」木田融男・浪江巌・平澤克彦・守屋貴司編『変容期の企業と社会』八千代出版，2003年，参照。
（7） 「労働基準法さえ守らない実態に対して，フリーターの若者らが『首都圏ユニオン』をたちあげ，交渉権をもって，解雇や賃金未払い，労働条件の切り下げをやめさせるなどの成果をあげている。」『経済』2002年1月号，61ページ。
（8） 渡辺峻「統一論題Ⅰへのコメント」『労務理論学会誌第13号　人事・雇用システムの転換と労使関係』労務理論学会，2004年2月，37ページから38ページ，参照。
（9） 『田舎暮らしの本』2002年1月号，79ページから81ページ，田中淳夫『田舎で起業！』平凡社，2004年，参照。
（10） 宮本太郎「ヨーロッパ社会的経済の新しい動向」社会的経済促進プロジェクト編『社会的経済の促進に向けて』同時代社，2003年，参照。また，この点に関しては，東北大学助教授の藤井敦氏のアドバイスを参考にさせて頂いた事を，感謝申し上げたい。
（11） アマルティア・セン，池本幸生・野上裕生・佐藤仁訳『不平等の再検討―潜在能力と自由』岩波書店，1999年，参照。

資　料

成果主義人事制度に対する意識調査

　本調査は，本書の第5章において企業事例調査として論述しているO社に対して，2001年6月に実施したものである。本調査は，O社の経営協議会の協力のもと，各職場代表を通して，無記名で個別に回答をおこなってもらい，各職場単位・個人単位で郵送してもらい回収をおこなったものである。回答率は，65.2%であった。

委託調査式アンケート

　本調査は，「成果主義人事制度に対する従業員の意識調査」を目的とした学術研究のための無記名アンケートです。ご回答後は，各人，所定の紙袋に入れ，厳重に封をしてください。ご回答頂いた個別のアンケート表は，一切，誰にも公開されることはありません。学術研究発展のために，ご協力のほどをお願い申し上げます。全体のアンケート結果については，集計後，ご協力いただきました方々には，別途，書面をもちましてご報告させていただきます。

奈良産業大学教授　守屋　貴司

答えの中から一つだけお答えください

Ⅰ　現在のあなたの属性（職務・配置・年齢）についてお聞きします。
(1)　あなたの職務は何ですか
　①営業担当者　②八王子・名張工場の技術開発担当者　③堺工場の技術開発担当者　④堺工場の製造・品証・サービス担当者　⑤八王子工場の製造・品証・サービス担当者　⑥名張工場の製造・品証・サービス担当者　⑦総務・経理・営業などの事務スタッフ　⑧生産管理・資材・工場事務・技術のスタッフ
(2)　④堺工場の製造・品証・サービス担当とお答えになった方だけにお聞きします。
　　あなたの配置はどこですか
　①堺工場第一棟　②堺工場第二棟　③堺工場第三棟
(3)　あなたの年齢は何歳代ですか
　①20代　②30代　③40代　④50代

(4) 役職についてお答えください
　①非管理職　②管理職

Ⅱ　旧来型の雇用（「日本的雇用」）に対する意識についてお聞きします。
(1)　一つの企業に定年まで勤めることについてどのように考えますか
　　1．良いことだと思う　2．どちらかといえば良いことだと思う
　　3．どちらかと言えば良くないことだと思う　4．良くないことだと思う
　　5．わからない　6．その他
その他に丸をされた方は，その内容をお書きください
　　（　　　　　　　　　　　　　　　　　　　　　　　　　　　　　　　）
(2)　勤続年数や年齢とともに給与が増大してゆく「年功賃金（給）」と勤続年数や年齢に関係なく企業への貢献度で高い給与を獲得できる「成果賃金（給）」とどちらのほうが良いと思いますか
　　1．年功賃金のほうが成果賃金よりも良い
　　2．年功賃金のほうが成果賃金よりもどちらかと言えば良い
　　3．成果賃金のほうが年功賃金よりも良い
　　4．成果賃金のほうが年功賃金よりもどちらかと言えば良い
　　5．成果給も年功賃金も，違いを感じない
　　6．わからない　7．その他
その他に丸をされた方は，その内容をお書きください
　　（　　　　　　　　　　　　　　　　　　　　　　　　　　　　　　　）
(3)　社宅や保養所などの福利厚生制度を充実させるより，その分社員の給与として支払うべきとする意見について，どのように考えますか
　　1．良いことだと思う　2．どちらかといえば良いことだと思う
　　3．どちらかと言えば良くないことだと思う　4．良くないことだと思う
　　5．わからない　6．その他
その他に丸をされた方は，その内容をお書きください
　　（　　　　　　　　　　　　　　　　　　　　　　　　　　　　　　　）
(4)　組織や企業に頼らずに，自分で能力を磨いて自分で道を切り開いていくべきだという意見についてどうお考えですか
　　1．良いことだと思う　2．どちらかといえば良いことだと思う
　　3．どちらかと言えば良くないことだと思う　4．良くないことだと思う
　　5．わからない　6．その他

その他に丸をされた方は，その内容をお書きください
　　（　　　　　　　　　　　　　　　　　　　　　　　　　　　　　）
(5)　あなたは会社や職場の一体感をもつことについてどうお考えですか
　　1．良いことだと思う　2．どちらかといえば良いことだと思う
　　3．どちらかと言えば良くないことだと思う　4．良くないことだと思う
　　5．わからない　6．その他
その他に丸をされた方は，その内容をお書きください
　　（　　　　　　　　　　　　　　　　　　　　　　　　　　　　　）
(6)　あなたは今の会社で，今後，どのように進みたいですか
　　1．役付者として腕をふるいたい
　　2．技能生活者（スペシャリスト）として能力を発揮したい
　　3．生活の安定を確保してきたい
　　4．よい人間関係を築いていきたい
　　5．とにかく定年まではたらければ良い
　　6．なりゆきにまかせる
　　7．その他
その他に丸をされた方は，その内容をお書きください
　　（　　　　　　　　　　　　　　　　　　　　　　　　　　　　　）

Ⅲ　今の仕事・職場生活に対する意識についてお聞きします。
(1)　現在の仕事にはりあいを感じますか
　　1．つよく感じる　2．少し感じる　3．あまり感じない
　　4．ほとんど感じない
その主な理由について簡単にお書きください
　　（　　　　　　　　　　　　　　　　　　　　　　　　　　　　　）
(2)　現在の職場生活について，それぞれどのようにお考えですか
　　①　労働時間についてどう感じていますか
　　1．とても満足している　2．満足している　3．普通　4．不満である
　　5．とても不満である
特に，満足な点，不満な点があれば具体的にお書き下さい
　　（　　　　　　　　　　　　　　　　　　　　　　　　　　　　　）
　　②　労働内容・労働密度についてどう感じていますか
　　1．とても満足している　2．満足している　3．普通　4．不満である

5．とても不満である

特に，満足な点，不満な点があれば具体的にお書きください

（　　　　　　　　　　　　　　　　　　　　　　　　　　）

③　作業環境についてどう感じていますか

1．とても満足している　2．満足している　3．普通　4．不満である

5．とても不満である

特に，満足している点，不満な点がありましたら具体的にお書きください

（　　　　　　　　　　　　　　　　　　　　　　　　　　）

④　人間関係についてどう感じますか

1．とても満足している　2．満足している　3．普通　4．不満である

5．とても不満である

特に満足している点，不満な点があれば具体的にお書きください

（　　　　　　　　　　　　　　　　　　　　　　　　　　）

⑤　賃金についてどう感じますか

1．とても満足している　2．満足している　3．普通　4．不満である

5．とても不満である

特に満足している点，不満な点があれば具体的にお書き下さい。

（　　　　　　　　　　　　　　　　　　　　　　　　　　）

⑥　昇進・昇格についてどう感じますか

1．とても満足している　2．満足している　3．普通　4．不満である

5．とても不満である

特に満足している点，不満な点があれば具体的にお書きください

（　　　　　　　　　　　　　　　　　　　　　　　　　　）

⑦　福利厚生についてどう感じますか

1．とても満足している　2．満足している　3．普通　4．不満である

5．とても不満である

福利厚生に関して，特に満足な点，不満な点があればお書きください

（　　　　　　　　　　　　　　　　　　　　　　　　　　）

(3)　他メーカーと比較して，月額，年額でどの程度，差があると感じていますか。多い，少ないには丸をおつけください

　　　月額　　　　　万円　　　多い　　　少ない

　　　年額　　　　　万円　　　多い　　　少ない

(4) どのような動機付けがあれば，異動に対して満足を覚えますか
　　1．賃金額の増額　2．昇進・昇格への反映　3．異動先の選択
　　4．その他
その他の理由について具体的にお書きください
　　（　　　　　　　　　　　　　　　　　　　　　　　　　　）
(5) 公的資格（社会保険労務士，税理士，システムアドミニストレータ等）に対して会社は正当に評価していると感じますか
　　1．評価している　2．評価していない　3．わからない
具体的に評価されていると思う点，思わない点についてお書きください
　　（　　　　　　　　　　　　　　　　　　　　　　　　　　）
(6) 公的資格の取得に対する会社の評価はどのようにあるべきだと考えますか
　　1．公的資格の取得を賃金に反映させるべき
　　2．公的資格の取得を昇進・昇格に反映させるべき
　　3．公的資格の取得は，個人の問題だから賃金もしくは昇進・昇格に反映させるべきでない
　　4．その他
その他についてお書きください
　　（　　　　　　　　　　　　　　　　　　　　　　　　　　）
(7) あなたの職場でISOが導入されましたか
　　1．はい　2．いいえ
ISOが職場に導入されたとお答えになられた方だけ（8）及び（9）（10）についてお答えください
(8) ISOを導入して職場が変わったと感じますか
　　1．はい　2．いいえ
(9) ISOを導入して「責任の所在が明確になった」と感じましたか
　　1．はい　2．いいえ
はいと答えられた方は具体的にその内容をお教えください
　　（　　　　　　　　　　　　　　　　　　　　　　　　　　）
(10) ISOを導入して変化した点があればお答えください
　　（　　　　　　　　　　　　　　　　　　　　　　　　　　）

Ⅳ 分配原理についての意識についてお聞きします。
(1) 努力に関わらず実績をあげた人ほど多く得るのが望ましい
　1．良いことだと思う　2．どちらかといえば良いことだと思う
　3．どちらかと言えば良くないことだと思う　4．良くないことだと思う
　5．どちらとも言えない
(2) 実績に関わらず努力した人ほど多く得るのが望ましい
　1．良いことだと思う　2．どちらかといえば良いことだと思う
　3．どちらかと言えば良くないことだと思う　4．良くないことだと思う
　5．どちらとも言えない
(3) 必要な人が必要なだけ得るのが望ましい
　1．良いことだと思う　2．どちらかといえば良いことだと思う
　3．どちらかと言えば良くないことだと思う　4．良くないことだと思う
　5．どちらとも言えない
(4) 同じ職種・職位ならば誰でも同じくらい得るのが望ましい
　1．良いことだと思う　2．どちらかといえば良いことだと思う
　3．どちらかと言えば良くないことだと思う　4．良くないことだと思う
　5．どちらとも言えない
(5) あなたは，どのような人ほど社会的地位や経済的成功を得るのが望ましいと思いますか。それぞれ一位から四位まで順位をおつけください
　　　　　位　　努力した人
　　　　　位　　実績（成果）をあげた人
　　　　　位　　必要な人が必要なだけ
　　　　　位　　誰にでも平等
(6) 現状の会社の職能資格制度における評価に対してどのように感じますか
　1．非常に満足している　2．満足している　3．不満である
　4．非常に不満である　5．わからない
満足している理由，不満な理由についてお書きください
　（　　　　　　　　　　　　　　　　　　　　　　　　　　　　　　　）
(7) もし成果主義人事制度が導入された場合，評価が変わることに期待しますか，もしくは不安を感じますか
　1．とても期待している　2．期待している　3．不安を感じる
　4．とても不安を感じる　5．わからない　6．その他

期待もしくは不安を感じる理由をお書きください
　　（　　　　　　　　　　　　　　　　　　　　　　　　　　　　　）

Ⅴ　生活様式の変化についてお聞きします。
(1)　まごまごしていると他人に追い越されそうな不安を感じる
　　1．強く感じる　2．強く感じる　3．感じる
　　4．感じない　5．わからない
(2)　もっと多く手にするよりも，これまでに獲得したものを維持することの方が重要である
　　1．とても強く感じる　2．強く感じる　3．感じる
　　4．感じない　5．わからない
(3)　他人が自分と異なった考え方や生活様式をもっていることが気に入らない
　　1．とても強く感じる　2．強く感じる　3．感じる
　　4．感じない　5．わからない
(4)　もっと多くの富や地位を求めて頑張るよりも，自分の納得のいく生活をおくりたい
　　1．とても強く感じる　2．強く感じる　3．感じる
　　4．感じない　5．わからない
(5)　自分には，仕事以外で他人に誇れるものがある
　　1．とても強く感じる　2．強く感じる　3．感じる
　　4．感じない　5．わからない
(6)　これからは，物質的豊かさよりも，心の豊かさやゆとりのある生活をすることに重きをおきたい
　　1．とても強く感じる　2．強く感じる　3．感じる
　　4．感じない　5．わからない

Ⅵ　生活状況についてお聞きします。
「仕事」，「家庭生活（家族とのだんらんや家事など）」，「社会・地域活動（ボランティア，町内会，リサイクル活動など）」，「自由時間（趣味やレジャー，学習など）」の各生活領域についてお聞きします
(1)　上記の4つの生活領域において<u>時間をかけている順位</u>をお教えください。
　　　　　位　仕事
　　　　　位　家庭生活

　　　　位　社会・地域活動
　　　　位　自由時間
(2)　上記の４つの生活領域において<u>充実している順位</u>をお教えください
　　　　位　仕事
　　　　位　家庭生活
　　　　位　社会・地域活動
　　　　位　自由時間
(3)　上記の四つの生活領域において，<u>今後，重点を置きたい順位</u>を教えてください
　　　　位　仕事
　　　　位　家庭生活
　　　　位　社会・地域活動
　　　　位　自由時間
(4)　現在，同居している家族があれば，丸をしてください（この問いのみ複数回答可）
　　１．父母（義父母）　２．妻（もしくは夫）　３．子供　４．兄弟姉妹
　　５．その他
その他に丸をされた方は具体的にお書きください
　　（　　　　　　　　　　　　　　　　　　　　　　　　　　　　　　　）
(5)　現在，妻や子供と同居されている方にお聞きします。夜勤，残業，休日出勤などで在宅時間が短くなり，家族（妻・子供）から不満がでたことがありますか
　　１．ない　２．ある
⇨（例えば　　　　　　　　　　　　　　　　　　　　　　　　　　　　　）
(6)　毎日の生活の中で，家族と話をしたり，お子さんと遊んだりする時間はとれていますか
　　１．とれている　２．とれていない　３．わからない
理由⇨（とれていない理由をお書きください　　　　　　　　　　　　　　）
(7)　現在，父母（義父母）がおられる方におうかがいします。父母（義父母）の介護に時間がとられていますか
　　１．とられている　２．とられていない　３．わからない　４．その他

その他の内容についてお書きください
　　（　　　　　　　　　　　　　　　　　　　　　　　）
(8)　家族生活との関係で，仕事の面で何か，改善してほしいところはありますか
　　1．ない　2　ある
理由⇨（　　　　　　　　　　　　　　　　　　　　　　　）
　ご協力ありがとうございました

〈調査結果〉

I　単純集計結果

問I—(1)

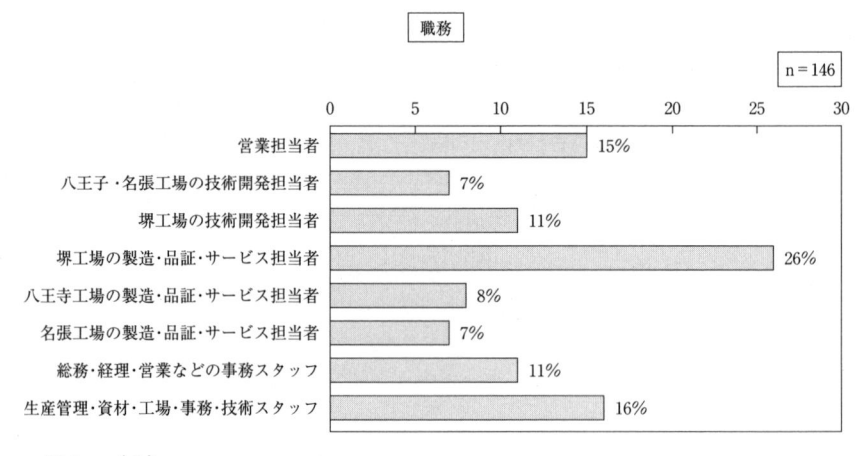

職務　　n=146

- 営業担当者　15%
- 八王子・名張工場の技術開発担当者　7%
- 堺工場の技術開発担当者　11%
- 堺工場の製造・品証・サービス担当者　26%
- 八王寺工場の製造・品証・サービス担当者　8%
- 名張工場の製造・品証・サービス担当者　7%
- 総務・経理・営業などの事務スタッフ　11%
- 生産管理・資材・工場・事務・技術スタッフ　16%

問I—(2)

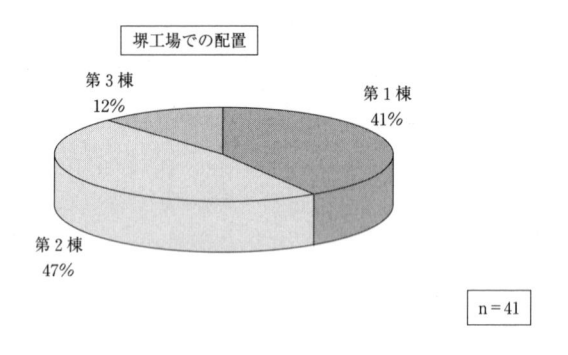

堺工場での配置　　n=41

- 第1棟　41%
- 第2棟　47%
- 第3棟　12%

問I—(3)

年齢　　n=142

- 20代　26%
- 30代　32%
- 40代　24%
- 50代　18%

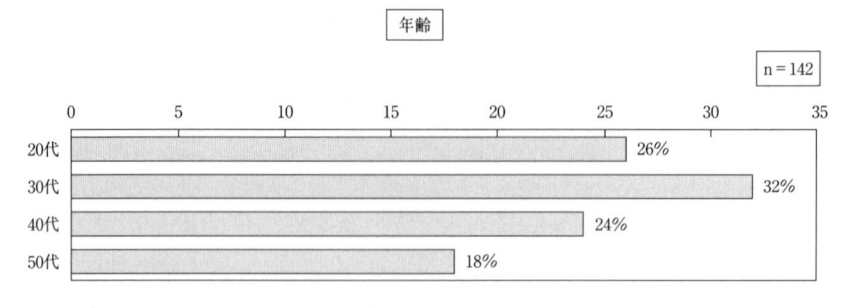

問Ⅰ—(4)

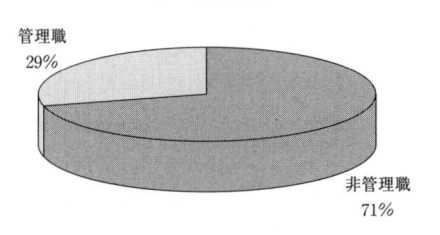

管理職・非管理職

- 管理職 29%
- 非管理職 71%

n = 138

問Ⅱ—(1)

定年まで勤続に対する意識

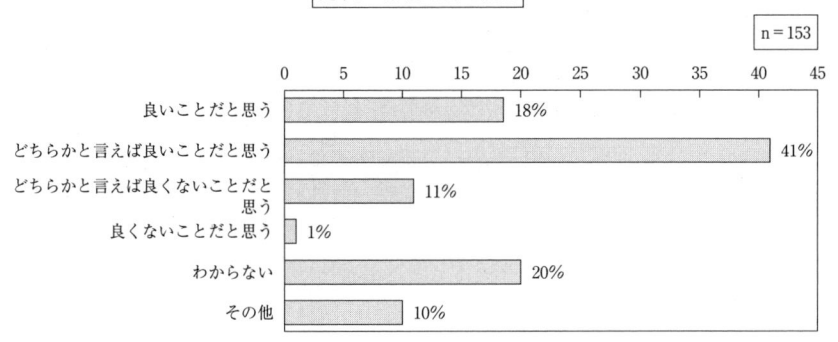

n = 153

- 良いことだと思う　18%
- どちらかと言えば良いことだと思う　41%
- どちらかと言えば良くないことだと思う　11%
- 良くないことだと思う　1%
- わからない　20%
- その他　10%

問Ⅱ—(2)

年功賃金と成果賃金に対する意識

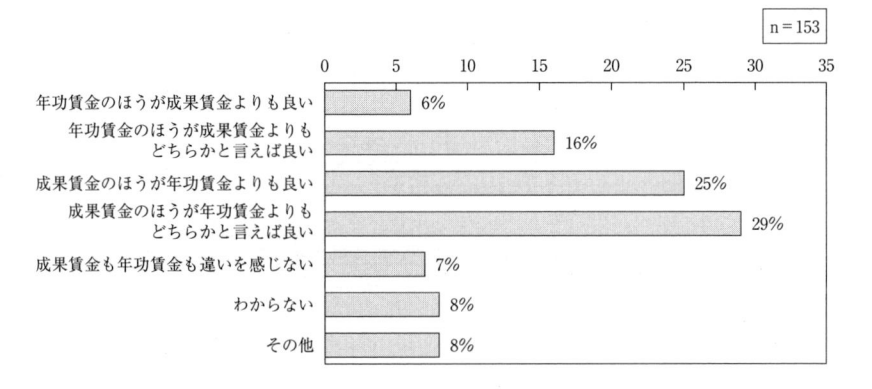

n = 153

- 年功賃金のほうが成果賃金よりも良い　6%
- 年功賃金のほうが成果賃金よりもどちらかと言えば良い　16%
- 成果賃金のほうが年功賃金よりも良い　25%
- 成果賃金のほうが年功賃金よりもどちらかと言えば良い　29%
- 成果賃金も年功賃金も違いを感じない　7%
- わからない　8%
- その他　8%

問Ⅱ―(3)

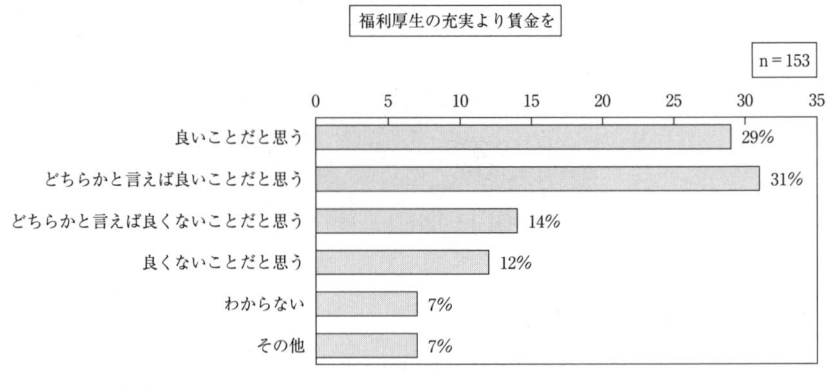

福利厚生の充実より賃金を

n = 153

- 良いことだと思う　29%
- どちらかと言えば良いことだと思う　31%
- どちらかと言えば良くないことだと思う　14%
- 良くないことだと思う　12%
- わからない　7%
- その他　7%

問Ⅱ―(4)

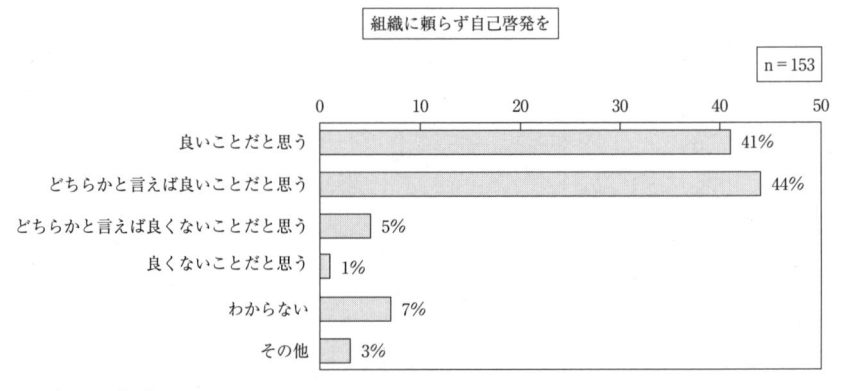

組織に頼らず自己啓発を

n = 153

- 良いことだと思う　41%
- どちらかと言えば良いことだと思う　44%
- どちらかと言えば良くないことだと思う　5%
- 良くないことだと思う　1%
- わからない　7%
- その他　3%

問Ⅱ―(5)

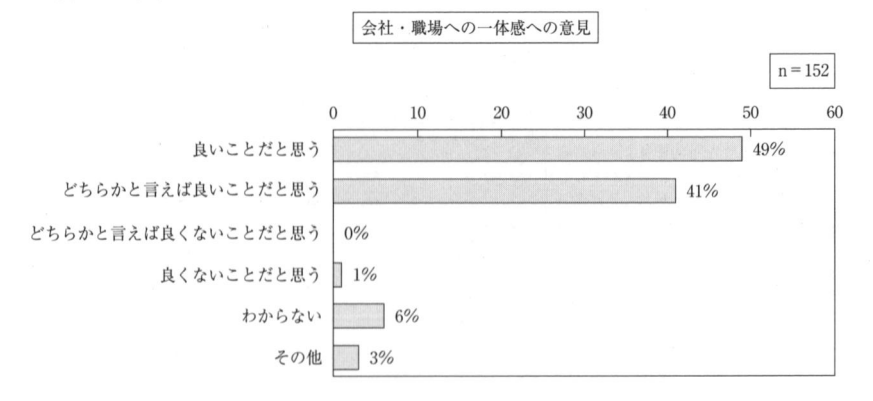

会社・職場への一体感への意見

n = 152

- 良いことだと思う　49%
- どちらかと言えば良いことだと思う　41%
- どちらかと言えば良くないことだと思う　0%
- 良くないことだと思う　1%
- わからない　6%
- その他　3%

問Ⅱ—（6）

会社における今後の進路

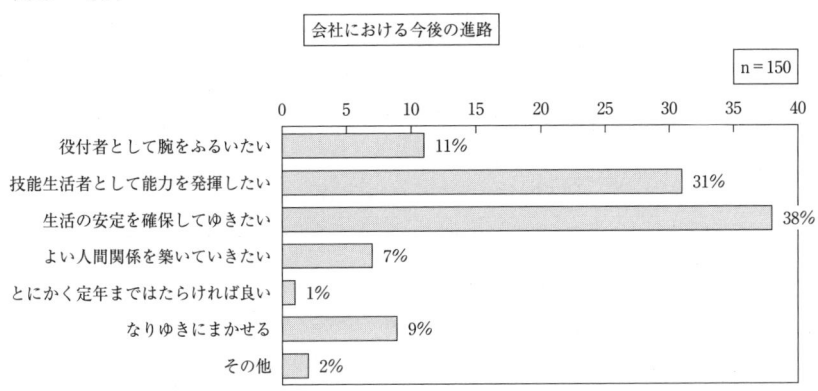

n = 150

- 役付者として腕をふるいたい　11%
- 技能生活者として能力を発揮したい　31%
- 生活の安定を確保してゆきたい　38%
- よい人間関係を築いていきたい　7%
- とにかく定年まではたらければ良い　1%
- なりゆきにまかせる　9%
- その他　2%

問Ⅲ—（2）①

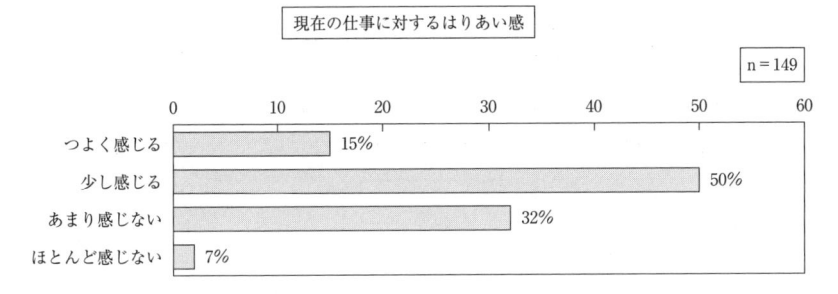

現在の仕事に対するはりあい感

n = 149

- つよく感じる　15%
- 少し感じる　50%
- あまり感じない　32%
- ほとんど感じない　7%

問Ⅲ—（2）②

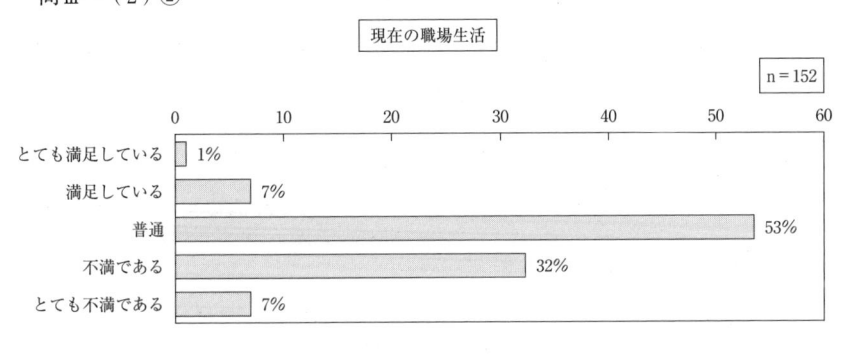

現在の職場生活

n = 152

- とても満足している　1%
- 満足している　7%
- 普通　53%
- 不満である　32%
- とても不満である　7%

問Ⅲ―（2）③

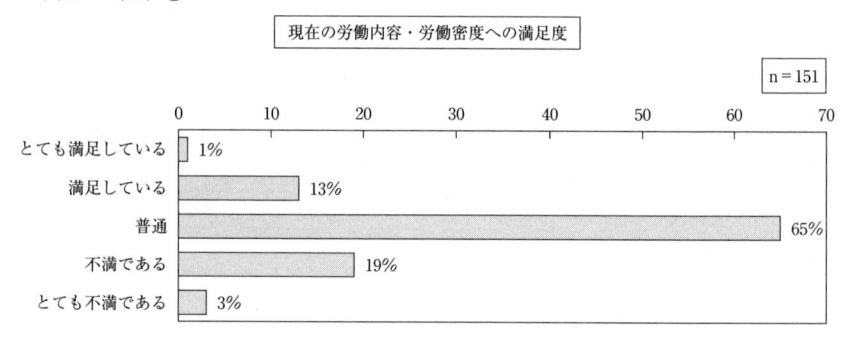

現在の労働内容・労働密度への満足度

n = 151

- とても満足している　1%
- 満足している　13%
- 普通　65%
- 不満である　19%
- とても不満である　3%

問Ⅲ―（2）④

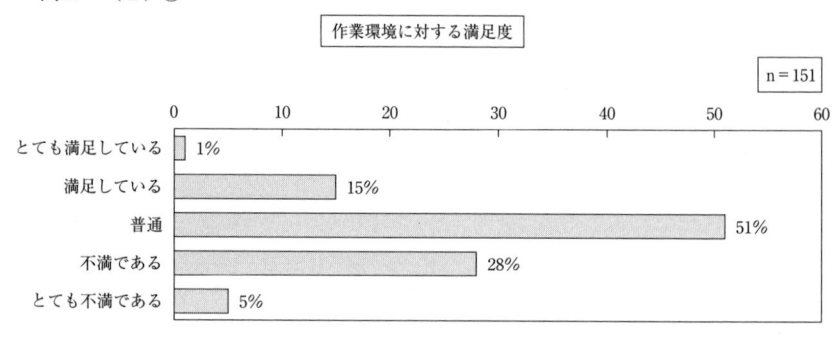

作業環境に対する満足度

n = 151

- とても満足している　1%
- 満足している　15%
- 普通　51%
- 不満である　28%
- とても不満である　5%

問Ⅲ―（2）⑤

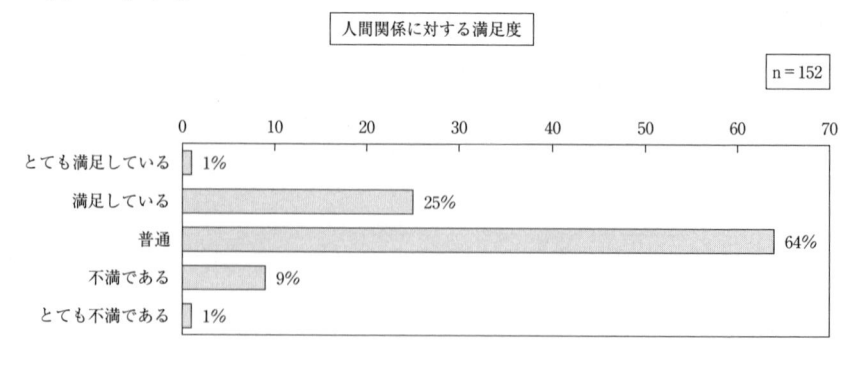

人間関係に対する満足度

n = 152

- とても満足している　1%
- 満足している　25%
- 普通　64%
- 不満である　9%
- とても不満である　1%

問Ⅲ—(2)⑥

賃金に対する満足度

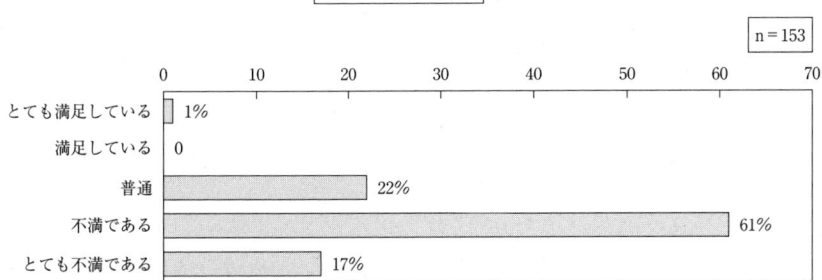

n = 153

- とても満足している 1%
- 満足している 0
- 普通 22%
- 不満である 61%
- とても不満である 17%

問Ⅲ—(2)⑦

昇格・昇進に対する満足度

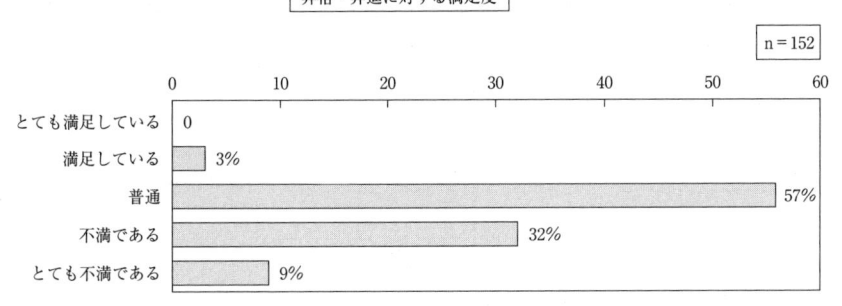

n = 152

- とても満足している 0
- 満足している 3%
- 普通 57%
- 不満である 32%
- とても不満である 9%

問Ⅲ—(2)⑧

福利厚生に対する満足度

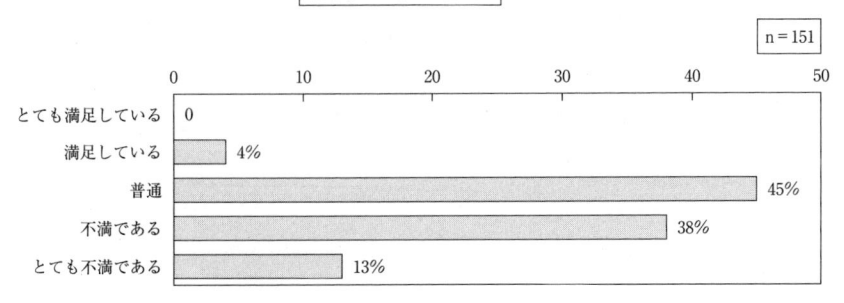

n = 151

- とても満足している 0
- 満足している 4%
- 普通 45%
- 不満である 38%
- とても不満である 13%

問Ⅲ—（3）

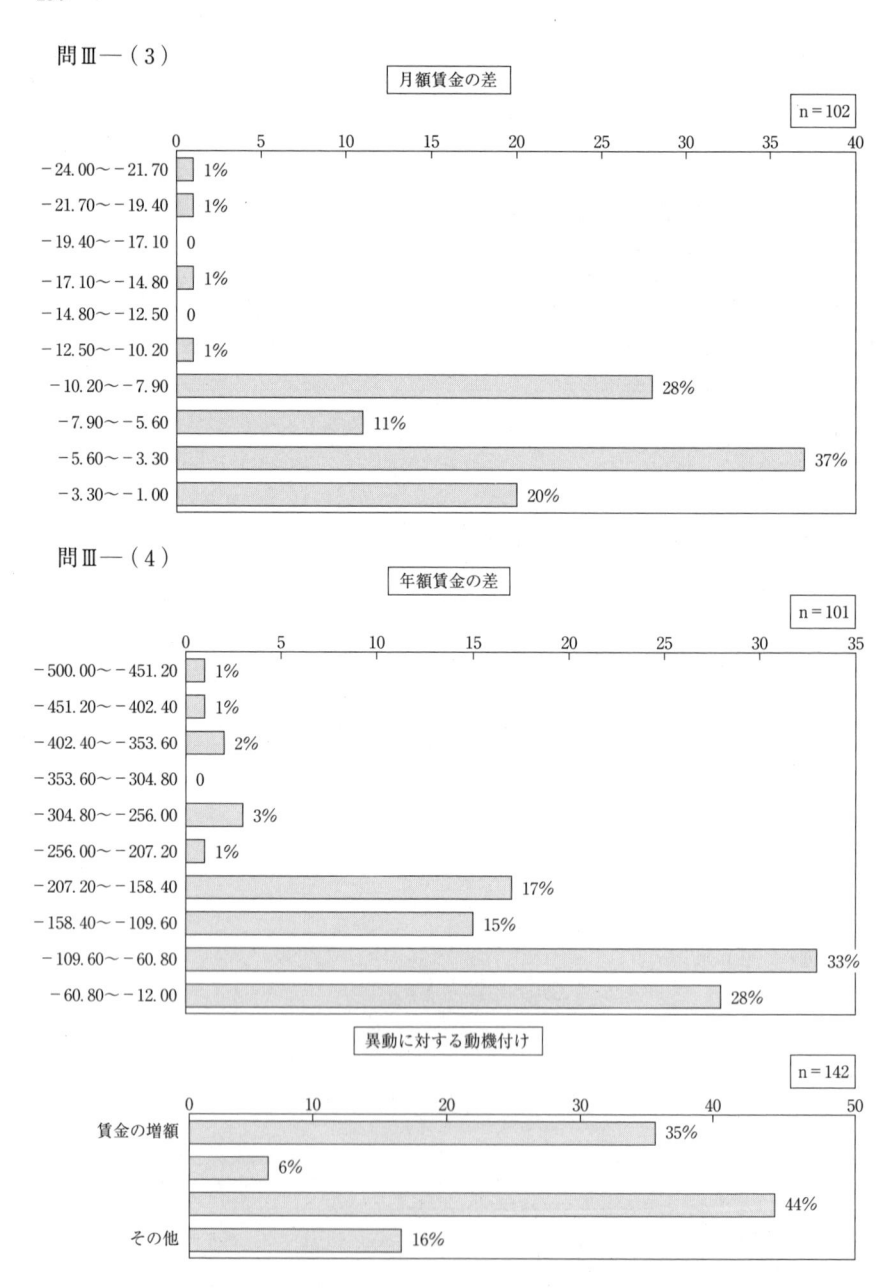

月額賃金の差

n = 102

区分	%
－24.00〜－21.70	1%
－21.70〜－19.40	1%
－19.40〜－17.10	0
－17.10〜－14.80	1%
－14.80〜－12.50	0
－12.50〜－10.20	1%
－10.20〜－7.90	28%
－7.90〜－5.60	11%
－5.60〜－3.30	37%
－3.30〜－1.00	20%

問Ⅲ—（4）

年額賃金の差

n = 101

区分	%
－500.00〜－451.20	1%
－451.20〜－402.40	1%
－402.40〜－353.60	2%
－353.60〜－304.80	0
－304.80〜－256.00	3%
－256.00〜－207.20	1%
－207.20〜－158.40	17%
－158.40〜－109.60	15%
－109.60〜－60.80	33%
－60.80〜－12.00	28%

異動に対する動機付け

n = 142

区分	%
賃金の増額	35%
	6%
	44%
その他	16%

問Ⅲ—（5）

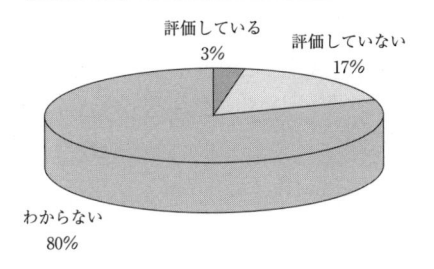

公的資格に対して会社は正当に評価しているか

- 評価している 3%
- 評価していない 17%
- わからない 80%

n = 148

問Ⅲ—（6）

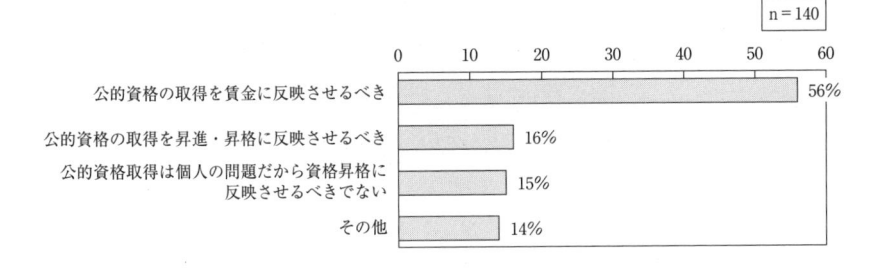

公的資格に対して会社の評価はどうあるべきか

n = 140

- 公的資格の取得を賃金に反映させるべき　56%
- 公的資格の取得を昇進・昇格に反映させるべき　16%
- 公的資格取得は個人の問題だから資格昇格に反映させるべきでない　15%
- その他　14%

問Ⅲ—（7）

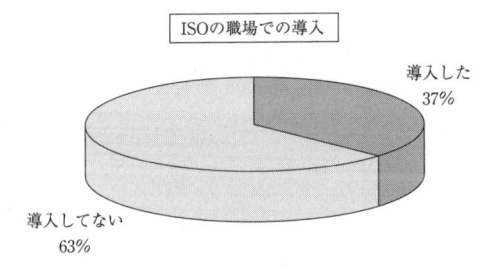

ISOの職場での導入

- 導入した 37%
- 導入してない 63%

n = 145

問Ⅲ―(8)

ISOで職場は変わりましたか

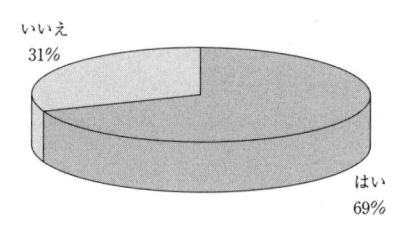

いいえ 31%
はい 69%

n = 48

問Ⅲ―(9)

ISO導入で責任の所在が明確になったか

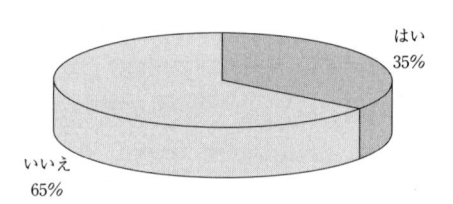

はい 35%
いいえ 65%

n = 48

問Ⅳ―(1)

努力よりも実績

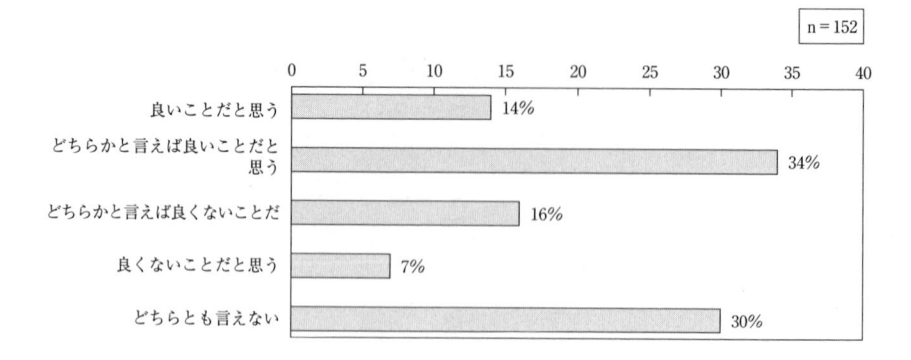

n = 152

- 良いことだと思う: 14%
- どちらかと言えば良いことだと思う: 34%
- どちらかと言えば良くないことだ: 16%
- 良くないことだと思う: 7%
- どちらとも言えない: 30%

問Ⅳ―（2）

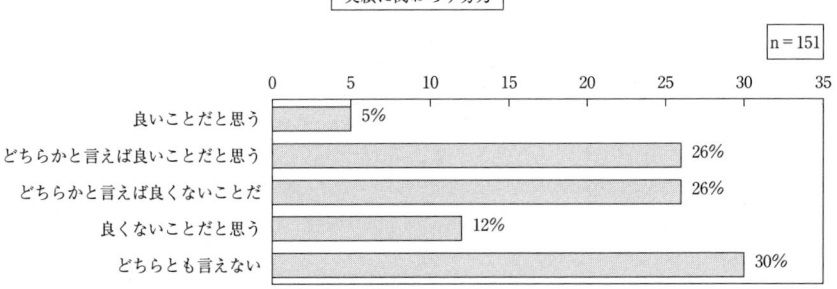

実績に関わらず努力

n = 151

選択肢	%
良いことだと思う	5%
どちらかと言えば良いことだと思う	26%
どちらかと言えば良くないことだ	26%
良くないことだと思う	12%
どちらとも言えない	30%

問Ⅳ―（3）

必要な人が必要なだけ

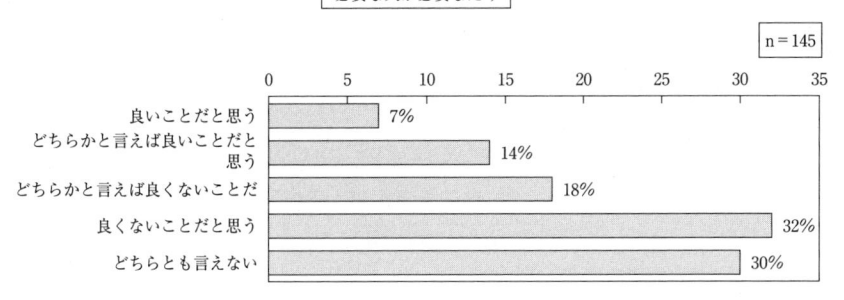

n = 145

選択肢	%
良いことだと思う	7%
どちらかと言えば良いことだと思う	14%
どちらかと言えば良くないことだ	18%
良くないことだと思う	32%
どちらとも言えない	30%

問Ⅳ―（4）

同じ職位・職場なら同じだけ

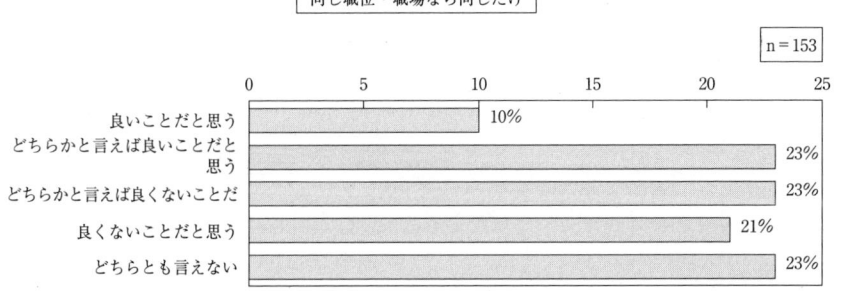

n = 153

選択肢	%
良いことだと思う	10%
どちらかと言えば良いことだと思う	23%
どちらかと言えば良くないことだ	23%
良くないことだと思う	21%
どちらとも言えない	23%

問IV―（５）

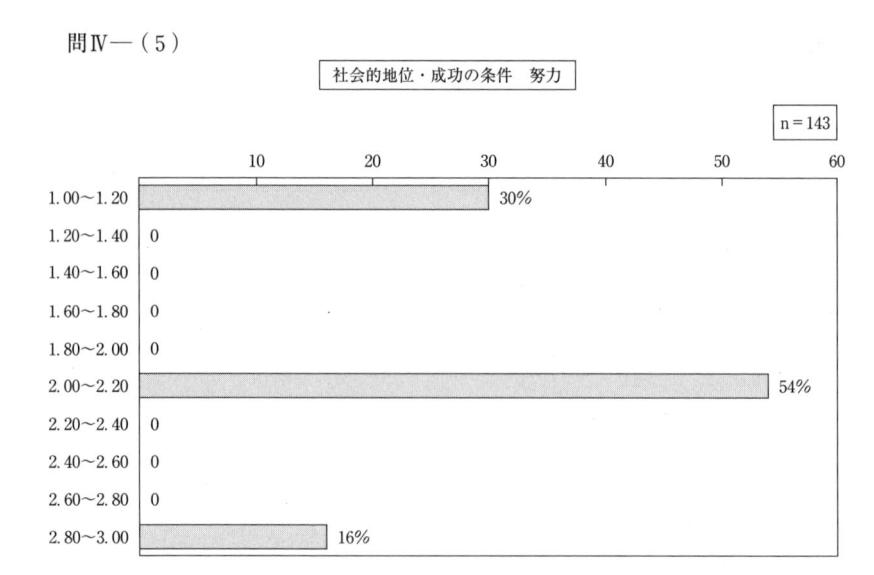

社会的地位・成功の条件　努力

n = 143

区間	割合
1.00～1.20	30%
1.20～1.40	0
1.40～1.60	0
1.60～1.80	0
1.80～2.00	0
2.00～2.20	54%
2.20～2.40	0
2.40～2.60	0
2.60～2.80	0
2.80～3.00	16%

問IV―（５）実績

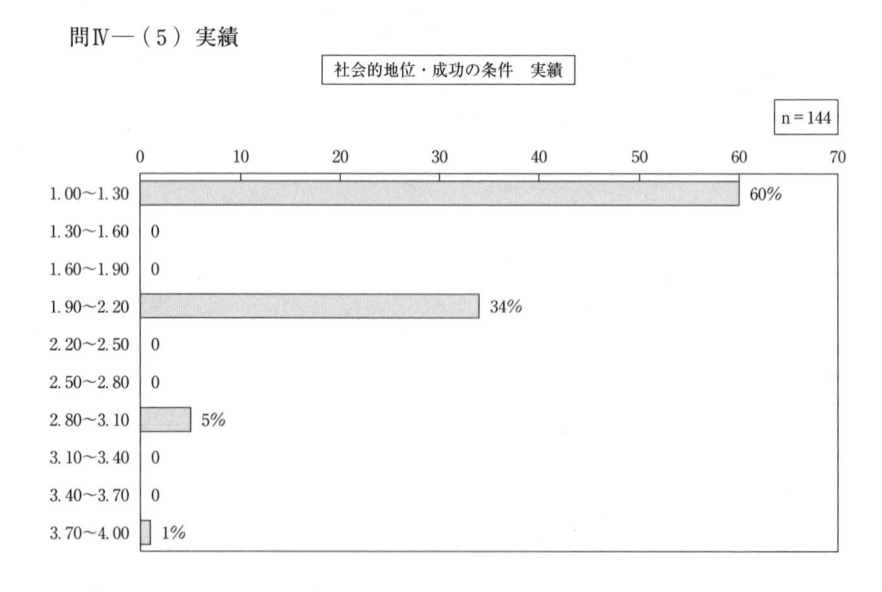

社会的地位・成功の条件　実績

n = 144

区間	割合
1.00～1.30	60%
1.30～1.60	0
1.60～1.90	0
1.90～2.20	34%
2.20～2.50	0
2.50～2.80	0
2.80～3.10	5%
3.10～3.40	0
3.40～3.70	0
3.70～4.00	1%

問IV―(5) 必要な人

社会的地位・成功の条件　必要な人

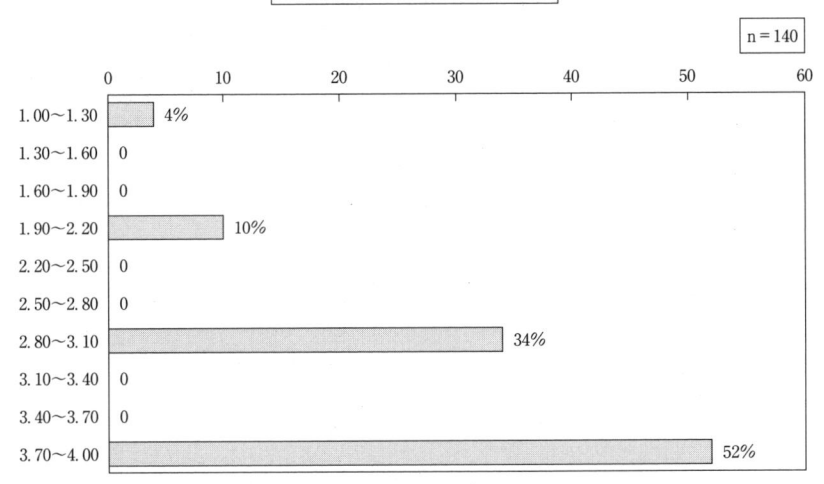

n = 140

区間	%
1.00〜1.30	4%
1.30〜1.60	0
1.60〜1.90	0
1.90〜2.20	10%
2.20〜2.50	0
2.50〜2.80	0
2.80〜3.10	34%
3.10〜3.40	0
3.40〜3.70	0
3.70〜4.00	52%

問IV―(5) 平等

社会的地位・成功の条件　誰にでも平等

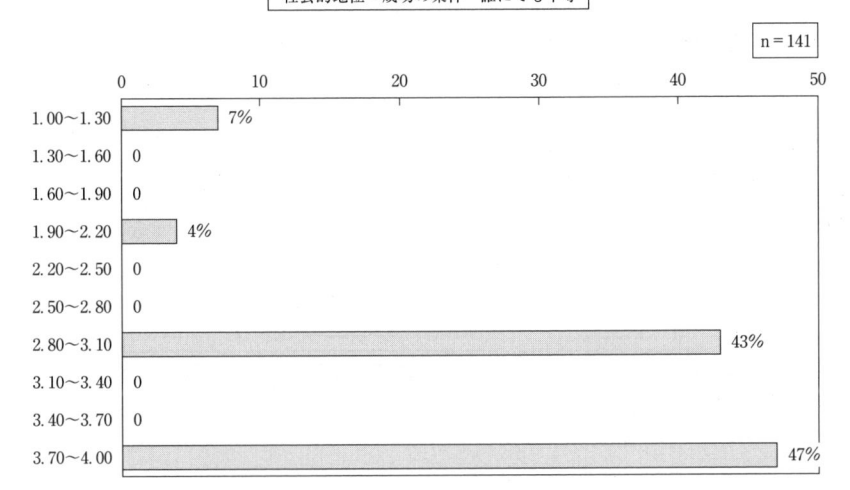

n = 141

区間	%
1.00〜1.30	7%
1.30〜1.60	0
1.60〜1.90	0
1.90〜2.20	4%
2.20〜2.50	0
2.50〜2.80	0
2.80〜3.10	43%
3.10〜3.40	0
3.40〜3.70	0
3.70〜4.00	47%

問Ⅳ—（6）

職能資格制度への評価

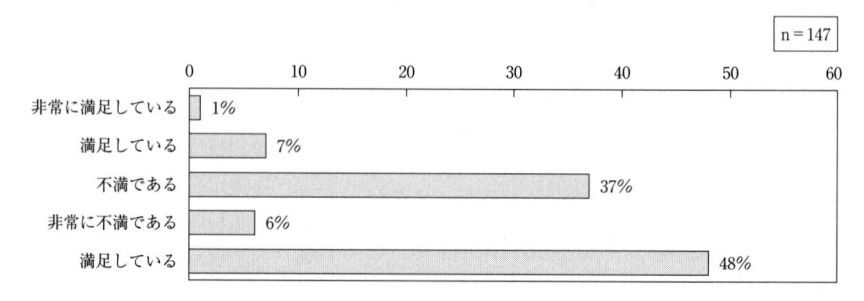

n = 147

- 非常に満足している 1%
- 満足している 7%
- 不満である 37%
- 非常に不満である 6%
- 満足している 48%

問Ⅳ—（7）

成果主義人事への不安・期待

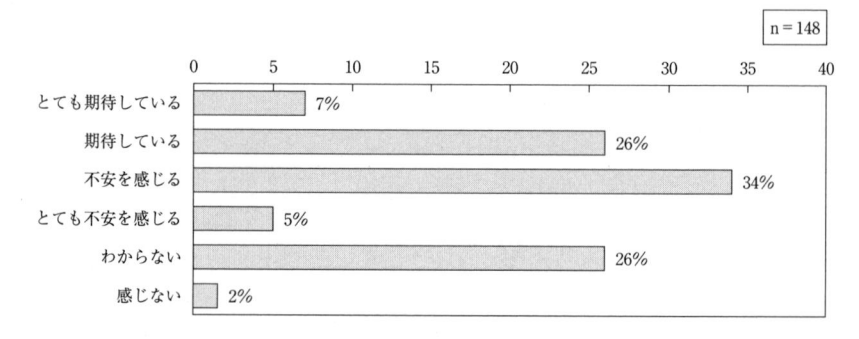

n = 148

- とても期待している 7%
- 期待している 26%
- 不安を感じる 34%
- とても不安を感じる 5%
- わからない 26%
- 感じない 2%

問Ⅴ—（1）

まごまごしてる追い越される不安

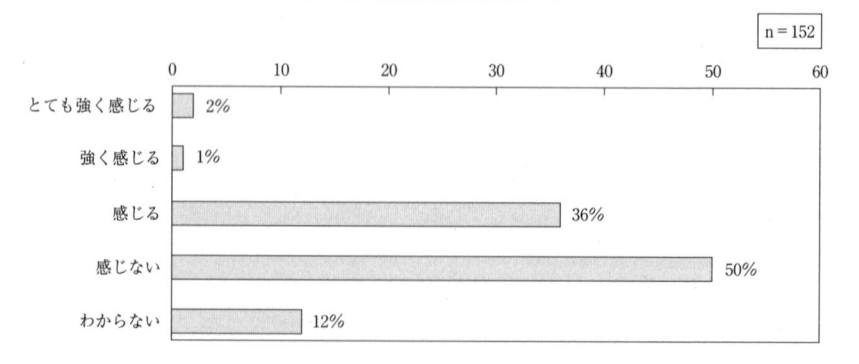

n = 152

- とても強く感じる 2%
- 強く感じる 1%
- 感じる 36%
- 感じない 50%
- わからない 12%

問V—(2)

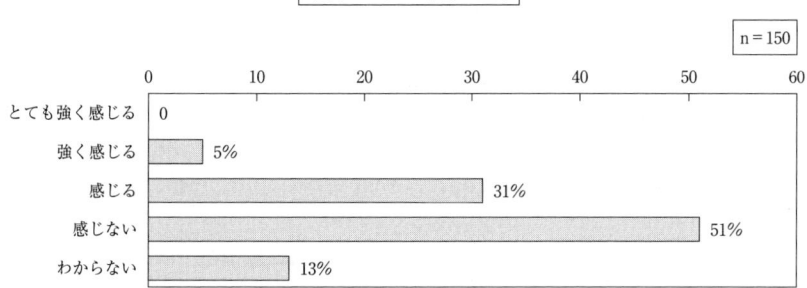

獲得したものの維持が重要

n = 150

とても強く感じる	0
強く感じる	5%
感じる	31%
感じない	51%
わからない	13%

問V—(3)

異なる考え方・生活様式への嫌悪

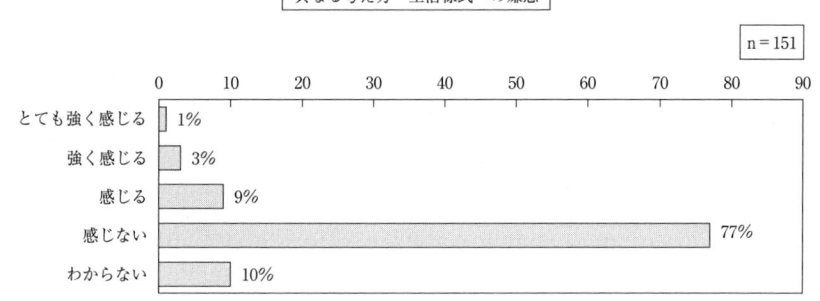

n = 151

とても強く感じる	1%
強く感じる	3%
感じる	9%
感じない	77%
わからない	10%

問V—(4)

富や地位よりも納得のゆく生活を

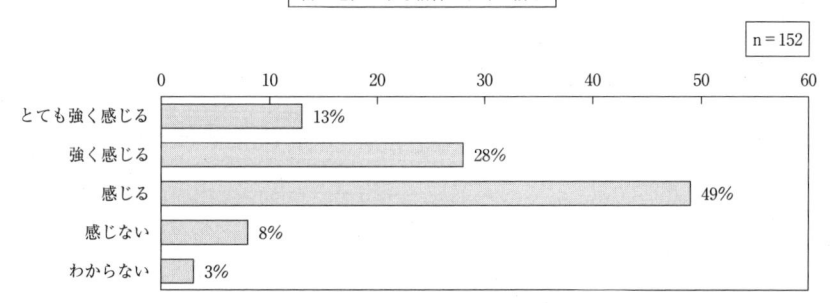

n = 152

とても強く感じる	13%
強く感じる	28%
感じる	49%
感じない	8%
わからない	3%

問V—(5)

仕事以外に誇れるものがある

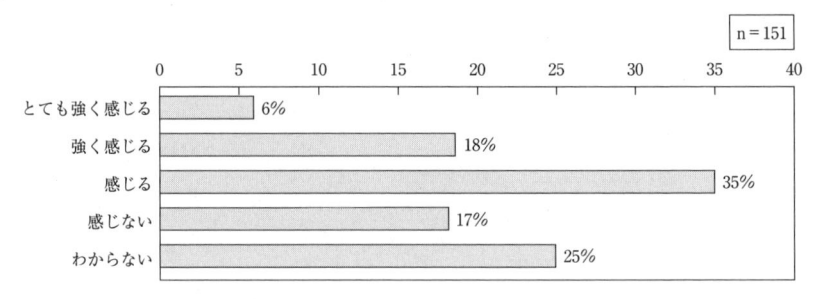

n = 151

- とても強く感じる 6%
- 強く感じる 18%
- 感じる 35%
- 感じない 17%
- わからない 25%

問V—(6)

物質的豊かさよりも精神的豊かさ

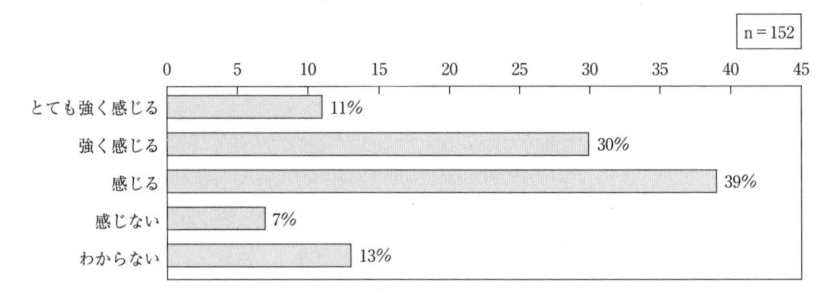

n = 152

- とても強く感じる 11%
- 強く感じる 30%
- 感じる 39%
- 感じない 7%
- わからない 13%

問VI—(1)

時間をかけている順位　仕事

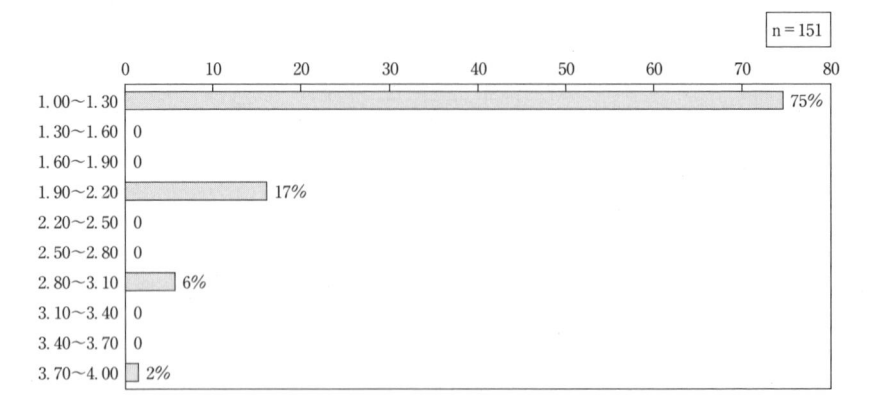

n = 151

区分	%
1.00〜1.30	75%
1.30〜1.60	0
1.60〜1.90	0
1.90〜2.20	17%
2.20〜2.50	0
2.50〜2.80	0
2.80〜3.10	6%
3.10〜3.40	0
3.40〜3.70	0
3.70〜4.00	2%

問Ⅵ―（1）

| 時間をかけている順位　家庭生活 |

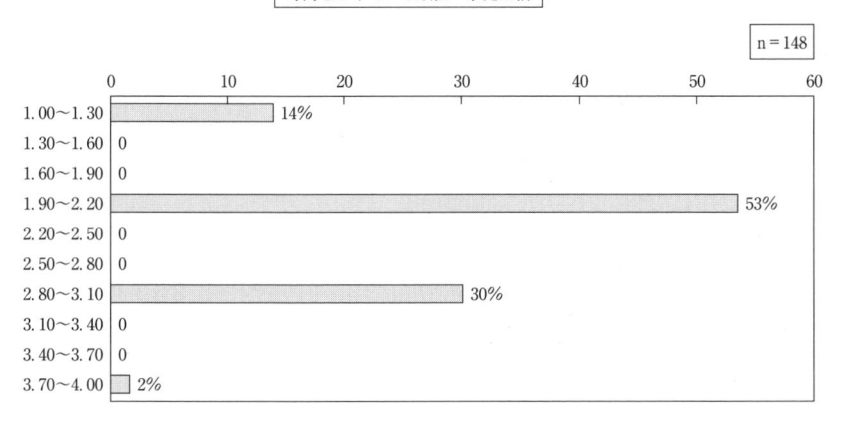

n = 148

区分	割合
1.00～1.30	14%
1.30～1.60	0
1.60～1.90	0
1.90～2.20	53%
2.20～2.50	0
2.50～2.80	0
2.80～3.10	30%
3.10～3.40	0
3.40～3.70	0
3.70～4.00	2%

問Ⅵ―（1）

| 時間をかけている順位　社会・地域活動 |

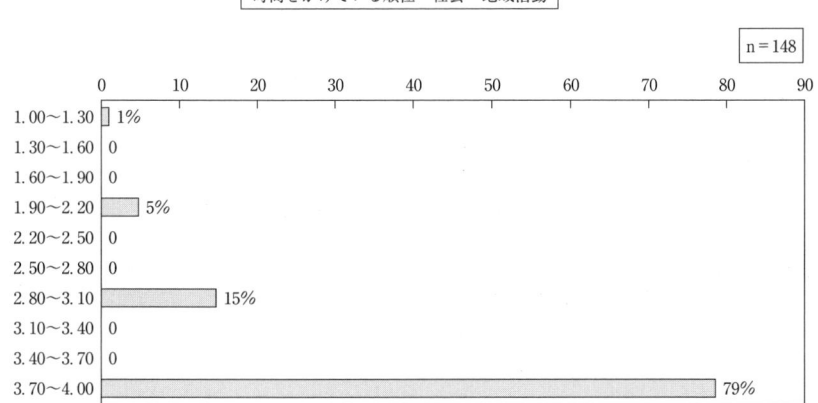

n = 148

区分	割合
1.00～1.30	1%
1.30～1.60	0
1.60～1.90	0
1.90～2.20	5%
2.20～2.50	0
2.50～2.80	0
2.80～3.10	15%
3.10～3.40	0
3.40～3.70	0
3.70～4.00	79%

問Ⅵ—（1）

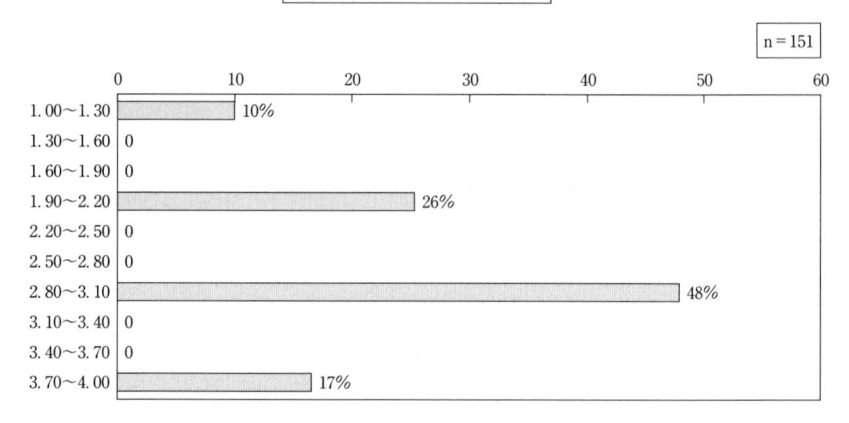

時間をかけている順位　自由時間

n = 151

区間	%
1.00～1.30	10%
1.30～1.60	0
1.60～1.90	0
1.90～2.20	26%
2.20～2.50	0
2.50～2.80	0
2.80～3.10	48%
3.10～3.40	0
3.40～3.70	0
3.70～4.00	17%

問Ⅵ—（2）

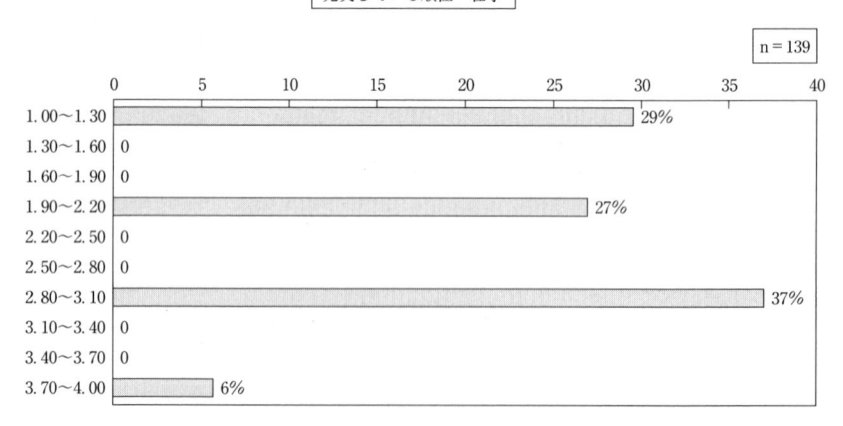

充実している順位　仕事

n = 139

区間	%
1.00～1.30	29%
1.30～1.60	0
1.60～1.90	0
1.90～2.20	27%
2.20～2.50	0
2.50～2.80	0
2.80～3.10	37%
3.10～3.40	0
3.40～3.70	0
3.70～4.00	6%

問Ⅵ—（2）

充実している順位　家庭生活

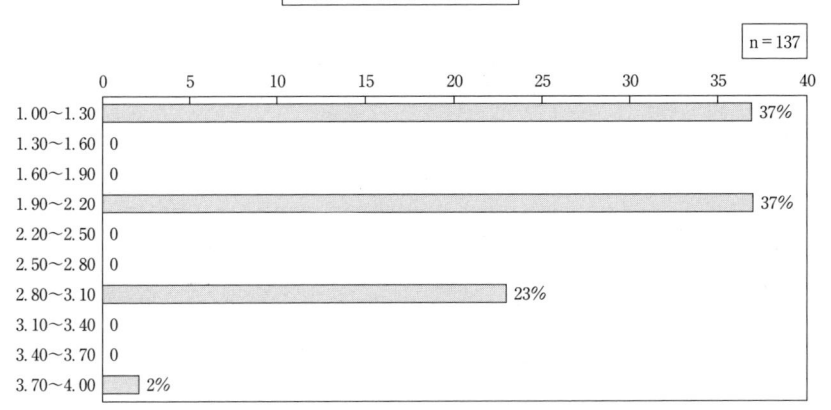

n = 137

範囲	%
1.00～1.30	37%
1.30～1.60	0
1.60～1.90	0
1.90～2.20	37%
2.20～2.50	0
2.50～2.80	0
2.80～3.10	23%
3.10～3.40	0
3.40～3.70	0
3.70～4.00	2%

問Ⅵ—（2）

充実している順位　社会・地域活動

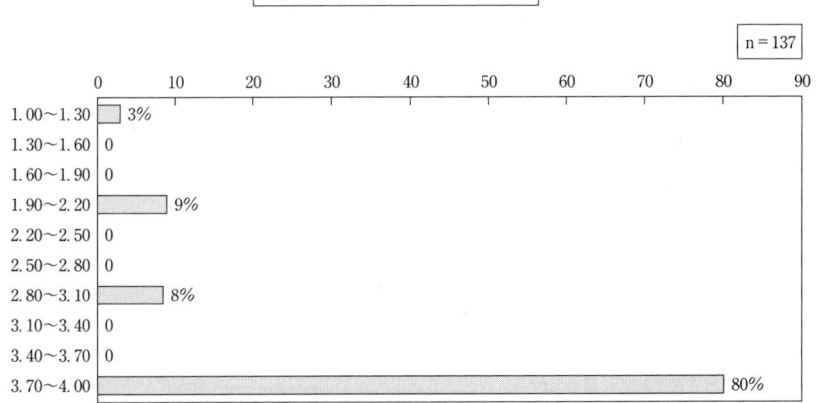

n = 137

範囲	%
1.00～1.30	3%
1.30～1.60	0
1.60～1.90	0
1.90～2.20	9%
2.20～2.50	0
2.50～2.80	0
2.80～3.10	8%
3.10～3.40	0
3.40～3.70	0
3.70～4.00	80%

問Ⅵ―（2）

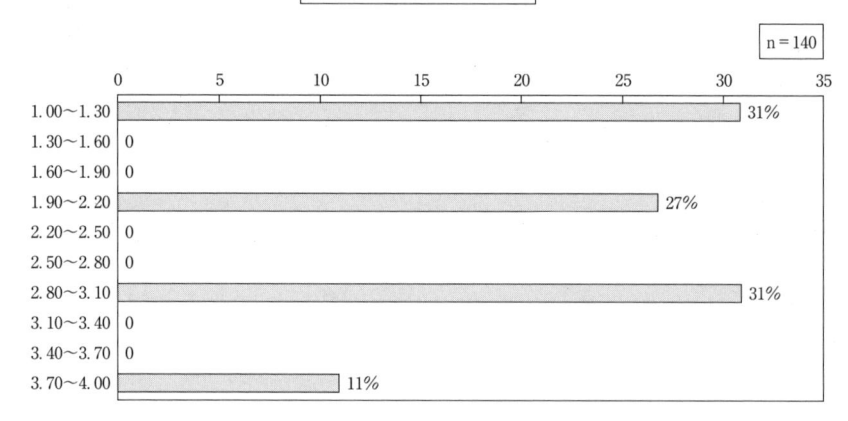

充実している順位　自由時間

n = 140

区分	割合
1.00〜1.30	31%
1.30〜1.60	0
1.60〜1.90	0
1.90〜2.20	27%
2.20〜2.50	0
2.50〜2.80	0
2.80〜3.10	31%
3.10〜3.40	0
3.40〜3.70	0
3.70〜4.00	11%

問Ⅵ―（3）

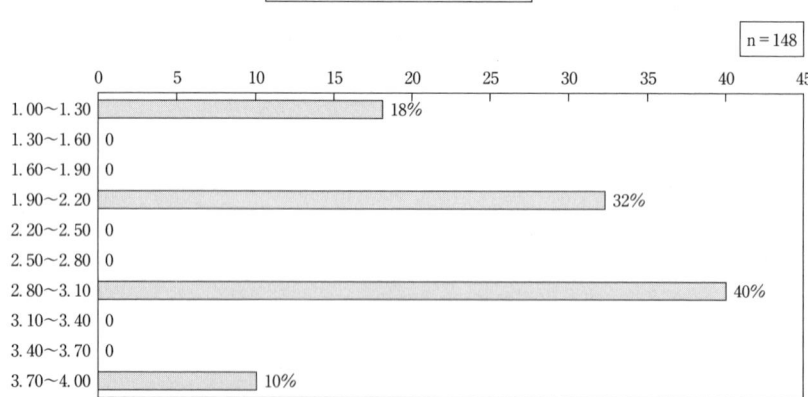

今後，重点をおきたい順位　仕事

n = 148

区分	割合
1.00〜1.30	18%
1.30〜1.60	0
1.60〜1.90	0
1.90〜2.20	32%
2.20〜2.50	0
2.50〜2.80	0
2.80〜3.10	40%
3.10〜3.40	0
3.40〜3.70	0
3.70〜4.00	10%

問Ⅵ―（3）

| 今後，重点をおきたい順位　家庭生活 |

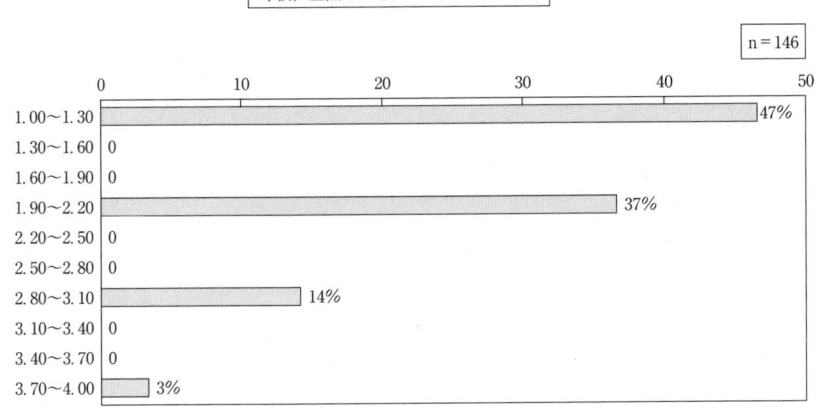

n = 146

区間	%
1.00～1.30	47%
1.30～1.60	0
1.60～1.90	0
1.90～2.20	37%
2.20～2.50	0
2.50～2.80	0
2.80～3.10	14%
3.10～3.40	0
3.40～3.70	0
3.70～4.00	3%

問Ⅵ―（3）

| 今後，重点をおきたい順位　社会・地域活動 |

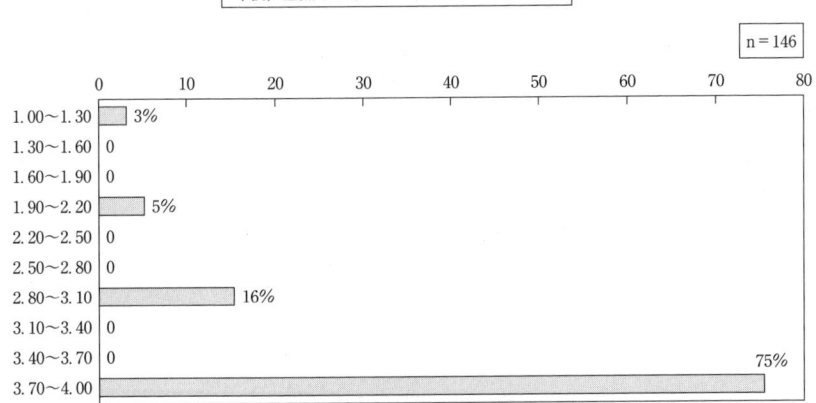

n = 146

区間	%
1.00～1.30	3%
1.30～1.60	0
1.60～1.90	0
1.90～2.20	5%
2.20～2.50	0
2.50～2.80	0
2.80～3.10	16%
3.10～3.40	0
3.40～3.70	0
3.70～4.00	75%

問VI—（3）

今後，重点をおきたい順位　自由時間

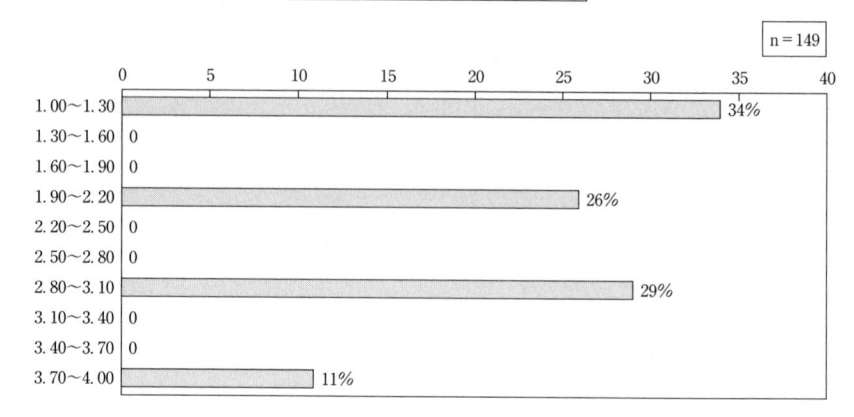

n = 149

区間	%
1.00～1.30	34%
1.30～1.60	0
1.60～1.90	0
1.90～2.20	26%
2.20～2.50	0
2.50～2.80	0
2.80～3.10	29%
3.10～3.40	0
3.40～3.70	0
3.70～4.00	11%

問VI—（4）

家族との同居の状況

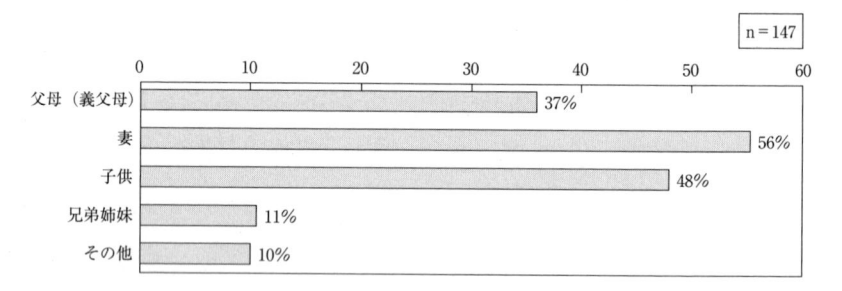

n = 147

	%
父母（義父母）	37%
妻	56%
子供	48%
兄弟姉妹	11%
その他	10%

問VI—（5）

夜勤・残業による家族の不満

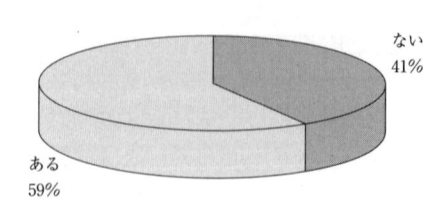

- ない 41%
- ある 59%

n = 82

問Ⅵ―(6)

家族との対話，子供との遊ぶ時間

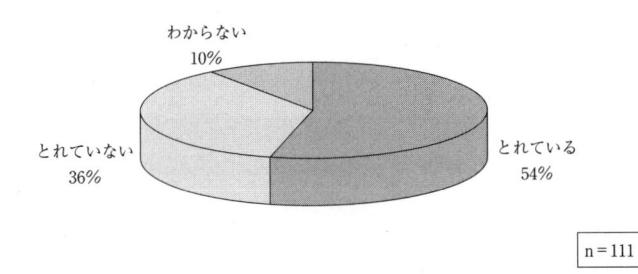

- とれている 54%
- とれていない 36%
- わからない 10%

n = 111

問Ⅵ―(7)

父母・義父母の介護

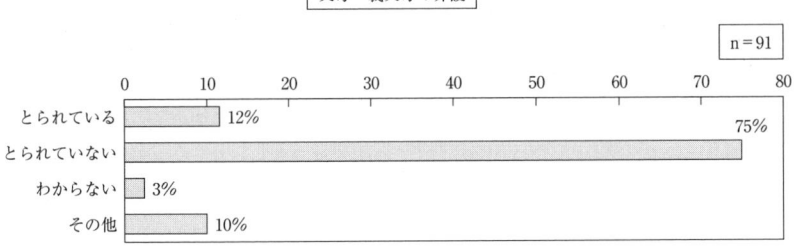

n = 91

- とられている 12%
- とられていない 75%
- わからない 3%
- その他 10%

問Ⅵ―(8)

家族生活との関係での仕事の改善点

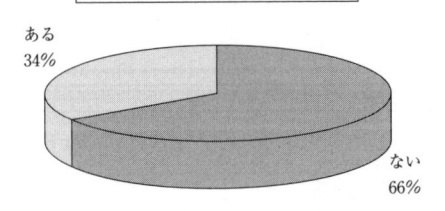

- ある 34%
- ない 66%

n = 118

Ⅱ　クロス集計結果

会社における今後の進路

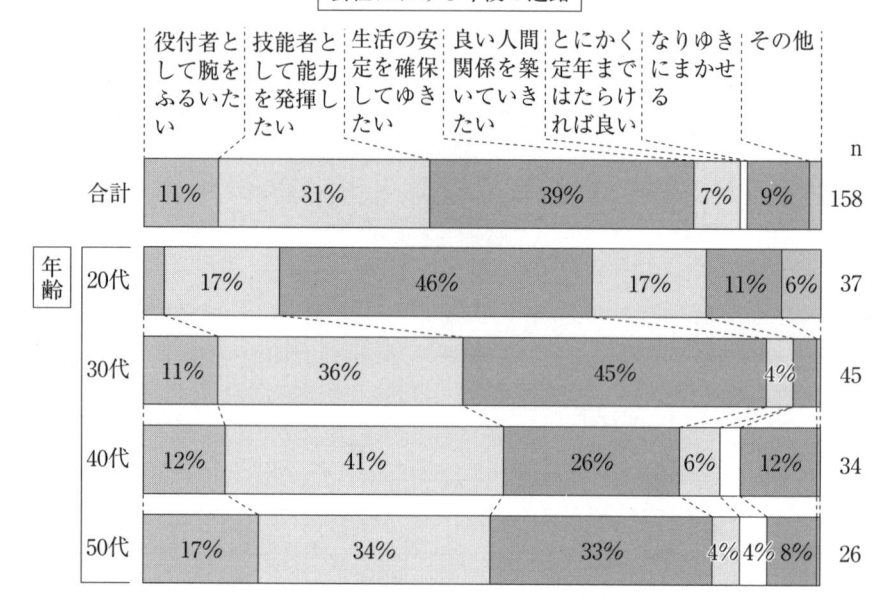

	役付者として腕をふるいたい	技能者として能力を発揮したい	生活の安定を確保してゆきたい	良い人間関係を築いていきたい	とにかく定年まではたらければ良い	なりゆきにまかせる	その他	n
合計	11%	31%		39%		7%	9%	158
20代	17%	46%		17%		11%	6%	37
30代	11%	36%		45%			4%	45
40代	12%	41%		26%		6%	12%	34
50代	17%	34%		33%		4%	4% 8%	26

賃金に対する満足度

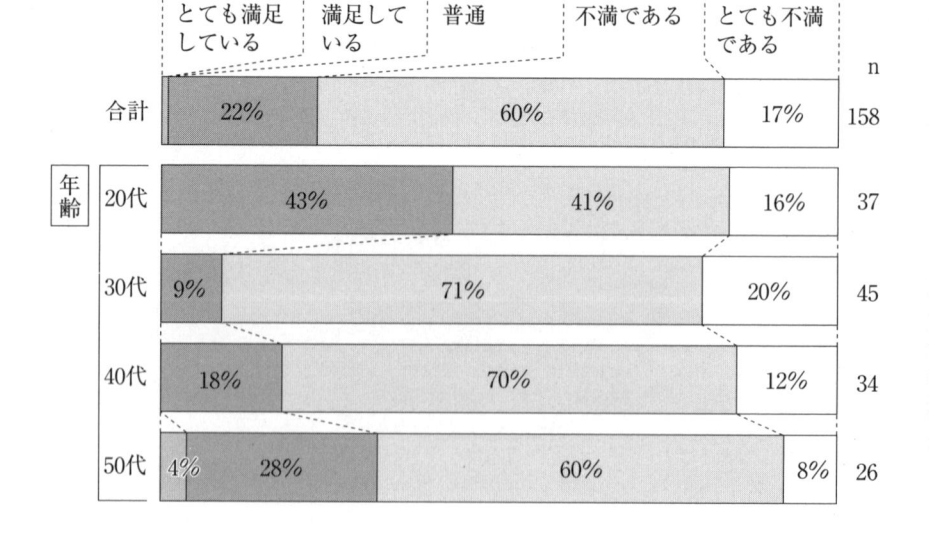

	とても満足している	満足している	普通	不満である	とても不満である	n
合計		22%	60%	17%		158
20代		43%	41%	16%		37
30代	9%		71%	20%		45
40代		18%	70%	12%		34
50代	4%	28%	60%	8%		26

調査結果　207

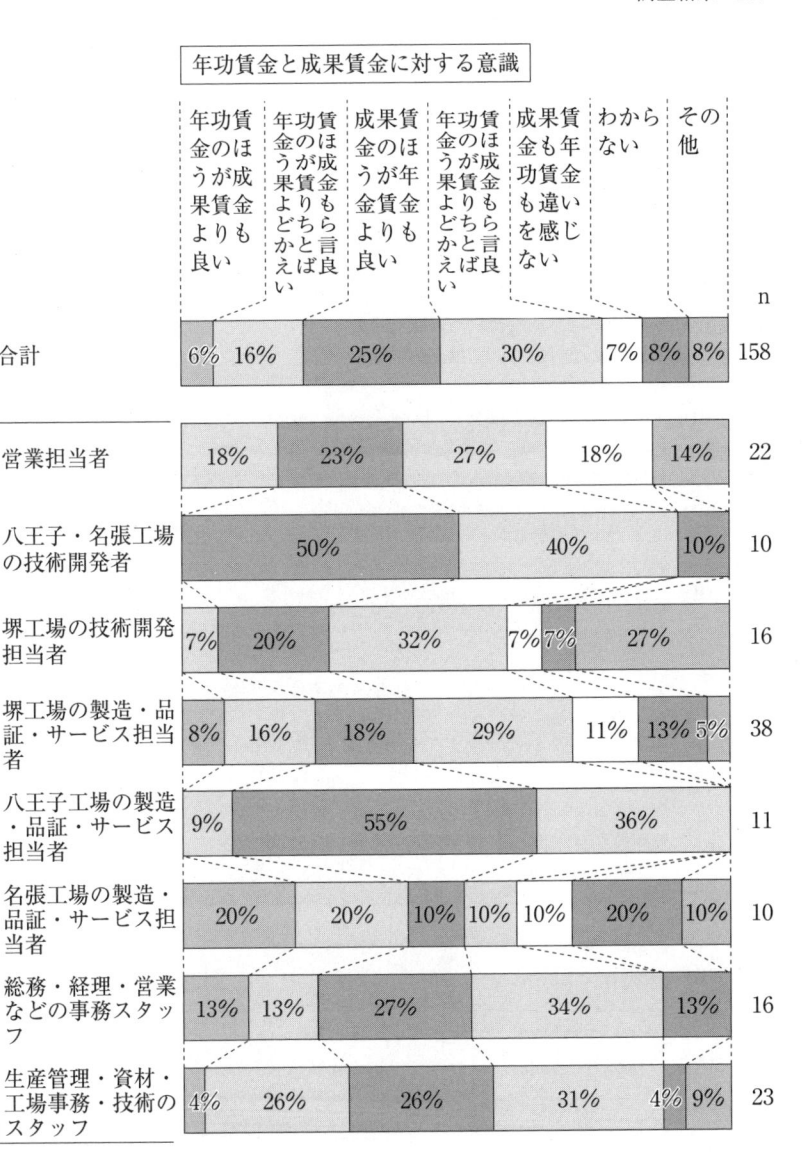

年功賃金と成果賃金に対する意識

職務		年功賃金のほうが成果賃金よりも良い	年功賃金のほうが成果賃金よりもどちらかと言えば良い	成果賃金のほうが年功賃金よりも良い	年功賃金のほうが成果賃金よりもどちらかと言えば良い	成果賃金も年功賃金も違いを感じない	わからない	その他	n
	合計	6%	16%	25%	30%	7%	8%	8%	158
職務	営業担当者		18%	23%	27%	18%		14%	22
	八王子・名張工場の技術開発者			50%	40%			10%	10
	堺工場の技術開発担当者	7%	20%	32%	7%	7%		27%	16
	堺工場の製造・品証・サービス担当者	8%	16%	18%	29%	11%	13%	5%	38
	八王子工場の製造・品証・サービス担当者	9%		55%	36%				11
	名張工場の製造・品証・サービス担当者		20%	20%	10%	10%	10%	20%	10%	10
	総務・経理・営業などの事務スタッフ		13%	13%	27%	34%		13%	16
	生産管理・資材・工場事務・技術のスタッフ	4%	26%	26%	31%	4%		9%	23

職能資格制度への評価

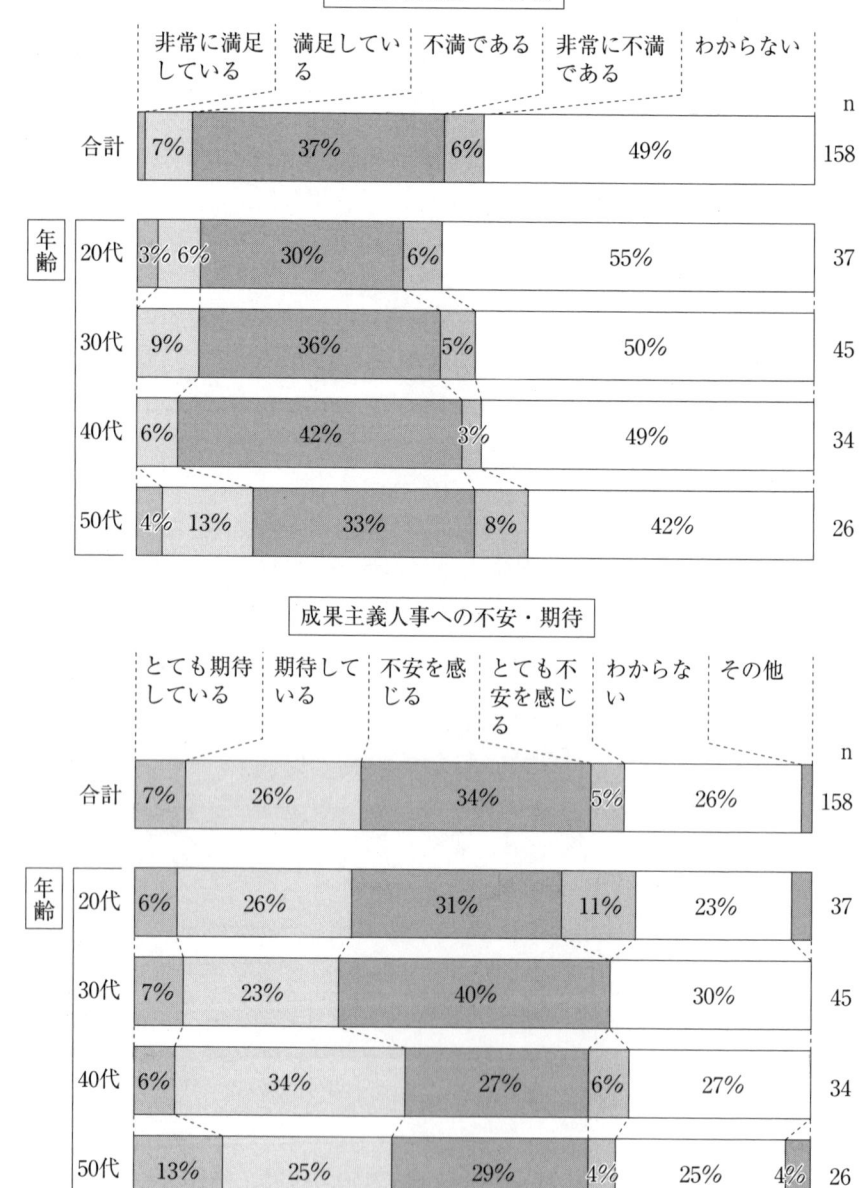

	非常に満足している	満足している	不満である	非常に不満である	わからない	n
合計	7%	37%	6%		49%	158
年齢 20代	3%	6% / 30%	6%		55%	37
年齢 30代		9% / 36%	5%		50%	45
年齢 40代	6%	42%	3%		49%	34
年齢 50代	4%	13% / 33%	8%		42%	26

成果主義人事への不安・期待

	とても期待している	期待している	不安を感じる	とても不安を感じる	わからない	その他	n
合計	7%	26%	34%	5%	26%		158
年齢 20代	6%	26%	31%	11%	23%		37
年齢 30代	7%	23%	40%		30%		45
年齢 40代	6%	34%	27%	6%	27%		34
年齢 50代	13%	25%	29%	4%	25%	4%	26

賃金に対する満足度

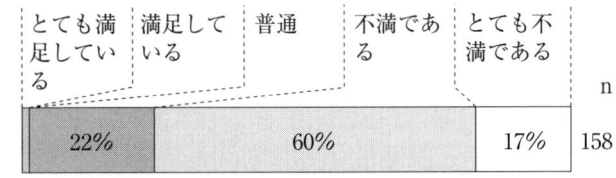

		とても満足している	満足している	普通	不満である	とても不満である	n
	合計	22%		60%	17%		158
職務	営業担当者	18%		59%	23%		22
	八王子・名張工場の技術開発者	20%		50%	30%		10
	堺工場の技術開発担当者	7%		73%	20%		16
	堺工場の製造・品証・サービス担当者	27%		59%	14%		38
	八王子工場の製造・品証・サービス担当者	9%	18%	64%	9%		11
	名張工場の製造・品証・サービス担当者	10%		90%			10
	総務・経理・営業などの事務スタッフ	38%		56%	6%		16
	生産管理・資材・工場事務・技術のスタッフ	26%		52%	22%		23

職能資格制度への評価

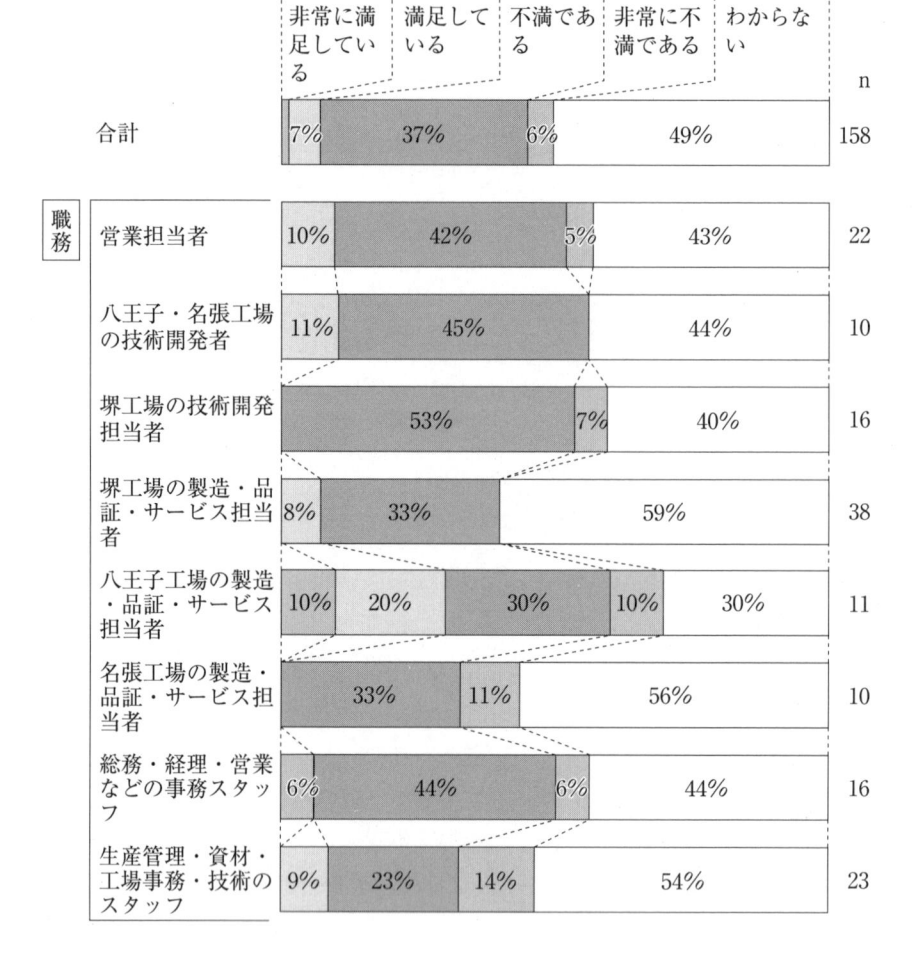

	非常に満足している	満足している	不満である	非常に不満である	わからない	n
合計	7%	37%	6%		49%	158

職務

	非常に満足している	満足している	不満である	非常に不満である	わからない	n
営業担当者	10%	42%	5%		43%	22
八王子・名張工場の技術開発者	11%	45%			44%	10
堺工場の技術開発担当者		53%	7%		40%	16
堺工場の製造・品証・サービス担当者	8%	33%			59%	38
八王子工場の製造・品証・サービス担当者	10%	20%	30%	10%	30%	11
名張工場の製造・品証・サービス担当者		33%	11%		56%	10
総務・経理・営業などの事務スタッフ	6%	44%	6%		44%	16
生産管理・資材・工場事務・技術のスタッフ	9%	23%	14%		54%	23

参考文献リスト (発行年代順)

Marx. K, 1857/58, "Formen die der Kapitalistischen Production vorhergehen".

E, Durkheim, Le La division du Travail Social, 1893.

E, Durkheim, Le suicide : etude sociologie, 1897.

M. Weber, Die protestanischen Sekten und der Kapitalisumus, 1920. (中村貞二訳「プロテスタンティズムの教派と資本主義の精神」,『世界の大思想　ウエーバー　宗教・社会論集』所収, 河出書房新書, 1968年)

J. C. Abegglen, *The Japanese Factory : The Origins of National Diversity in American Industry*, MIT, 1957. (占部都美訳『日本の経営』ダイヤモンド社, 1958年)

間宏『日本的経の系譜』日本能率協会, 1961年

中根千枝『縦社会の人間関係』講談社, 1967年

R. P. Dore, *Aspects of Social Change in Modern Japan*, 1967.

土居健郎『「甘え」の構造』弘文堂, 1971年

林直道『史的唯物論と経済学　上・下』大月書店, 1973年

浜口恵俊『日本らしさの再発見』日本経済新聞社, 1977年

M. Nussbaum,*Wirstchaft und Shat in Deutschland Wahrend der Weimarer Republik,* Berlin, 1978, s. 170.

Vgl. J. Bonig, *Technik und Rationalisierung in Deutuchland Zur Zeit dir weimarer Repubulik, U. Troitzsch*, G. Wohlauf (Htsg), Techinikgoschichte, Frankfrutam in, 1980.

安田三郎・塩原勉・富永健一・吉田民人編『基礎社会学第Ⅲ巻　社会集団』東洋経済新報社, 1981年

安田三郎・塩原勉・富永健一・吉田民人編『基礎社会学第Ⅳ巻　社会構造』東洋経済新報社, 1981年

浜口恵俊・公文俊平編『日本的集団主義』有斐閣, 1982年

柴田三千蔵『近代世界と民衆運動』岩波書店, 1983年

M. Beer, B. Spector, P. R. Lawrence, D. Q. Mills and R. E. Walton, *Managing Human Assets,* The Free Press, 1984.

Sanford. M. Jacoby, *Employing Bureaucracy : Managers, Unions and Transformation of Work in American Industry* 1900-1945, New York, 1985.

小山陽一郎編『巨大企業体制と労働者』御茶ノ水書房, 1985年

M. Mizuruchi and M. Schwarz, eds. *Intercoporate Relations : The Stractual Analysis of Business,* Cambridge University Press, 1988.

辻勝次「自動車工場における『集団的熟練』の形成機構とその機能形態 (上)」『立命館産業社会論集』第24巻第4号, 1989年

乾彰夫『日本の教育と企業社会』大月書店, 1990年

渡辺治『「豊かな社会」日本の構造』労働旬報社, 1990年

奥村宏『法人資本主義—［会社本位主義］の体系—』朝日新聞社, 1991年

佐藤慶幸『生活世界と対話の理論』文真堂, 1991年

中久郎『共同性の社会理論』世界思想社, 1991年

三戸公『家の論理 2 日本的経営の成立』文真堂, 1991年

横浜女性フォーラム編『新版・女のネットワーキング』学陽書房, 1991年

奥村宏『会社本位主義は崩れるのか』岩波書店, 1992年

基礎経済科学研究所編『日本型企業社会の構造』労働旬報社, 1992年

笹川儀三郎・石田和夫編『現代企業のホワイトカラー労働』大月書店, 1993年

ジョン・スコット・仲田正機・長谷川治清『企業と管理の国際比較—英米型と日本型—』中央経済社, 1993年

原ひろ子・大沢真理編『変容する男性社会—労働・ジェンダーの日独比較』新曜社, 1993年

十名直喜『日本型フレキシィビリティの構造—企業社会と高密度労働—』法律文化社, 1993年

宮坂義一『総合商社』二期出版, 1994年

基礎経済科学研究所編『日本型企業社会と女性』青木書店, 1995年

新修大阪市編纂委員会編『新修 大阪市史 第9巻』1995年3月

新・日本的経営システム等研究プロジェクト編『新時代の「日本的経営」』日本経営者団体連盟, 1995年

藤井治枝『日本型企業社会と女性労働』ミネルヴァ書房, 1995年

佐々木嬉代三・中川勝雄編『転換期の社会と人間』法律文化社，1996年
関口定一「プレ・ニューディール期GEにおける雇用政策の展開―勤続重視・雇用政策と配置転換」中央大学『商学論纂』第37巻第3・4号，1996年
木田融男「"社会概念"と日本社会」『立命館産業社会論集』第32巻第4号，1997年
井上俊夫・上野千鶴子・大澤真幸・見田宗介・吉見俊哉編『岩波講座現代社会学23　日本文化の社会学』岩波書店，1997年
Anford. M. Jacoby, *ModernManors : WelfareCapitalismSincethe New Deal,* Princeton, 1997.
木田融男「"社会"概念と日本社会」『立命館産業社会論集』第32巻第4号，1997年
守屋貴司『現代英国企業と労使関係―合理化と労働組合―』税務経理協会，1997年
ペイ・エクイティ研究会『商社における職務の分析とペイ・エクイティ』1997年
山崎敏夫『ドイツ企業管理史研究』森山書店，1997年
井上宏編著『21世紀の経営戦略』日本評論社，1998年
太田肇「従業員の『仕事人』化と人事・労務管理」『日本労務学会年報（第27回大会）』1998年3月
長谷川廣「人定資源管理の特質」奈良産業大学『産業と経済』1998年
平尾武久・伊藤健一・森川章・関口定一編『アメリカ大企業と労働者―1920年代労務管理研究史研究』北海道大学図書刊行会，1998年
森本隆男編『現代の人材開発』税務経理協会，1998年
陳暁春「総合商社のコース別雇用管理」『立命館経営学』第37巻第1号，1998年
石田和夫・安井恒則・加藤正治編『企業労働の日英比較』大月書店，1998年
原田実・奥林康司編著『日本労務管理史』中欧経済社，1998年
太田肇『仕事人と組織』有斐閣，1999年
遠藤公嗣『日本の人事査定』ミネルヴァ書房，1999年
太田肇『仕事人と組織』有斐閣，1999年
仙田幸子「一般職としての女性活用の再評価：総合商社を例として」

『日本労務学会第29回全国大会研究報告論集』1999年
中久郎編『社会学論集　持続と変容』ナカニシヤ出版，1999年
藤井治枝・渡辺峻編著『現代企業経営の女性労働―労務管理の個別化と男女の自立―』ミネルヴァ書房，1999年
牧野富夫『「日本的経営」の崩壊とホワイトカラー』新日本出版社，1999年
読売新聞社会部『会社がなぜ消滅したか―山一證券役員たちの背信―』新潮社，1999年
渡辺治『企業社会・日本はどこへゆくのか』教育史料出版会，1999年
海道進・森川編著『労使関係の経営学』税務経理協会，1999年
ヘイコンサルティンググループ編『インセンティブ制度による成果主義賃金導入マニュアル』日本能率協会マネジメントセンター，1999年
奥林康司・今井斉・風間信隆編著『現代の労務管理の国際比較』ミネルヴァ書房，2000年
菊地敏夫・平田光弘編著『企業統治の国際比較』文真堂，2000年
厚生労働省『労働者派遣事業の1999年事業報告の結果について』2000年
産業構造研究会編『現代日本産業の構造と動態』新日本出版社，2000年
柴山恵美子・藤井治枝・渡辺峻編著『各国企業の働く女性たち』ミネルヴァ書房，2000年
島弘編著『人的資源管理の理論』ミネルヴァ書房，2000年
生協労連青年部『青年アンケート』2000年
太田肇『囲い込み症候群―会社・学校・地域の組織病理―』ちくま書房，2001年
太田肇『ベンチャー企業の「仕事」―脱日本的雇用の理想と現実』中央公論社，2001年
後藤道夫『収縮する日本型大衆社会―経済グローバリズムと国民の分裂―』旬報社，2001年
黒田兼一・関口定一・青山秀雄・堀劉二『現代の人事管理』八千代出版，2001年
厚生労働省『労働組合基礎調査2001年版』2001年
牧野泰典『小集団の機能と役割―現場労働者の「経験知の伝達」と「熟練」の形成』八千代出版，2001年
中牧弘充他『会社じんるい学』東方出版，2001年

田中洋子『ドイツ企業社会の形成と変容』ミネルヴァ書房，2001年
出版労連青年部編『青年白書』2001年
守屋貴司「日本企業社会の二つのパターンと全体構造の再検討―『日本的経営管理構造』の社会学的分析―」『産業と経済』第15巻第4号，2001年
守屋貴司『総合商社の経営管理―合理化と労使関係―』森山書店，2001年
山崎敏夫『ヴァイマル期ドイツ合理化運動の展開』森山書店，2001年
山崎敏夫『ナチス期ドイツ合理化運動の展開』森山書店，2001年
黒田兼一「日本型企業社会と労務管理の変容―解体？再編？改革？」『社会文化研究』第5号，晃洋書房，2002年
伊藤健市・田中和雄・中川誠士編著『アメリカ企業のヒューマン・リソース・マネジメント』税務経理協会，2002年
重本直利『社会経営学序説―企業経営学から市民経営学へ―』晃洋書房，2002年
岩出博『戦略的人的資源の実相―アメリカSHRM論研究ノート―』泉文堂，2002年
守屋貴司「資料　中堅製造企業O社の成果主義人事制度に対する意識調査」『産業と経済』（奈良産業大学）第17巻第3号，2002年10月
長谷川廣「戦後日本の労務管理の歩みと特徴―日本的労務管理の『アメリカ化』をめぐって―」『名城論業』第3巻第4号，2003年
平野文彦・幸田浩文編『人的資源管理』学文社，2003年
浪江巌「人的資源管理の内容と構造」『立命館経営学』第41巻第6号，2003年
連合編『2004連合白書』コンポーズ・ユニ，2004年
岩井亮一・梶原豊編著『現代の人的資源管理』学文社，2004年

索　引

あ行

アイヌの共同体……………………20
アカウンタビリティ………………66
アソシエーション…………………158
新しい共同性………………………170
アノミー化……………………4, 169
アベグレン…………………………26
甘えの構造…………………………21
アマルティア・セン………………172
アメリカ型成果主義………………74
アメリカ合衆国……………………133
アメリカ成果主義………………52, 53
アメリカ的経営方式……………45, 114
アンケート調査……………………6
暗黙の規則…………………………140
IT……………………………………166
IT化……………………………72, 73

イエ共同体………………………22, 161
イギリス……………………133, 173
イギリス資本主義…………………164
意識…………………………………7
意識の錯綜…………………………86
異質メンバー………………………157
一般職………………………………110
一般職コース………………………109
一方通行単線型……………………170
伊藤忠商事…………………………108
インセンティブ……………………161

インターネット……………………167
ウェーバー…………………80, 138
ヴォランタリアソシエーション
　…………………4, 143, 145, 157, 158, 167
ヴォランタリアソシエーション組織
　………………………………………168
右傾化工作…………………………146

営業職………………………………92
英国財務省…………………………173
エミール・デュルケーム…………168
円高…………………………………44
エンプロイヤビリティ…………47, 67
HRM…………………………………54
HR活動………………………………126
NGO…………………………………173
NPO………………………167, 169, 173

欧米外資系企業……………………48
大阪コロタイプ印刷………………122
大阪府婦人少年室…………………149
大幅人員削減目標…………………112
沖縄の共同体………………………20

か行

外資系………………………………101
改善活動……………………………13
外部労働市場……………34, 89, 161
カウンセリング……………………173

格付け機関 …………………136
学閥「共同体」………………93
学閥・派閥「共同体」 ……………113
囲い込み………………………38
価値意識………………………87
価値観…………………………35
価値観・規範・感情の共有……………27
勝ち組み………………………45
学界 ……………………………133
家庭生活………………………88
カフェテリアプラン……………71
株価 ……………………………136
家父長…………………………22
家父長制理念…………………12
家父長的………………………95
カリスマ性……………………80
カリスマ的支配………………80
官界 ……………………………133
慣習 ……………………………34, 35
間人主義………………………21
間接差別………………………152
カンパニー制…………………105
管理職 …………………………46, 112
管理職新賃金制度……………120
官僚制の官僚組織……………159
官僚制論………………………138, 139
官僚的組織構造………………168

期間従業員数…………………126
企業規模………………………40
企業貢献度……………………43
企業社会 ………………………164
企業社会概念…………………19
企業社会的価値観……………164
企業主義的統合………………42

企業統治………………………139
企業内「共同性」……………162
企業内「共同体」……1, 10, 27, 28, 29, 34, 66, 69, 93, 97, 105, 113, 115, 125, 144, 162, 163
企業内福利厚生………………170
企業の社会統合………………115
キーコンポーネント…………129
儀式……………………………81
擬似共同体……………………30
擬似共同体組織………………134, 170
技術開発………………………96
技術的合理化…………………42
規定要因………………………74
キーデバイス…………………129
技能者集団……………………80
機能不全………………………170
基本給…………………………104
CAD ……………………………90
キヤノン………………………127, 128, 130
CAM ……………………………90
キャリア ………………………69, 107
キャリア開発…………………68
キャリア形成…………………172
キャリアパス…………………68
旧財閥系………………………23
業種……………………………42
凝集性…………………………145
行政統制産業…………………155
行政保護産業…………………155
業績停滞期……………………65
業績評価制度…………………47
業績連動型……………………47
競争原理………………………129
共続感情………………………98

共同化	20
共同体	1, 20
共同体意識	166
共同態志向	24
共同体主義	21
共同体団結	166
共同体的関係	12
共同体の特殊利益の保全	30
共同的所有	12
共同労働	12
金銭的庇護	159
勤続年数	104
近代化主義	83
近代組織論	139
近代派「共同体」	94
均等法以前	110
均等法ネットワーク講座	150
勤務延長	122
楠田式	65
組合執行委員	154
組合組織回避戦略	56
クラフト「共同体」	94
クラフトユニオン	91
クラフトユニオン的共同体	97, 98
グローバライゼーション	34
グローバルスタンダード	141
経営学	1
経営家族主義	22, 80, 98, 161
経営家族主義的規範	13
経営家族主義的共同体	12, 87
経営家族主義的経営	5, 133, 162
経営協議会	84
経営サイド	9

経営者団体	134
経営者の心	2
経営戦略	57, 163
経済学	1
経済学批判要綱	11
経済的危機	56
経済的利益分与	159
形式的合理性	138
形式的集団合議手続き	138
ゲゼルシャフト	11, 29
血族共同体	133
ゲマインシャフト	11, 29
原資	84, 162
現実的柔軟性	149
限定的関心	143
合意態	98
考課項目	120
交換理論	28
高業績	130
公共部門	152
高度成長期	161
高付加価値製品	130
公募型異動プログラム	106
公民権法	57
合理的判断	138
高齢化	83
5S活動	82
国際婦人年ナイロビ大会	149
国際婦人の10年	147
国内地域別労働力推移	109
国連CEDAW	151
伍酬性	30
50歳代	89
呼称変更	147

個人的レベル …………………144
個人別交渉 ……………………8
コース別雇用管理 ………109, 147, 152
国家官僚制 ………………134, 138
固定部分 ………………………104
個別業績管理 …………………50, 76
「個別的」労使関係 …………73
コポレート・ガバナンス ……139
コミュニケーション
　　　………………30, 66, 95, 113, 156
雇用管理制度…………………67
雇用管理調査…………………122
婚姻関係 ………………………133
コンピテンシー ………47, 52, 53, 59

さ 行

財界 ……………………………133
再雇用制度 …………………121, 122
最適労働力構成 ………………45
財テク路線 ……………………137
裁判闘争 ………………………151
裁量労働 ………………………113
裁量労働制……………………69
産業業種 ………………………40
産業構造変化…………………44
30歳代…………………………89
三洋電機 ………………………121

恣意的査定 ……………………9
ジェンダー・イクォリティ ……57
ジェンダー意識 ………………153
資格制度………………………53
資格等級制度 …………………103
事業会社 ………………………105
仕事人モデル…………………37

市場の論理 ……………………14, 75
実力終身主義 …………………128
支配層 …………………………133, 141
自閉的共同体 …………………134
資本主義的合理性……………25
資本蓄積条件 …………………40
島津製作所 ……………………121
市民社会………………………19
事務職 …………………………110
事務職コース …………………109
事務スタッフ …………………92
社会運動 ………………………150
社会概念………………………19
社会学 …………………………1
社会的規範 ……………………155
社会的統合 ……………………106
社会的統合強化………………98
社会保障 ………………………153
社会保障制度 …………………71
社交態…………………………98
社交体 …………………………169
社内公募制度 …………………68
ジャバナイゼーション ………13
社有社宅制度 …………………72
社有独身寮制度………………72
ジャンク債相当 ………………136
従業員階層別 …………………163
従業員総数 ……………………108
従業員の階層化………………76
習熟給 …………………………124
就職人気企業 …………………148
終身雇用 ………1, 50, 73, 86, 116, 121, 161
住宅関連 ………………………72
集団意識 ………………………155
集団主義 ………………………21, 24

集団責任制度・・・・・・・・・・・・・・・・・・・・72
集団的熟練 ・・・・・・・・・・・・・・・・・・・119
集団的同一・・・・・・・・・・・・・・・・・・・・66
集団的同一・同調行動・・・・・・・・・・27
柔道共同体 ・・・・・・・・・・・・・・・・・・・122
就農 ・・・・・・・・・・・・・・・・・・・・・・・・・169
就労 ・・・・・・・・・・・・・・・・・・・・・・・・・173
熟練技能・・・・・・・・・・・・・・・・・・・・・・80
熟練技能者・・・・・・・・・83, 93, 95, 121, 161
熟練労働者・・・・・・・・・・・・・・・・・・・・97
熟練労働力 ・・・・・・・・・・・・・・・・・・164
出版労連 ・・・・・・・・・・・・・・・・・・・・6, 7
受容・・・・・・・・・・・・・・・・・・・・・・・・・・24
需要変動 ・・・・・・・・・・・・・・・・・・・・128
昇格差別 ・・・・・・・・・・・・・・・・・・・・153
消極的合理化・・・・・・・・・・・・・・・・・・42
消極的合理化策・・・・・・・・・・・・・・・・41
商社の情報連絡会 ・・・・・・・・・・・・147
商社の女性の会 ・・・・・・・・・・・・・・144
商社婦人問題研究会・・・・・・・・・・・147
止揚態・・・・・・・・・・・・・・・・・・・・・・・・11
消費者ニーズ ・・・・・・・・・・・・・・・・155
少品種大量生産システム・・・・・・・・55
情報開示 ・・・・・・・・・・・・・・・・・・・・168
情報管理機能 ・・・・・・・・・・・・・・・・130
情報共有 ・・・・・・・・・・・・・・・・・・・・166
情報公開 ・・・・・・・・・・・・・・・・・・・・166
情報ネットワーク的関係・・・・・・・・72
職業訓練法改正 ・・・・・・・・・・・・・・125
職群 ・・・・・・・・・・・・・・・・・・・・・・・・104
職群制度 ・・・・・・・・・・・・・・・・103, 113
職制七会 ・・・・・・・・・・・・・・・・・・・・124
職層資格制度 ・・・・・・・・・・・・・・・・110
職能基準給 ・・・・・・・・・・・・・・・・・・123
職能給 ・・・・・・・・・・・・・・・・・・・39, 120
職能個人給 ・・・・・・・・・・・・・・・・・・123
職能資格制度
　　・・・・・・・・・・・・32, 33, 34, 58, 65, 119, 162
触媒効果 ・・・・・・・・・・・・・・・・・・・・157
職場環境 ・・・・・・・・・・・・・・・・・・・・153
職場討論 ・・・・・・・・・・・・・・・・・・・・・・9
職務記述書・・・・・・・・・・・・・・・・・・・52
職務給 ・・・・・・・・・・・・・・・39, 103, 113
職務給制度 ・・・・・・・・・・・・・・103, 110
職務内容 ・・・・・・・・・・・・・・・・・・・・172
職務範囲 ・・・・・・・・・・・・・・・・・・・・172
職務評価 ・・・・・・・・・・・・・・・・・・53, 59
職務分析 ・・・・・・・・・・・・・・53, 59, 104,
職務分担 ・・・・・・・・・・・・・・・・・・・・155
職務要件・・・・・・・・・・・・・・・・・・・・・68
女性差別撤廃条約 ・・・・・・・・・・・・149
女性事務職 ・・・・・・・・・・・・・・・・・・109
女性従業員 ・・・・・・・・・・・・・・・・・・108
ジョブ・リクエスト制度 ・・・・・・・106
ジョン・スコット ・・・・・・・・133, 140
自立した個・・・・・・・・・・・・・・・・・・・38
自律分散型構造・・・・・・・・・・・・・・・72
人員削減「合理化」 ・・・・・5, 102, 106, 111
「人員削減」リストラ
　　・・・・・・・・・・・・・・・・43, 49, 101, 144, 163
人格的支配 ・・・・・・・・・・・・・・・・・・138
人格的な支配 ・・・・・・・・・・・・・・・・140
真空機器製造産業・・・・・・・・・・・・・80
シングルステータス・・・・・・・・・・・96
人事査定・・・・・・・・・・・・・・・・・・・・・85
人事評価・・・・・・・・・・・・・・・・・・・・・84
人事評価制度 ・・・・・・・・・・・・・・・・129
人事評価プロセス・・・・・・・・・・・・・65
人事ブリテンボード（掲示板）制 ・・・107
人的資源管理 ・・・・・・・・・・・52, 58, 101

人的資源管理生成……………………56
人的ネットワーク……………………116
信用金庫……………………………167

スキル…………………………………69
ステークホルダー………………54, 55
スペシャリスト志向…………………49
住友商事……………………………108

政界…………………………………133
成果主義……………………3, 90, 162
成果主義人事制度
　　　………………2, 41, 45, 66, 129, 145
成果主義賃金………………………129
成果主義賃金制度……3, 31, 40, 43, 165
成果主義賃金導入…………………163
成果主義的な近代経営……………162
成果主義導入……………………3, 82
成果主義導入のパターン……………51
成果主義のルール……………………8
成果賃金………………………………87
生活実態………………………………88
生活諸過程……………………………2
成果評価……………………………103
正規雇用……………………………170
正規雇用層……………………………73
生協…………………………………167
生協労連………………………………7
生産委託……………………………128
生産諸力………………………………13
税制…………………………………153
製品開発……………………………128
製品市場………………………33, 161
性別役割分担………………………152
精密機器大企業……………………127

世襲…………………………………133
世代交代………………………………97
世代別…………………………88, 163
積極的合理化策………………41, 42
絶対評価………………………………9
セル生産方式………………………128
ゼロサム経済…………………………86
前近代性………………………………25
前近代的の共同体的性格……………25
先行意識調査…………………………7
潜在能力の平等化…………………172
前資本主義的所有……………………12
全商社………………………………146
全商社ニュース……………………146
全人格的評価…………………………33
先輩・後輩関係……………………113
全崩壊………………………………101
全労連…………………………9, 10, 166

早期退職制度………………48, 102
早期退職優遇制度……………………67
争議団………………………………151
相互依存領域…………………………66
総合商社………………………4, 101, 148
相互監視機能………………………116
相互交通複線型……………………171
相互承認システム…………………139
相互扶助……………………………144
総人件費……………………………104
双日……………………………105, 115
俗人的人間関係………………………29
そごう………………………………137
組織された競争関係…………………23
組織人…………………………………37
組織のフラット化…………………106

組織防衛意識 ·················168
損失 ····························137
村落共同体 ··············20, 169

た行

退職勧奨 ······················113
大卒ホワイトカラー技術者·······90
ダイバーシティ・マネジメント ···57, 58
縦系列 ··························33
縦社会 ··························21
多能工 ·························128
多品種少量生産システム·········55
短期的業績評価制度············49
短期的視野 ·····················86
男女雇用機会均等法 ···········148
男女差別構造 ···············58, 59
男女差別賃金をなくす連絡会議 ······147
男女賃金格差 ·················152
男女同一労働同一賃金 ········151
男女の職務の呼称 ·············147
男女の賃金差 ·················148
男性従業員数 ·················108
男性中心原理 ·················155
男性中心社会 ·················114
男性中心主義 ·················154
弾力性 ·························158

地域社会 ······················167
チームコンセプト················13
チームによる業績評価 ··········120
チームワーキング ···············75
チームワーク ···················164
チームワーク業績評価 ····119, 163
チャレンジ・ポスト制度 ·········106
中華人民共和国·················85

中間管理職··················84
中期事業計画·················91
中堅製造企業 ··················4
中高年管理労働者 ··········112
中国 ························91, 129
忠誠心的依拠··················32
長期雇用 ···················50, 170
長期的失業 ·················170
長期的視点 ···················86
賃金裁判 ·····················151

通常勤務·······················69

ディスクロージャー（評価開示原則）
······························10
敵対心 ·······················115
デュルケーム社会学 ············169
電子掲示板·····················68
電子ネットワーク ···············72
伝統的価値観···················34
伝統的な人事・労務管理·········56
TYZ複合体 ···················134

ドアー·························32
同意態·························98
同化主義························21
東急百貨店···················120
東京大学 ·····················134
同質的均質性 ·················157
同質的同調競争 ·················27
同調行動 ·······················66
閉じられた共同体 ·······13, 134, 137
トップマネジメント層 ···········138
トーメン ······················108
トヨタ ····················123, 130

トヨタ記念病院 …………………127
トヨタ工業技術学園 …………125, 126
トヨタジョイスティ ………………127
トヨタ生活協同組合 ………………127
トヨタ労働組合 ……………………123
ドル危機 ………………………………55
奴隷制 …………………………………12

な行

内部空洞化 …………………………162

20歳代 …………………………………88
ニチメン ……………………………105, 108
日経連 …………………………………38
日興コーディアル証券 ………………76
日商岩井 ………105, 108, 110, 112, 136
日本型成果主義 ……………………59, 74
日本企業社会 …………………………82
日本企業社会的組織 ………………165
日本企業社会論 ……………………23, 24
日本興業銀行 ………………………137
日本資本主義 ………………………164
日本的官僚制 …………………138, 140
日本的経営 ……………………………71
日本的経営風土 ……………………137
日本的生産システム …………………13
日本文化論 ……………………………21
人間関係 ……………………………137
人間関係諸活動
　　………28, 89, 98, 112, 126, 163
人間尊重 ………………………………57
人間の成長 …………………………158

ネオ日本企業社会 ……………………39
ネットワーク ……114, 141, 158, 168, 169

年功給 ………………………………120
年功序列 ……………………………161
年功序列賃金 …………………………86
年功制 …………………………………73
年功賃金 ……………………………88, 90
年功賃金制度 …………………………1
年俸制 …………………………………46
年齢給 …………………………123, 124

農奴制 …………………………………12
能力主義管理 ……………2, 58, 124
能力主義管理強化型 …………………74

は行

媒介要因 ………………………………74
排他意識 ……………………………115
排他主義 ……………………………157
配置転換 ……………………………172
派遣労働者 ……………………………73
発揮の自由の平等化 ………………172
パートタイム ………………………171
パートタイム労働者 …………………73
場の共有 ………………………………30
派閥 …………………………………113
ハバードモデル ………………………54
バブル経済 …………………………164
バブル経済崩壊 ………………44, 162
バラバラ化 …………………………168
範囲職務給 ……………………………39
反権力的 ……………………………143
反差別法 ………………………………57
半崩壊型 ……………………………75, 79
半崩壊状況 …………………………162

ヒアリング調査 ……………………93, 96

非管理職 …………………84, 112
非市場的交換関係………………29
ビジネスモデル …………………166
非日常的資質……………………81
ピラミッド構造 …………………168

福祉システム ……………………170
福利厚生制度……………………70
不二サッシ ………………………120
富士通 ………………………50, 69
双子の赤字………………………55
フラット化 ………………………165
不利益変更 ………………………111
フリーエージェント（FA）制度 …107
ブルーカラー熟練技能者…………90
ブルーカラー労働者………………96
フルセット産業構造………………41
フルタイム ……………………171, 173
フレキシィビリティ………………39
分業関係…………………………13

北京女性会議 ……………………150
ベンチャー企業…………………41
ベンチャービジネス企業…………48

崩壊型……………………………74
法人資本主義 ……………………138
没権力 ……………………………143
没人格化 …………………………140
ボランティア活動 ………………173
ホワイトカラー ………………56, 96
ホワイトカラー労働者 ……………111
本源的共同体……………………11

ま行

マクレガー………………………55
負け組み…………………………45
マズロー…………………………28
マルクス…………………………11
丸紅 ………………………………108

三井物産 ……………………102, 108
ミッショングレード………………53
三菱商事 ……………………106, 108

「無組合化」戦略 …………………56
棟共同体…………………………95
無報酬……………………………143

命令権力…………………………81
メカトロニクス技術………………125

目標管理…………………………47
目標管理制度 ………………47, 69
目標・使命（ミッション） …………167
目標設定 ……………………9, 10
モザイク社会 ……………164, 165, 170
持ち株会社化……………………105
モチベーション …………………102
ものづくり………………………97

や行

役割給……………………………124

有効性……………………………158
有利子負債………………………49
ユニオンリーダー ………………154

横河エルダー ……………………121
横河電機 …………………50, 121
40歳代……………………………89

ら行

利益共同体 …………………75, 133
利益分配制度……………………48
利害の連結関係 ………………140
リコー …………………………127
リスク管理能力 ………………136
リストラクチュアリング …41, 105, 163
リーダー ………………………165
理念的価値 ……………………143
流動化……………………………57
量産品……………………………91
稟議制度…………………………72

連合 ………………………………8
連帯化……………………………20

労使関係管理 …………………102
労使関係管理機能………………31
労使関係論 ……………………166
労使協議…………………………10
「労使協調型」労使関係 ………73
労資協調路線 …………………102
労使相互信頼路線 ……………125

労使紛争…………………………86
労働運動論 ……………………166
労働側 ……………………………9
労働基準監督署 ………………147
労働強化 ………………………109
労働組合 ………………………169
労働組合共同体 ………………166
労働組合の右傾化 ……………146
労働組合の対応・戦略…………10
労働市場 ……………33, 66, 170, 171
労働市場価値……………………53
労働市場性………………………90
労働者間競争……………………66
労働者統括 …………………31, 98
労働者派遣法……………………73
労働者連帯的「共同体」………10
労働生活 …………………………2
労働力政策 ……………………126
労働・労働組合運動 …………145
労務管理 ………………………130

わ行

わが社意識 ……………………115
WWN（ワーキング・ウィメンズ・
　ネットワーク）………………150
ワークファミリーバランス……57
ワークライフ・バランス………57

あ と が き

　1990年代（バブル経済崩壊）以降の日本企業社会がどのように変貌しつつあるのか。その問いに対して，成果主義導入という作用要因を軸に，日本企業社会の変貌をはかる尺度を企業内「共同体」の変容をおいて，解明を試みたのが本書である。

　私は，本書作成に至るまでに，十年の歳月を経ている。私自身，企業社会研究をはじめたのは，1995年の阪神淡路大震災の被災であった。震災の翌日，倒壊したビルや家から動いている駅に向かってネクタイをしめた無数のサラリーマンが出勤してゆく姿は，日本社会が企業社会であることを深く胸に刻み込ませた。その後，日本企業社会の視点から阪神淡路大震災を取り扱った論文「阪神・淡路大震災と日本型企業社会」『産業と経済』第10巻第2・3号，1996年，3月の執筆をおこなった。また，研究対象を広げ，ロンドンの日本人社会の実態調査をおこない，日本企業社会とロンドンの日本人社会の比較をおこなった論文「イギリスにおける日本人社会と日系大企業―日本型企業社会の縮図―」『産業と経済』第11巻第1号，1996年6月，を書きあげることができた。

　上記の二つの論文を日本企業社会の視点から書きあげたが理論的に私は満足できず，日本企業社会研究と関西学院大学大学院時代より多くの疑問を有していた社会学をより深く探求するために，1999年，奈良産業大学の教員のまま立命館大学大学院社会学研究科博士課程後期課程に社会人入学した。

　立命館大学大学院社会学研究科入学後は，総合商社を研究対象として日本企業社会分析をおこう一方，日本企業社会の構造分析を展開した。総合商社を研究対象とした日本企業社会分析は，拙著『激動の総合商社―管理・技術・労働の経営学的研究―』森山書店，2000年（その後『総合商社の経営管理』森山書店，2001年に増補改訂）として刊行することができ，かつ本研究においてもその成

果を使用している。また，日本企業社会の構造分析は，「日本企業社会の二つのパターンと全体構造の再検討―『日本的経営管理構造』の社会学的分析―」『産業と経済』第15巻第4号，2001年3月として論文にすることができた。この論文の成果も本書に織り込まれている。

　さらに，立命館大学大学院時代，経営学，社会学にまたがる共同研究会（日本企業社会研究会）を組織し，1990年代（バブル経済崩壊）以降の日本企業社会の変容について多角的に議論をおこない，その成果を，浪江巌先生，木田融男先生のご指導・ご教示と平澤克彦先生のご助言のもとに編著書『変容期の企業と社会―現代日本社会の再編―』八千代出版，2003年4月にとりまとめることができた。そこでの議論や意見が本研究作成の大きな基礎となっている。そして，立命館大学大学院社会学研究科博士課程後期課程修了後の2003年4月よりは勤務大学の教務より依頼を受け，経営社会学（産業社会学）の講義担当者となり，経営社会学（産業社会学）の講義を通して，経営学と社会学の接合領域についての考察を深めることとなった。

　また，その後，本書作成の中心的な論文三本の作成をおこない，その成果の一部を2003年6月に開催された労務理論学会全国大会（広島修道大学）の統一論題において「日本企業における成果主義賃金制度の類型化と労使関係―企業内『共同体』の変容と労働組合の戦略・対応―」と題して報告することが出来た。その際，コメンテーターの渡辺峻先生，木下武男先生，司会の上田慧先生，遠藤雄二先生をはじめ多くの先生方より貴重なコメントを頂くことができ，大きな励みと教示を受けることができた。

　本書は，上記のような私の日本企業社会研究の過程において誕生した「産物」であり，私自身の日本企業社会研究の一到達点であるとともに，立命館大学に提出した博士学位論文でもある。しかし，本書は日本企業社会研究の私自身のゴールでは決してない。私自身の志は日本企業社会の形成・発展・変容のすべての歴史的経緯とその構造を解明し，それをもって私の現代日本資本主義研究，労務研究にかえることにある。しかし，本書は日本企業社会の変容の一過程について部分的に実態分析を中心として解明をおこなったにすぎない。と

は言え，限られた時間の制約の中で一定の分析・解明ができたのではないかと自負している。

　立命館大学大学院時代より取り組んできた日本企業社会の形成・発展・変容のすべての歴史的経緯とその構造の解明という大命題は，私自身の今後の生涯の大研究課題である。

　そして，今後当面の第一の研究課題としては，本書の結章の最後に述べたキャリア移動に関わる新しい人事・労務関連の現象の解明がある。それは，キャリアマネジメント，キャリアデザインなど新しい労務技法の研究と解明である。

　第二の研究課題としては，人事・労務に関する理論的展開に関する研究にある。本書では，経営学を主体としながら社会学的分析方法を加味して分析をおこなってきた。そこで，人事・労務・労働に関する労使関係論，労働市場論，労働経済学などの理論を社会学・経営学の理論に加えて分析し，人事・労務研究に関する学際的な総合理論の構築に取り組むことにしたい。

　第三の研究課題は，国際比較の視点から英国の1980年代から21世紀の英国の企業経営と社会（労働，労使関係，労働市場等）の展開を分析し，日本企業社会再編の特質解明の一助としたい。英国に関しては，すでに，拙著『現代英国企業と労使関係』税務経理協会，1997年を著してきたが，改めてその全体像の解明をおこなうことにしたい。

　そして，ささやかなるこの小著である本書を出版することができたのは，多くの諸先生方からのお教えのおかげであり，そのことに深く感謝の意を表したい。

　関西学院大学大学院時代の恩師・関西学院大学名誉教授石田和夫先生には，学問的に多くのご教示を頂いた。石田和夫先生より教えていただいた企業労働問題が本書の問題意識の中心にもなっている。関西学院大学大学院時代にご教示を頂いた吉田和夫先生，深山明先生，海道ノブチカ先生，瀬見博先生をはじめとした諸先生方に心より御礼申し上げたい。

立命館大学大学院時代の指導教授であり，博士学位論文審査の主査を勤めてくださった立命館大学教授木田融男先生に心より感謝の意を表したい。ご多忙な中，木田先生には，学術面のみならず，大学人として人間として多くのご教授を頂くことができた。博士学位論文審査の副査を務めてくださった浪江巌先生，篠田武司先生に感謝申し上げたい。浪江先生，篠田先生から口頭試問のおり貴重な質問やコメントを頂き，学位論文から本書を作成する上で，大きな参考にさせて頂いた。

　立命館大学教授渡辺峻先生より多くのご援助に深く感謝の意を表したい。立命館大学大学院社会学研究科の進学動機の一つは，「企業の経営活動を経済学的観点のみならず，学際的アプローチにより実体論レベルで把握して，問題認識とともに解明・改善の方向性を切り開く必要がある」との渡辺峻先生のご主張に感銘を覚えたからであった。そして，立命館大学大学院に社会人入学するためのご推薦を頂いたのも渡辺峻先生であり，渡辺峻先生なくしては本書もなかったと言っても過言ではない。学位論文の出版をいち早くお勧め頂いたのも渡辺先生であり，その点についても深く御礼を申し上げたい。また，立命館大学教授山崎敏夫先生からは，二人ではじめた科学的経営研究会での共同研究を通して，本書のもととなる本学位論文の作成過程から本書の完成まで貴重なアドバイスとご示唆を頂くことができた。深く感謝の意を表したい。

　長年，参加させて頂いている共同研究会の諸先生方，諸兄にも，大変，お世話になった。管理論研究会では，仲田正機先生，夏目啓二先生，故笹川儀三郎先生，林昭先生，桜井幸男先生，井上秀次郎先生，井上宏先生，足立辰彦先生などから，企業労働研究会では，加藤正治先生，安井恒則先生，長谷川治清先生，三島倫八先生，経営社会学研究会では面地豊先生，平澤克彦先生などから大変，貴重なご教示を頂くことができた。心より御礼申し上げたい。

　これまで，日本経営学会，労務理論学会，日本労務学会，大学評価学会などで専門領域・関心・問題意識を同じくする先生方・各位より，様々な貴重なご教示をえることができた。とくに，日本経営学会前理事長の片岡信之先生からは，いつも暖かい気遣いを頂いてきたことに感謝申し上げたい。そして，私の

勤務する奈良産業大学の諸先生方からは，日頃のご援助に対して深く感謝申し上げたい。
　なお，出版事情厳しき中，このような研究書の刊行を快諾いただいた森山書店の社長の菅田直文社長のご厚情とご助力に深く感謝申し上げたい。
　最後に，私事ではあるが，今日まで私を支えてくれた亡き父と元気な母，兄夫婦と妻に本書を捧げる事をお許しいただきたい。

2005年3月

守　屋　貴　司

著者紹介

守屋貴司（もりやたかし）

1962年	西宮市生まれ
1985年	関西学院大学商学部卒業
1992年	関西学院大学大学院商学研究科博士課程後期課程単位取得中退
2001年	立命館大学大学院社会学研究科博士課程後期課程現代応用社会学専攻単位取得修了 奈良産業大学経済学部専任講師、助教授、奈良産業大学経営学部教授をへて、
現　在	立命館大学経営学部教授 （博士［社会学, 乙博第361号］立命館大学）
専　攻	経営社会学（産業社会学）人的資源管理論　国際人的資源管理論　キャリアデザイン論
著　書	単著『現代英国企業と労使関係—合理化と労働組合—』（税務経理協会, 1997年） 『激動の総合商社—管理・組織・労働の経営学的研究』（森山書店, 2000年） 共編著『国際人事管理の根本問題—21世紀の国際経営と人事管理の国際的動向—』（八千代出版, 2001年） 『変容期の企業と社会—現代日本社会の再編—』（八千代出版, 2003年）

日本企業への成果主義導入―企業内「共同体」の変容―

2005年3月10日　初版第1刷発行
2007年3月30日　初版第2刷発行

著　者　ⓒ　守　屋　貴　司

発行者　　　菅　田　直　文

発行所　有限会社　森山書店　東京都千代田区神田錦町
　　　　　　　　　　　　　　1-10林ビル（〒101-0054）

TEL 03-3293-7061　FAX 03-3293-7063　振替口座 00180-9-32919

落丁・乱丁本はお取りかえします　　　　印刷／製本・シナノ

本書の内容の一部あるいは全部を無断で複写複製することは、著作者および出版社の権利の侵害となりますので、その場合は予め小社あて許諾を求めてください。

ISBN 978-4-8394-2000-0